영화와 관계

나와 당신이 만나는 순간

영화와 관계

나와 당신이 만나는 순간

서곡숙, 서성희 외 지음

| 목차 |

남병수

1986년 출생. 본명은 병수, 필명인 유랑은 유목늑대라는 뜻을 가진다. 문자 그대로 사회적 짐승인 늑대의 이미지에서 착안한 이름이다. 늑대는 홀로 쏘다니며 고독한 단독자의 길을 열어가지만, 자유로운 발길이 내딛는 걸음은 언제나 공동체의 생존이라는 목적에 닿아있다. 이것이 내가 생각하는 비평가의 초상이다. 만일 주된 관심사에 대해 묻는다면 긴 설명 대신 두어 가지 화두로 갈음해볼 수도 있다. 먼저는 비평의 비평다움 곧 에세이도 논문도 아닌 비평이 과연 무얼 할 수 있으며 또 어떤 몫을 감당해야만 하는지에 대한 고민일 테며, 다음은 다분히 관념적인 정치철학의 선언 대신 예술이 제시할 수 있음직한 실존적·연대적 구원의 가능성을 끝끝내 소명해내고야 말겠다는 갈증이라고 하겠다. 2017년 조선일보 신춘문예의 미술평론부문, 또 같은 해 제37회 영평상(한국영화평론가협회상)의 신인평론상 부문에 당선되며 평론가로서의 이력을 시작했다. 르몽드에 정기적으로 글을 싣고 있으며, 현재 연세대학교 일반대학원 비교문학협동과정에 재학 중이다.

서곡숙

서울대학교 국어국문학과를 졸업하고, 동국대학교 연극영화과 대학원에서 박사학위를 받았다. 산업자원부 산하 기관연구소 경북테크노파크에서 문화산업 정책기획 팀장 및 실장으로 근무하였다. 현재 비채 문화산업연구소 대표로 있으면서, 세종대학교 겸임교수, 한국영화평론가협회 기획이사, 서울영상진흥위원회 위원, 르몽드 시네마 에디터 등으로 활동하고 있다. 저서로는 『N세대를 위한 새로운 영화/영상 교육』(공저),

『코미디와 전략』, 『코미디와 웃음』, 『코미디와 패러디』, 『코미디와 가면』, 『영화와 N세대』, 『영화의 장르, 장르의 영화』(공저) 등이 있다.

서성희

청주대학교 연극영화학과에서 시나리오를 쓰고 감독을 꿈꾸다, 졸업 후 영화제작사에서 영화 기획과 마케팅 업무를 했다. 경북대학교에서 「영화에 대한 기대가 관람 후 지각된 성과와 만족에 미치는 영향」(경영학과)으로 석사학위를, 동국대학교에서 「여성 복수영화의 장르적 진화 연구」(연극영화학과)로 박사학위를 받았다. 지금은 강연과 방송과 지면에서 영화와 관련된 일로 생계를 유지하면서, 지역 영화 생태계를 살리는 일에 관심을 기울이고 있다. 주요 논문으로 「한국 기획영화에 관한 연구」, 저서로 『영화입문』(공저)이 있다. 현재 대구경북영화영상협동조합 이사장, 독립영화전용관 오오극장 대표, 대구단편영화제 집행위원장으로 활동하고 있다.

손시내

고려대학교에서 사회학과 한국사학을 공부했다. 베넷 밀러 감독론과 이준익의 <동주>(2015)에 대한 비평으로 2016년 영평상 신인평론상을 수상하며 활동을 시작했다. 『르몽드 디플로마티크』에 정기적으로 영화평론을 기고하고 있으며 『웹진 문화다』, 『진보적 미디어운동 연구저널 ACT!』, 독립영화 비평전문지 『독립영화』, 『영화잡지 아노』 등에 실릴 영화평론을 썼다. 한국독립영화협회 비평분과에서 공부하고 활동한다. 최근에는 매체사에 관심을 가지고 공부하고 있다. 영화의 운동을 포착하고 그것을 표현할 수 있는 글을 쓰기를 희망한다.

송아름

국어국문학과에서 한국 현대극을 전공하며 1970년대 극작가에 대한 논문으로 석사학위를 취득, 현재 박사과정을 수료 후 영화 검열, 영화사(史)에 관한 연구를 진행 중이다. 연극, 영화, TV드라마 등 다양한 장르의 극(Drama)에 대한 관심을 바탕으로 관련 글과 논문을 썼고, 류승완론과 <도희야>에 관한 비평문으로 한국영화평론가협회 신인 평론상을 수상했다. 현재 대학에서 연극과 영화 관련 강의를 진행하고 있으며, 르몽드 디플로마티크에 영화평론을 기고중이다. 저서로는 『한국영화 역사 속 검열제도』(공저)가 있다.

안숭범

『문학수첩』 시부문 신인문학상(2005), 제29회 영평상 신인평론 최우수상(2009)을 받아 시인, 영화평론가로 활동을 시작했다. 한신대 인문콘텐츠학부 교수를 거쳐 현재 경희대 국어국문학과 교수로 재직 중이다. 국제영화비평가연맹 사무총장으로 일했으며 EBS <시네마천국>을 진행했다. 문화콘텐츠 스토리텔링 방법론 연구에 매진하면서 『르몽드 디플로마티크』 등에 예술영화에 대한 본격비평을 쓰고 있다. 시집으로 『티티카카의 석양』, 『무한으로 가는 순간들』 등이 있으며 저서로 『북한 소재 해외 다큐멘터리의 시선들』, 『SF, 포스트휴먼, 오토피아』, 『영화광의 탄생』(공저) 등이 있다.

이수향

50-60년대 메타비평론으로 석사논문을 썼고, 박사수료 후 70년대 영화와 문학의 매체 교섭 양상에 관해서 공부 중이다. 봉준호의 <설국열차>

론과 한재림의 <관상> 비평으로 제 33회 한국영화평론가협회상 신인평론상을 수상했다. 경희대, 서울대, 홍익대, 강원대 등에서 글쓰기, 문학, 영화 관련 강의를 했으며, 『르몽드 디플로마티크』와 『서울공대』지 등에 정기 칼럼을 연재중이다. 유럽단편영화제, 미장센단편영화제 등에서 모더레이터로 활동했다. 공저로 『뫼비우스 장진영, 그 참을 수 없는 그리움』, 『1990년대 문화 키워드 20』, 『영화광의 탄생』 등이 있다.

이 호

인하대 국문학과를 졸업하고, 동국대 국문학과 박사과정을 수료하였다. 2002년 문화일보 신춘문예 문학평론으로 등단하였다. 미국AST-WEST CENTER 연구원으로 재직하였고, 경기대와 추계예대에서 문학과 예술에 대해 강의하였다. 계간 『너머』의 편집위원, 계간 『연인』의 편집위원을 맡으면서 영화 평론을 연재하였고, 이를 계기로 영화평론가로도 활동하였다. 현재 한국문인인장박물관 학예실장으로 근무 중이다.

장석용

장석용은 1970년 마벨코리아의 견습조수, 중앙대에서 연극 연기, 유현목・김호선 감독의 연출부, 동서영화연구회 활동, 영화평론가 이영일이 발행하는 『영화예술』 복간호의 첫 평론당선자로 영화평론을 시작함. 국제영화비평가연맹(FIPRESCI) 회원으로 한국인 최초의 국제영화제 심사위원, 한국영화평론가협회・국제영화비평가연맹 회장 역임, 한국문화예술상・PAF비평상・르몽드영화평론상 수상, 동국대 예술대학원을 거쳐 서경대 대학원 문화예술학과 출강, 현재 한국예술평론가협의회 회장으로 다양한 문화 비평과 국제영화제 심사위원으로 활동하고 있다.

정동섭

영화평론가이자 영화연구자. 한국영화평론가협회 및 한국영상영화치료학회 회원. 영상영화심리상담사(1급). 고려대학교(학사)와 스페인 마드리드 주립대학(석사)을 거쳐 마드리드 국립대학에서 문학박사학위 취득. 이후 한국예술종합학교 영상원에서 영화사 및 영화이론 전공(전문사). 현재 전북대학교 스페인·중남미학과 교수로 재직하며, 『르몽드 디플로마티크』와 계간 『인간과 문학』에 영화평론 기고 중. 번역서로 『스페인 영화사』, 『바람의 그림자』, 『스페인문학의 사회사』 등이 있고, 『돈 후안: 치명적인 유혹의 대명사』, 『영화로 보는 라틴 아메리카』 등의 책을 썼다.

정재형

1984년 6월 『월간 스크린』에 김효천감독영화 <동반자>에 관한 평을 게재하면서 평론계 데뷔. 이어 1984년 11월 『월간 영화』에 브라이언 드팔마 감독 <드레스투킬> 분석. 이후 유현목 감독영화분석, 임권택 감독의 시간의식 등 발표. 1991년 첫 저작 『뉴시네마 감독론』 발간. 『유현목 감독론(정재형, 이용관,이효인 공저). 『북한영화에 관한 다섯 가지』, 『한국초창기영화이론』, 『정재형교수의 영화강의』, 『영화이해의 길잡이』 발간. 민예총 문예아카데미, 영화비평교실, 한겨레문화센터 영화강좌, 예술의 전당 영화강좌, <EBS 시네마천국> 사회, 교통방송, MBC, KBS 영화해설, 『주간조선』, 『한겨레신문』 고정영화평, 『이데일리』, 『경기일보』 문화칼럼 진행. 현재 이데일리 목멱칼럼, 『르몽드 디플로마티크』 영화평 연재중. 비상업영화기구 창립, 오프앤프리 국제확장영화예술제조직위원장, 한국영화평론가협회회장, 한국영화연구소소장, 한국영화학회회장 역임. 현재 한국문화예술교육학회회장 영상문화학회부회장, 국제예술포럼부회장.

지승학

1974년생. 2011년 동아일보 신춘문예 영화평론부문에 이창동 감독 영화 <시>에 대한 글, "시의 가치를 생각하다"로 등단하였다. 2015년 고려대학교 영상문화학과에서 박사학위를 취득하고 현재 동 대학 연구교수로 재직 중이다. 고려대, 동국대 등에서 기호학을 기반으로 한 시각이미지의 융복합적 개념과 영상콘텐츠의 미래상을 강의하고 있으며, 고려대 영재교육원에서 초등, 중등학생을 대상으로 진행하는 인문사회영재 교육프로그램 개발 및 그 수업에도 힘쓰고 있다. 2012년부터 웹진 『문화다』의 편집동인으로 활동하다가 한국영화평론가협회에 정식 회원이 되면서 『르몽드 디플로마티크』에서 영화비평 활동을 본격적으로 시작하였다. 공저로 『전염의 상상력』, 『신데렐라 최진실, 신화의 탄생과 비극』 등이 있고, 공역으로는 『타르드 다시 읽기』가 있다. 영상의 다차원적 가치발굴의 일환으로 학제 간 융합에 기여할 수 있는 영상의 역할을 집중적으로 연구하고 있다.

최재훈

최재훈은 늘 길이 끝난 후에 여행이 시작된다고 생각한다. 한국예술종합학교 연극원 졸업 후 국립오페라단 공연기획팀장을 거쳐 현재 서울문화재단에서 근무하며 예술가 지원사업 및 국제교류 사업 등을 기획, 운영하고 있다. 2017년 제37회 영평상 신인평론 최우수상을 수상하며 등단한 후 『르몽드 디플로마티크』, 『텐 아시아』 등에 영화 비평을 정기기고하고 있으며, 공연예술에 대한 현장 경험을 바탕으로 『월간 객석』, 『월간 미르』, 『문화플러스 서울』 등 문화예술 전문지에 영화 및 공연예술 관련 칼럼을 고정 연재하고 있다.

영화, 관계의 미학

성일권

왜 우리는 타인(들)과의 관계에 대해서 그렇게 힘들어하고 슬퍼하고 분노하는가? 나와 타인(들)이 서로 연결되어 있기 때문일 것이다. 그렇다면 나와 타인(들)을 잇는 고리를 끊고서 홀로 훌쩍 낯선 곳으로 떠난다고 해서 괴로움에서 벗어날 수 있을까? 그건 결코 아닐 것이다. 만일에 홀로됨으로써 기쁨과 행복감을 가질 수 있다면, 어느 누가 그토록 '관계'에 대해 고뇌할 필요가 있을까?

관계가 그토록 중요한데도 우리는 학교에서 읽기, 쓰기, 셈하기 등은 배웠지만 인간관계에서 생기는 문제를 어떻게 푸는지, 서로 어떻게 소통하는지 가르쳐주는 수업을 받지 못했다. 그냥 눈치껏 관례대로 관계를 가져왔을 것이다. 그렇다보니, 연인관계, 부부관계, 가족관계, 사제관계, 상사와 부하관계, 노사관계, 친구관계, 심지어 부모와 자식의 관계까지 어느 것 하나도 친밀감이나 행복감을 주지 못한다. 타인(들)과 관계에서 진정성을 갖고서 관계를 심화시키고, 지속시키려 하지만, 그럴수록 상대방과의 오해가 커지고, 관계는 틀어지고 멀어진다. 왜 그럴까? 수학이나 논리학의 명쾌한 흐름도처럼, 인간관계는 예컨대 A와 B 간의 정의 양이나 밀도를 등식이나 부등식으로 따지기 힘들고, 설사 한쪽으로 쏠림현상이 생긴다 해도 그걸 쉽게 눈치챌 수도 없고, 그 부족분을 채우기가 쉽지 않다. 그래서 관계는 예측불가하며, 그러기에 관계는 더욱 흥미진진하다. 기초 수학의 셈법 '1+1=2'가 연인관계, 가족관계, 친구관계 등 수많은 관계에 그대로 적용된다면, 우리 인생은 얼마나 무미건조하겠는가? 1+1이 2가될 수도 있고, 3으로 발전할 수도 있고, 또는 파멸의 0으로 전락할 수도 있는 게 인생관계이다. 예컨대, 철수와 영희가 만나서 계속 둘로 남을 수 있고, 둘 사이에 아이가 생겨서 셋이 될 수도 있으며, 급기야 사이가 틀어져 헤어질 수도 있는 것이다.

　인생의 축소판이라 할 영화가 늘 '관계'에 주목하는 것도 관계의 흥미진진한 예측불가성 때문이다. 현실에서 일어나는 모든 관계가 영화로 재현되지만(논픽션), 감히 현실에선 상상조차 하기 힘든 관계도 영화에선 가능해진다(픽션).

　현실에서 막연히 의지로써만 불화 당사자들의 인간관계가 회복될 수 없는 것처럼, 영화 속의 '관계'는 대개 타인(들)과 불화하는 관계이다. 물론 그 불화가 남긴 생채기는 고스란히 등장인물 자신과 상대방의 것이며, 또한 관객들의 몫이다. 현실의 불화와 영화 속의 불화가 차이를 보여주는 게 있다면, 현실에서는 불화가 당사자들끼리만 거의 은밀하게 이뤄지지만 영화에선 제 3자의 전지적 시점에서 그 모든 불화를 지켜보는 관객의 시선이 중요하다는 것이다. 영화에 몰입하면서, 관객은 영화 속 등장인물들 간의 불화를 자기 것으로 대상화하여, 분노하고 괴로워하고, 슬퍼하고 눈물을 흘리면서 카타르시스를 거친다. 철학자 사르트르는 타자가 '나'에 대한 2인칭의 '너'이며, 부버나 마르셀은 타자가 3인칭으로서의 '그'나 '그것'이며 거기서는 타자의 인격이 '나'에 의하여 대상화(對象化)되고 물화(物化)된다고 말한 적이 있지만, 현실이 아닌 영화에서는 이 모든 것이 가능하다. 심지어 나는 '너'에 대한 1인칭의 '나'이며, 또한 나는 3인칭으로서의 '그'나 '그것'이기도 하다. 관계, 그리고 그 관계의 전복과 재설정은 영화에서 얼마든지 가능하다. 그래서 영화 속의 관계는 늘 새롭고 흥미롭다.

한국 영화가 양적 크기만큼이나 눈부신 질적 성장을 이룬 것은 영화에 미치고, 영화에 분노하고, 영화에 슬퍼하는 평론가들의 공헌 때문이리라. 좋은 영화는 좋은 평론이 만드는 법이다. 우리 영화계의 지적 평론과 치열한 담론 공간으로 자리매김한 '르몽드 시네마 크리티크' 필진이 한여름 무더위에 자신들의 '관계'를 은밀히 고백(?)했다. 영화를 사랑하고, 영화를 더 많이 제대로 알고 싶어 하는 이들에게 평론가들의 '관계'가 많이 읽히길 바라마지 않는다. 평론집을 기획한 서곡숙 평론가와 서성희 평론가를 비롯해 필진 모두에게 감사의 말씀을 전하고 싶다.

성일권

파리 8대학교에서 정치사상 연구로 정치학 박사를 받았고, 동국대 강의 초빙교수, 경희사이버대 특임교수를 지냈으며 2008년부터 <르몽드 디플로마티크> 한국어판 발행인을 맡고 있다. 주요 저·역서로 『오리엔탈리즘의 새로운 신화들』, 『도전받는 오리엔탈리즘』, 『자본주의의 새로운 신화들』 등이 있다.

영화와 관계

서성희

1. 관계, 잘 하고 있는 건가

삶을 가치 있게 만드는 것은 부와 명예가 아니라 가족과 친구와 연인과의 관계에 달려있다고 현자는 말한다. 삶의 여정에서 한 번쯤은 내가 타인과 맺고 있는 관계에 대해 진지하게 물어보는 시점이 온다. '내가 잘 하고 있는 건가' 관계에 관한 영화 책을 준비하면서 관계가 무엇인지 나에게 물어보았다. 가장 먼저 떠오르는 것은 타인과의 관계, 그리고 소통이다. 국가 간의 관계처럼 거시적인 측면도 있겠지만, 나의 삶에 직접적인 영향을 미치는 인간관계가 먼저 떠올랐다. 소심한 사람이건 적극적인 사람이건, 상대적인 차이는 있겠지만 누구나 타인의 시선을 신경 쓰며 산다. 비난보다는 이해받고 인정받기 위해 노력한다. 조화로운 관계가 인간의 행복임을 알기 때문이다.

인간관계는 대개 명사와 합쳐진 관계로 호명된다. 가족 관계, 연인 관계, 친구 관계 등. 우리는 수많은 명사와의 만남 속에서 얽히고설킨 관계를 맺으며 살아가게 된다. 나는 홀로 행복할 수 없다. 우리는 서로 연결되어 있기 때문이다. 이렇게 연결된 관계는 형용사를 앞에 다는 순간 감정의 색깔을 가지게 된다. 안정적 관계, 가벼운 관계, 건전한 관계, 불편한 관계, 심각한 관계, 어려운 관계, 친밀한 관계, 특별한 관계 등. 어떤 형용사를 수식어로 다느냐에 따라 관계의 온도는 달라진다.

모든 관계에서 사랑받을 수 있는 사람은 없다. 그런데도 대부분의 사람들은 관계 앞에 부정적인 형용사가 붙는 걸 두려워하거나 불편해한다. 부정적인 인간관계는 사람을 지치게 하고, 스트레스로 힘들게 한다. 부정적이고 불편한 인간관계가 빚어낸 갈등이 통증이나 참담한 행동을 유발하는 원인이 되기도 한다. 그런데 아이러니하게도 이 갈등이야말로 영화를 가장 극적으로 만드는 중요한 제재이다. 그래서 영화는 오랫동안 관계가 남긴 다양한 갈등의 스펙트럼을 들여다보고 분석하고 해결하려는 시도가 축적된 결과물이다.

2. 삶의 여정은 관계의 여정이다

영화가 그려내는 관계 지형도는 우리 인생 여정의 어느 부분에 닿아 있다. 시간상으로 사람이 태어나 타인과 관계를 처음 경험하게 되는 건 대부분 '가족'이다. 처음으로 맺는 가족 관계를 어떻게 형성하느냐는 한 사람의 인생에 지대한 영향을 미칠 수 있기 때문에, 영화는 다양한 형태의 가족관계를 다루어왔다. <가족의 탄생>(2006)은 한국 사회에서 오랜 시간 지속해온 혈연과 혼인 중심의 가족 형성에 균열을 낸다. 실화를 바탕으로 한 할리우드영화 <블라인드 사이드>(2009)도 혈연을 뛰어넘어 성공적인 가족관계를 형성한다. <미스 리틀 선샤인>(2006) <좋지 아니한가>(2007) <고령화 가족>(2013)처럼 각자 자신의 욕망을 추구하던 구성원들이 가족이라는 공동체 생활을 통해 관계 맺기를 배우기도 한다. <컬러풀 웨딩즈>(2014)에서는 다문화로 가족관계가 확장되고, <에브리바디 올라잇>(2010)처럼 동성 결혼을 통해 가족은 유전자가 아닌 사랑으로 유지된다는 사실을 일깨워주기도 한다.

<아무도 모른다>(2004) <똥파리>(2008) <프레셔스>(2009) <사도>(2014) <미쓰백>(2018)처럼 자식에게 부정적인 영향을 끼치는 부모도 있지만, 무엇보다 영화는 오랜 시간 어머니와 아버지의 절대적이고 헌신적인 사랑을 재현하면서 대중의 마음을 사로잡아왔다. <인생은 아름다워>(1997) <아이 엠 샘>(2001) <말아톤>(2005)이 그랬고, <마이 시스터즈 키퍼>(2009) <그렇게 아버지가 된다>(2013)는 가족 관계도 발전하는 과정이 필요하다는 걸 보여주었다. 그러다 결국 <너는 내 운명>(2005) <아무르>(2012) <당신과 함께한 순간들>(2017)처럼 죽음으로 가족 관계는 끊어지게 된다.

3. 관계는 더 많은 관계로 열려있다

이런 가족 관계를 바탕으로 우린 세상과 본격적으로 관계 맺기를 시작하는데, 성장기에는 <친구>(2001)와 <써니>(2011)처럼 '친구' 관계가 무엇보다 중요하게 느껴진다. 중요한 만큼 그 관계가 삐걱댈 땐 한 사람의 인생에 치명적인 영향을 미칠 수 있어, 불편한 친구 관계는 많은 성장영화의 소재가 되어 왔다. <릴리 슈슈의 모든 것>(2001) <파수꾼>(2010) <돼지의 왕>(2011) <우아한 거짓말>(2013) <우리들>(2015) 등.

친구와 함께 인생을 풍요롭게 만드는 관계로 빼놓을 수 없는 사람은 '연인'이다. <건축학개론>(2012)처럼 첫사랑의 기억에서 <500일의 썸머>(2009) <러스트 앤 본>(2012) <이민자>(2013) 같이 사랑의 본질과 연인 관계의 심리 변화를 그려내는 수많은 영화들이 있다. 결혼으로 맺어진 관계 역학은 더 복잡한 인간관계를 낳는데, <해피 엔드>(1999) <언페이스풀>(2002) <아내가 결혼했다>(2009) <우리도 사랑일까>(2011)에서는 결혼이라는 관계 속으로 누군가 비집고 들어왔을 때의 불협화음을 다루고, <블루 재스민>(2013) <나를 찾아줘>(2014)는 사랑의 결말이 결혼은 아니라고 말한다.

사적으로 맺어지는 관계 말고도, '사제' 관계라는 공적 관계를 통해서도 중요한 관계 맺기가 이루어지는데, <죽은 시인의 사회>(1989) <굿 윌 헌팅>(1997) <스쿨 오브 락>(2004)에서부터 관계의 부정적인 면이 사제관계에 균열을 내는 <다우트>(2008) <더 헌트>(2012) <위플래쉬>(2014) 그리고 <4등>(2015)도 있다.

이밖에도 <악마는 프라다를 입는다>(2006) <인턴>(2015) <열정 같은 소리 하고 있네>(2015)처럼 직장 '동료'와 사회생활이라는 확장된 관계 맺기도 하고, <이웃사람>(2012)과 <이웃집에 신이 산다>

(2015)처럼 '이웃'과 관계 맺으며 살아간다. 나를 둘러싼 이 모든 관계는 내 삶의 질에 직간접적으로 관여한다.

4. 관계를 13개의 탐조등으로 비추다

이 책은 13명의 영화 평론가가 생각하는 '영화와 관계'에 관한 글이다. 이 글들은 앞서 소개한 인생 여정의 어느 한 지점에서 만날 수 있는 관계에서 더욱 촘촘하고 미세한 관계의 얼개를 영화를 통해 만날 수 있도록 안내한다. 앞으로 이 책이 펼쳐놓을 관계에 관한 영화 평론의 향연을 짧게나마 들여다보면, 크게 네 부분으로 나뉜다. 먼저 제1부 '사람과 사람 관계'는 다양한 사람과의 인연과 관계, 변하고 연대하는 모녀관계, 나비처럼 변화하고 성장하게 하는 사제관계, 그리고 외로운 소년과 소녀의 관계를 통해 사람 간의 관계를 흥미롭고 다양한 관점으로 풀어낸다. 제2부 '관계 맺기'에서는 가족 간의 균열과 간극이 극복되지 않는 관계 맺기, 관계 맺음이 어려운 사람들 간의 관계 맺기, 그리고 공생 관계 맺기라는 독특한 여정으로 우리를 이끈다. 제3부 '관계와 환경'에서는 관계 맺기를 규정하고 통제하는 공간과 사회, 관계 맺기에 상이한 계급과 세대, 그리고 관계의 적절한 거리와 조건을 이야기하면서 관계가 존재하는 환경에 대해 이야기한다. 제4부 '메타 관계'에서는 영화 속 관계를 넘어 영화와 관객의 관계, 영화와 다른 예술과의 관계, 그리고 영화가 현실과 맺는 관계를 통해 영화가 외부 요인이나 다른 매체와 관계 맺는 방식에 관한 이야기를 폭넓고 다채롭게 풀어낸다.

우리는 수없이 많은 관계의 그물망을 엮으며 살아가고 있다. 관계가 주는 스트레스로 관계를 끊으면 오히려 편하겠다는 생각이 들 때도 있다. 하지만 가족이나 동료와 그렇게 간단하게 관계를 끊고 살 수는 없다. 상처를 주는 것도 인간관계지만 상처를 치유해주는 것도 인간이기 때문이다. 그리고 관계의 상처로 치유가 필요할 때 영화는 소통, 공감, 조언, 위로의 방식으로 사람들의 상처 난 욕구를 어루만지고 보듬어준다. 무엇보다 우정이든 사랑이든 사무적인 관계든 관계를 잘 맺는 것도 중요하지만 그 이상으로 꼬인 관계를 잘 풀어내는 것 그리고 잘 잊고, 잘 정리하는 것도 중요하다. 영화는 당신에게 그 은밀한 해법을 들려줄 것이다.

이 책이 아무쪼록 자신과 타인과 사회와 더불어 살아가기 위해, 더 좋은 관계를 맺는 방법을 찾을 수 있는 탐조등이길 기대해 본다. 나와 당신이 만나는 순간, 나를 편안하게 하는 좋은 관계에서 오는 행복감과 충만감은 당신의 인생에 풍요로움과 희망을 선사할 것이다.

제1부

사람과 사람 관계

1장
인생은 짧아 사랑을 해라 아가씨야
─ <밤은 짧아 걸어 아가씨야>

서곡숙

* 영화 〈밤은 짧아 걸어 아가씨야〉 스틸컷 제공: 미디어캐슬

〈밤은 짧아 걸어 아가씨야〉는 술내기, 헌책시장, 학교축제, 겨울감기라는

사계절 이야기를 하루에 담아내면서,

인연과 관계에 대한 환상적인 이미지를 펼치고 있다.

1. 사계절을 하루에 담아낸 인연 이야기

'교토의 천재작가' 모리미 도미히코의 판타지 소설 『밤은 짧아 걸어 아가씨야』는 일본에서 누적 판매 부수 130만 부 돌파, 제20회 야마모토 슈고로상 문학상 수상 등 작품성과 대중성을 동시에 획득한 작품이다. '재패니메이션의 새로운 미래'로 불리며 주목받고 있는 유아사 마사아키 감독은 <밤은 짧아 걸어 아가씨야>로 일본 아카데미상을 받았으며, 일본 작품 최초로 제28회 오타와 국제애니메이션영화제 장편 부문 그랑프리를 수상하기도 했다. 이 영화는 술내기, 헌책시장, 학교축제, 겨울감기라는 사계절 이야기를 하루에 담아내면서, 인연과 관계에 대한 환상적인 이미지를 펼치고 있다.

2. 소유의 삶에서 공유의 삶으로

1) 덧없는 삶에서 풍요로운 삶으로

<밤은 짧아 걸어 아가씨야>는 사랑 이야기(검은 머리 아가씨/선배)와 내기 이야기(검은 머리 아가씨/이백/선배)라는 두 가지 플롯으로 진행된다.

첫 번째 봄 에피소드 '술내기와 모조전기브랜드'에서는 검은 머리 아가씨와 이백을 중심으로, 덧없는 삶과 풍요로운 삶을 대비시키고 있다. 검은 머리 아가씨는 술을 즐기고 사람들과의 관계를 중시하는 반면에, 이백은 속옷 훔치기와 술내기를 좋아한다는 점에서 자본

주의를 대표한다. 자신을 이기면 소원을 들어준다는 이백과의 술내기에 이겨서, 검은 머리 아가씨는 환상의 술인 모조전기브랜드(덴키브란)를 마시게 된다. 술내기에서 이백은 술을 마실수록 덧없는 맛을 느끼는 데 반해, 검은 머리 아가씨는 술을 마실수록 풍요로운 맛을 느낀다는 점에서 대비된다.

한편 검은 머리 아가씨와 선배는 관계의 평행선을 보여준다. 검은 머리 아가씨와 선배는 같은 거리에서 술을 마시지만, 서로 만나지 못하고 평행선을 달린다. 결혼피로연 장소에 함께 있지만 검은 머리 아가씨는 술 생각에 빠져있고, 선배는 그런 검은 머리 아가씨를 멀리서 지켜보는 등 선배의 일방향적인 시선만이 강조된다. 이 이야기의 마지막에서 선배가 검은 머리 아가씨와 만난다. 하지만, 선배는 도난당해 깃발처럼 걸려 있는 자신의 팬티를 되찾는 과정에서 나체의 모습으로 나타나고, 검은 머리 아가씨는 그를 변태로 오해하고 '친구 펀치'를 날린다.

2) 독점의 논리에서 시장의 논리로

두 번째 여름 에피소드 '납량헌책축제와 『라타타담』'에서는 '헌책시장의 신'과 이백이 책의 시장 논리와 독점적 소유욕으로 팽팽하

게 맞선다. 이백은 세상에서 귀한 책들을 모아서 독점한 후, 자신이 여는 대회의 우승자에게게만 원하는 책을 준다. 하지만, 헌책시장의 신은 시장에서 사람들이 원하는 책을 자유롭게 살 수 있게 이백의 독점을 없애고자 노력한다. 그래서 그는 돌풍을 일으켜 이백의 책을 모두 헌책시장으로 돌려보낸다.

　이 에피소드에서도 검은 머리 아가씨와 선배는 여전히 평행선을 이룬다. 두 사람은 같은 공간에 있지만, 서로를 인지하지 못한다. 이 에피소드의 마지막 부분에서 선배가 돌풍 속에서 『라타타담』을 지키기 위해서 애쓰는 모습을 검은 머리 아가씨가 보게 된다. 그녀는 비로소 그가 "자주 마주치던 선배"임을 인식하게 된다. 검은 머리 아가씨는 자신이 좋아하는 책 『라타타담』을 찾으러 가지만, 헌책시장의 신을 돕다가 빈손으로 오게 된다. 반면에, 선배는 도도의 부탁으로 매운 요리 먹기대회에 참가하지만, 고군분투하여 『라타타담』을 손에 넣게 된다.

3) 규범적 삶에서 일탈적 삶으로

　세 번째 가을 에피소드 '학교 축제와 게릴라 연극'에서는 사무국장과 팬티총대장을 중심으로, 규범적 삶과 일탈적 삶의 충돌을 보여준다. 팬티총대장은 '사과비' 여인을 보고 운명적 사랑을 느낀 후, 1년 동안 팬티를 갈아입지 않고 그 여인을 기다린다. 그리고 팬티총대장은 게릴라연극을 올리며, 집요왕을 맡아 그 여인을 찾는다. 사무국장은 학교축제 책임자로서 흑막이 있는 불법 연극을 저지하고자 한다. 한편, (여장한) 사무국장이 사과비 여인임이 밝혀지면서, 두 사람은 적대적 관계에서 연인 관계로 변하면서 이성애/동성애의 문제를 제기한다. 하지만 결국 팬티총대장이 '생선비' 연출가를 선택함으로써 움직이는 사랑을 보여준다.

이 이야기에서 선배는 드디어 검은 머리 아가씨와 제대로 만나게 된다. 선배는 검은 머리 아가씨의 인생의 책인 『라타타담』을 판매하여 그녀와 만나려는 '함정 메꾸기 전략'을 사용하지만, 실패한다. 그래서 선배는 그녀가 공주로 출연하는 게릴라 연극에 위험을 무릅쓰고 뛰어든다. 두 사람은 "라타타담 아가씨"(선배), "또 만나"(검은 머리 아가씨), "어쩌다"(선배), "이것이 우리의 운명"(함께)이라는 말을 주고받는다. 두 사람이 포옹하고 키스하려는 순간에 함정에 빠지게 되면서, 운명적인 사랑에 대한 예감과 어긋남을 동시에 보여준다.

4) 고독에서 인연으로, 자괴감에서 자존감으로

네 번째 겨울 에피소드 '감기와 윤페료'에서는 선배, 이백, 검은 머리 아가씨를 중심으로 고독/인연, 자괴감/자존감을 대비시키고 있다. 우선, 고독에 빠진 이백은 인연의 실을 믿는 검은 머리 아가씨로 인해 삶의 의미를 되찾게 된다. 다음으로 자괴감과/자존감, 실연/사랑 사이에서 자아싸움을 벌이는 선배와 그를 도우려는 검은 머리 아가씨의 만남을 보여준다. 선배는 "혼자인 난 어찌하리오?"라는 자괴감과 검은 머리 아가씨에 대한 이루어질 수 없는 사랑 때문에 괴로워한다.

선배는 감기에 걸려 혼자 집에서 앓아누워 있고, 검은 머리 아가씨는 감기에 걸린 주변 인물을 차례대로 병문안한다. 그녀가 방문하는 인물 모두가 선배 이야기를 그녀에게 하게 되어, 그녀는 점점 선배에 대해 많이 생각하게 된다. 결국에는 이백으로부터 최고의 감기

약인 윤폐료를 받아서 선배를 찾아가게 된다. 검은 머리 아가씨는
윤폐료를 먹여 선배의 감기를 낫게 하고, 선배는 검은 머리 아가씨
의 인생의 책 『라타타담』을 선물한다. 두 사람은 데이트를 하면서
"이렇게 만난 것도 어떤 인연"이라는 말로 서로의 마음을 확인하면
서 영화는 끝이 난다.

3. 고독에서 소통으로

1) 부정 거부에서 소통으로

인물의 행동에는 3가지 유형의 반응, 즉 대화를 나누거나 정보를 나누는 경우, 거부하는 경우, 부정하는 경우가 있다. 그리고 인물의 관계에는 두 가지, 근접성과 힘을 기준으로 유형화할 수 있다. 근접성의 정도에 따라 인간의 물리적인 거리는 네 종류, 즉 공공관계, 사회관계, 개인적 친분관계, 내연관계로 나뉜다. 힘의 위치에 따른 관계는 세 종류, 즉 대칭 관계, 비대칭 관계, 보완 관계가 있다.[1]

<밤은 짧아 걸어 아가씨야>에서 인물의 반응을 중심으로 생각해 보면, 대부분의 인물이 대화나 정보를 나누며, 특히 검은 머리 아가씨가 가장 활발하다. 가장 활발하게 소통하는 검은 머리 아가씨와 소통을 거부하는 이백이 대비된다. 이백은 거부에서 소통으로 발전한다. 이백의 거부는 달리 보면 외로움의 표현이다. 이백 자신이 가진 소유의 정도가 커질수록 관계의 정도가 약화된다. 이런 점에서 이백과 검은 머리 아가씨는 관계의 거부와 소통을 대비시켜 보여주는 인물이다. 검은 머리 아가씨는 이백과의 관계에 있어서 특히 적극적으로 소통하고자 한다. 왜냐하면 이백은 그녀 혹은 그녀 주변 인물이 원하는 것을 모두 갖고 있기 때문이다.

---

1 서명수, 「영화 콘텐츠에서 등장인물에 관한 연구 – 등장인물의 행동을 중심으로」, 다문화콘텐츠학회, 『다문화콘텐츠연구』, 제15집, 2013년 10월, 365~394쪽.

여기에서 아이러니는 바로 검은 머리 아가씨다. 검은 머리 아가씨는 대부분의 인물과 소통하지만, 선배와의 관계에서는 마지막에 가서야 부정에서 소통으로 발전한다. 전반부에서 두 사람의 소통행위는 불균형을 이루지만, 후반부로 갈수록 점차 균형을 맞추게 된다. 검은 머리 아가씨는 술내기에서 선배를 변태로 오해하고, 헌책시장에서 비로소 선배를 인식하고, 게릴라 연극에서 선배와의 과거 만남들을 돌이켜보며 관심을 둔다. 마침내 그녀는 병문안에서 주변 인물의 이야기로 선배의 마음을 알게 되어, 그에게 어떤 태도를 보여야 할지 또 그와 어떤 형태의 관계를 맺어야 할지를 고민하기 시작한다.

2) 사회관계에서 내연관계로

등장인물의 관계는 근접성의 측면에서 네 종류가 있다. 첫째, 전혀 모르는 사람들과의 공공관계, 둘째, 친밀하지는 않지만 서로 알고 지내는 사회관계, 셋째, 우정이 있는 개인적 친분관계, 넷째, 긴밀한 애정의 내연관계. 검은 머리 아가씨와 선배는 자신과 만나는 인물의 관계를 공공관계, 사회관계, 개인적 친분관계로 점점 발전시킨다. 선배는 영화 내내 자신이 가장 원하는 검은 머리 아가씨와의 사회관계를 내연관계로 만드는 데 실패함으로써, 사회관계에 머문다. 선배는 최눈알 작전(최대한 그녀의 눈앞에서 알짱거리기), 함정 메꾸기 작전(다른 함정을 모두 메꾸어 하나로 몰아넣는 것)을 쓴다. 그는 자신의 존재와 사랑을 알지 못하는 검은 머리 아가씨에게 다가가기 위해 노력하지만, 뜻대로 되지 않자 괴로워한다.

하지만, 두 사람과 개인적 친분관계를 맺게 된 대부분의 인물이 두 사람이 개인적 친분관계, 나아가 내연관계가 되게끔 도와준다. 이런 점에서 볼 때 인물의 관계는 모두 이어져 있다. 여기에서 가장 중요한 역할을 하는 인물은 적대자로 보이지만 사실상 조력자인 이백이다. 선배는 이백이 주관하는 '훠궈 요리 먹기 내기'에서 승리해 검은 머리 아가씨의 인생의 책인 『라타타담』을 얻고, 검은 머리 아가씨는 이백에게 병문안을 가 최고의 감기약인 '윤폐료'를 얻어 육체적 정신적으로 힘들어하는 선배를 치유한다.

3) 비대칭 관계에서 보완 관계로

등장인물의 관계에서 힘의 관점에서 보면 세 종류, 즉 동등한 대칭 관계, 한쪽이 항상 우위에 있는 비대칭 관계, 소통행위의 상황에 따라 혼합되어 나타나는 보완 관계가 있다. 이 영화에서 대부분의 인물은 전반부에 대칭 관계에서 보완 관계로 나아간다. 처음에는 동등한 관계인 대칭 관계를 형성하지만, 이야기가 진행될수록 상부상조하는 관계가 되면서 보완 관계로 나아간다. 보완 관계가 가장 정상적이고 건강한 관계라는 점에서 이 영화에서 인물의 관계는 대부분 긍정적인 방향으로 나아간다.

하지만, 선배와 이백만이 예외적이다. 검은 머리 아가씨와 선배는 영화 내내 선배의 최눈알 작전에도 불구하고 활발한 소통행위가 일어나지 않아 대칭 관계만을 이룬다. 두 사람은 마지막에 가서야 비로소 서로가 필요로 하는 윤폐료와 『라타타담』을 교환함으로써 보완 관계를 형성한다.

이백은 다른 사람과의 관계를 거부하고 자신이 소유한 물건으로 사람들을 좌지우지한다는 점에서 비대칭 관계에서 항상 우위를 차지한다. 하지만 그는 검은 머리 아가씨와는 보완 관계를 형성하게 된다. 검은 머리 아가씨는 이백과의 술내기에 이겨 모조전기브랜드를 얻고, 감기에 걸린 그에게 병문안을 가서 고독한 그를 위로해 준다. 이백은 최고의 감기약인 윤페료를 검은 머리 아가씨에게 주며, '자신보다 더 고독한 젊은이'라며 그녀를 사랑하는 선배의 존재를 일깨워 준다.

4. 강렬한 이미지와 환상적 세계

1) 인연의 끈과 이미지의 연결

<밤은 짧아 걸어 아가씨>는 이미지와 사운드의 연결을 통해 인연의 끈을 표현하며, 점층법을 보여준다. 검은 머리 아가씨와 선배의 관계는 전반부에는 서로 다른 공간에서 머물고, 중반부에는 같은 공간에 머물지만 알지 못하고, 후반부에 비로소 만나 마음을 확인하게 된다.

우선, 전반부에서는 같은 공간에는 없지만, 소도구의 연결을 통해 인연을 암시한다. 검은 머리 아가씨와 선배는 서클 사람들, 도도 변태 아재 등 공통적인 사람들을 만나지만, 서로 알지 못한다. 하지만 둘 사이는 사운드와 소품을 통해서 끊임없이 교차점이 마련된다. 서

로에게 속했던 소품이 상대방에게 가는 행위를 주고받으며 두 사람의 관계가 이어진다. 검은 머리 아가씨에게 있던 검은 보자기가 선배에게 가고, 선배에게 있던 공이 검은 머리 아가씨에게 가고, "이백은 없느냐"는 아가씨의 구호가 선배에게 들리고, 선배의 팬티가 깃발처럼 걸려 있는 것을 검은 머리 아가씨가 본다.

다음으로, 중반부에서 검은 머리 아가씨와 선배는 같은 공간에 있으나, 서로를 인식하지 못한다. 하지만, 이미지의 연결을 통해 만남을 암시한다. 헌책시장에서 선배의 뒤로 검은 머리 아가씨가 지나가거나, 혹은 검은 머리 아가씨 뒤로 선배가 지나간다. 서로 다른 시점에서 두 사람이 가까운 곳에 있다는 것을 보여준다. 하지만, 정작 두 사람은 그것을 알지 못하고, 관객만이 인지하는 상황이어서 안타까움을 자아낸다.

그리고 후반부에서 다른 공간에 있는 검은 머리 아가씨와 선배의 교차편집을 통해 두 사람의 사랑을 암시한다. 검은 머리 아가씨는 거리에서 거센 바람을 맞아, 다른 인물에게서 받은 모자, 외투, 목도리를 모두 잃어버리고, 오직 선배에게 줄 윤폐료만 남게 된다. 한편 선배는 검은 머리 아가씨가 자신의 집으로 점점 가까이 오고 있다는 소식을 듣고는 그녀에게 줄 『라타타담』을 꺼내놓고는 기다린다.

마지막으로, 처음부터 끝까지 검은 머리 아가씨와 선배를 이어주는 것은 책 『라타타담』이다. 이 책은 검은 머리 아가씨와 선배의 인연과 사랑을 암시한다. 술 이야기에서 헌책시장 전단지를 보며, 검은 머리 아가씨는 자신이 좋아하는 책 『라타타담』을 떠올린다. 헌책시장에서 선배는 검은 머리 아가씨가 좋아하는 『라타타담』을 얻기 위해서 고군분투한다. 학교축제에서는 선배가 검은 머리 아가씨에게 팔기 위해서 『라타타담』 좌판을 열고는, 그녀를 기다린다. 감기 이야기에서 선배는 마침내 검은 머리 아가씨에게 『라타타담』을 선물한다.

2) 인물의 갈등과 색채의 대비

    <밤은 짧아 걸어 아가씨야>에서는 유채색과 무채색의 대비를 통해 인물의 외적, 내적 갈등을 표현한다.
    피로연에서 2차로 옮기는 장면에서, 2차를 가는 사람들은 유채색인 반면에, 혼자 남은 선배만 무채색으로 표현하여 그의 외로움을 나

타낸다. 검은 머리 아가씨와 이백의 술내기 장면에서, 검은 머리 아가씨의 주위는 유채색의 꽃으로 가득 차지만, 이백의 주변은 무채색으로 점점 어두워진다. 그래서 즐거움/괴로움, 인연의 실/술의 농간, 풍요로운 세계/황량한 세계 등을 색채의 대비로 시각화한다.

검은 머리 아가씨가 이백을 병문안하는 장면에서, 검은 머리 아가씨가 이백 덕분에 많은 인물이 인연으로 연결되어 있다고 말하자 이백이 눈물을 흘린다. 그러자 이백의 주위가 어두운 분위기에서 밝은 분위기로 변화한다. 선배의 생각 속에서 검은 머리 아가씨에 대한 자신의 애정을 재판에 회부하는 장면에서, 그녀에 대한 과거 영상으로 가득 찬 재판정은 유채색이지만, 관중석은 무채색으로 표현하고 있다. 검은 머리 아가씨가 선배를 병문안하는 장면에서, 선배의 자아 싸움과 검은 머리 아가씨의 병간호를 어두운 무채색과 화사한 유채색으로 대비해 보여준다.

3) 현실과 상상의 시각적 형상화

<밤은 짧아 걸어 아가씨야>에서는 생각, 상상, 분위기, 회상을 점층법, 시각화, 환상적 묘사, 간략한 이미지 등으로 형상화한다.

우선, 인물의 생각을 강조할 때 점층법을 사용한다. 선배가 '최눈알 작전'을 설명하는 장면에서, 선배와 검은 머리 아가씨가 과거에 만나는 영상의 모자이크가 계속해서 늘어난다. 검은 머리 아가씨가 '책의 바다'라고 생각하는 장면에서, 책이 점점 불어나 줄처럼 이어지고 나중에는 서로 파도를 치면서 책 속의 활자들이 바다를 가득 메

운다. 이백이 시간이 쏜살같이 흘러가는데 돈과 여자들은 많지만 부모님이 없으며 마음이 채워지지 않아 괴로워하는 장면에서, 어둠 속의 시계가 계속해서 늘어나면서 결국 방을 가득 메운다. 이백이 고독을 원해도 그의 돈을 바탕으로 시작된 인연이 모두 연결되어 있다고 검은 머리 아가씨가 말하는 장면에서, 인물들의 숫자가 계속해서 늘어가면서 인연의 끈으로 연결된다.

다음으로, 인물이 생각하거나 상상하는 것 그대로 시각적인 이미지로 형상화하여 표현한다. 피로연 장면에서 검은 머리 아가씨가 달팽이 요리를 필름 통으로 생각한다. 헌책시장에서 검은 머리 아가씨가 책 축제 시장을 바다로 생각한다. 학교 축제에서 선배가 검은 머리 아가씨가 자신이 마련한 책을 보고 기뻐하는 모습을 상상한다. 선배가 게릴라 연극에서 팬티총대장과 검은 머리 아가씨가 키스하려고 할 때 자신이 중간에서 가로막는 장면을 상상한다. 이러한 인물들의 상상은 모두 이미지로 그려진다.

그리고 분위기를 환상적인 이미지로 나타낸다. 검은 머리 아가씨와 일행들이 "이백은 없느냐"며 큰소리로 외치고 다니는 장면에서, 담배 연기가 가득 차고 물고기와 꽃 등이 날아다니는 환상적인 분위기를 표현한다. 헌책시장에서 선배가 『라타타담』을 얻기 위해서 훠궈 요리 먹기 대회에 참가하는 장면에서, 매운 요리로 고통스러워하자 주변이 온통 붉은색 불로 가득 차다가, 나중에 개구리, 뱀 등이 나타나는 환각 상태에 빠지게 된다.

마지막으로, 인물의 심리적 상태와 시간의 흐름이 화면 분할과 배경 변화로 표현된다. 주변의 눈치 때문에 음료수를 마시는 검은 머리

아가씨가 보석 같은 칵테일을 원하는 장면에서, 네 개의 술잔을 잡고 마시고 놓으면 다시 다른 술잔으로 자동적으로 바뀌는 모습을 화면 분할로 보여준다. 검은 머리 아가씨가 헌책시장에서 학교 축제로 가는 장면에서, 그녀가 걸어가는 뒤의 배경이 계속 바뀌면서 공간의 이동과 시간의 흐름을 표현하고 있다.

4) 회상, 상상과 간략한 이미지

<밤은 짧아 걸어 아가씨야>의 과거 회상이나 미래 상상 장면에서, 간략한 이미지로 표현해 차별화하고 있다. 실제 현실에서 일어나는 일을 묘사할 때는 인물과 배경 등을 정밀하게 그려 사실감을 살리고 있다. 반면에, 생각이나 상상의 경우에는 세부 묘사를 과감하게 생략하고 단순한 이미지로 표현한다. 피로연에서 선배가 검은 머리 아가씨와의 과거 만남을 회상하는 장면, 헌책시장에서 팬티총대장이 과거 사과비를 함께 맞은 운명의 그녀를 회상하는 장면, 학교 축제에서 선배가 검은 머리 아가씨와의 미래를 상상하는 장면 등을 간략한 애니메이션으로 표현하고 있다.

일본 애니메이션의 특징 중 하나가 간략한 이미지를 통해 제작비를 절감하는 것이다. 이 영화의 경우 일반적인 내용은 정교한 이미지로 보여주는 반면, 상상하는 장면은 간략한 이미지로 제시하여 차별성을 확보하고 제작비를 절감하고 있다. 또한 팬티총대장, 변태아재 등 독특한 인물과 일탈적 에피소드를 통해 애니메이션다운 상상력과 독창성을 보여주고 있다. 이렇듯 <밤은 짧아 걸어 아가씨야>는 플래

시를 활용한 팝아트 같은 영상미, 강렬한 색감과 독특한 일러스트 작화, 섬세한 라인 드로잉으로 환상적인 밤의 세계를 표현하고 있다.

5. 인연의 실과 관계의 중요성

<밤은 짧아 걸어 아가씨야>에서 검은 머리 아가씨와 가장 대립하는 인물은 이백이다. 검은 머리 아가씨는 인연의 실을 통해 관계의

중요성을 강조하지만, 이백은 고독에 빠진 인물로 개인주의, 자본주의를 추구한다. 이백은 중요한 물건을 대부분 소유하고 있지만, 검은 머리 아가씨는 다른 인물과의 관계에서 필요한 물건을 획득한다. 영화에서 가장 맛있는 술, 가장 좋아하는 책, 가장 효과가 좋은 감기약 등의 증여자는 항상 이백이고, 수여자는 검은 머리 아가씨와 선배이다. 이백은 전반부에는 적대자이지만, 후반부에서는 조력자로 변모함으로써 가장 큰 변화를 보여주는 인물이다.

<밤은 짧아 걸어 아가씨야>에서 이백, 검은 머리 아가씨, 선배는 각각 고독, 인연, 사랑이라는 주제를 대표한다. 이백과 검은 머리 아가씨를 중심으로, 덧없는 삶, 소유의 논리, 움직이는 사랑, 고독, 자괴감의 세계에서 벗어나, 풍요로운 삶, 시장의 논리, 운명적 사랑, 인연, 자존감의 세계로 나아간다. 그리고 검은 머리 아가씨와 선배의 관계를 중심으로 부정 거부에서 소통으로, 사회관계에서 내연관계로, 비대칭 관계에서 보완 관계로 발전한다. 이 영화는 "밤은 짧아. 걸어, 아가씨야!"라는 도도의 충고에서 시작해서 "인생은 짧아. 사랑을 해라, 아가씨야!"라는 이백의 조언으로 끝이 난다.

술과 춘화의 세계를 가르쳐준 도도 변태아재, 궤변춤을 통해 허무함을 이겨내려는 노인, 고여 있는 책을 시장으로 보내려는 헌책시장의 신, 게릴라연극을 통해 잊지 못하는 사랑을 노래하는 팬티총대장, 최눈알 작전과 함정 메꾸기 작전 등 사랑에 모든 것을 거는 선배, 모든 일에 적극적으로 도전하는 검은 머리 아가씨, 그녀와의 만남으로 고독을 극복하는 이백. 이렇듯 <밤은 짧아 걸어 아가씨야>는 다양한 인물을 통해 인연과 관계에 대해서 풍성한 이야기를 풀어놓고 있다.

2장
모녀 관계: 엄마와 딸에 관한 영화 보고서
— <레이디 버드>를 시작으로

서성희

영화 〈레이디 버드〉 스틸컷 제공: UPI

"엄마도 사람이란다."

엄마로부터 독립된 존재의 자아를 찾기 원한다면

'엄마의 결혼 전 이야기',

엄마가 되기 전의 이야기를 들어보자.

1. 두 여성, 엄마와 딸

모녀 관계를 선명하게 그린 <레이디 버드>(Lady Bird, 2018)를 보면서 엄마와 딸의 관계에 관한 영화들이 떠올랐다. 그러면서 모녀 관계를 그린 영화를 통해 엄마와 딸의 관계라는 이름으로 가슴속에 묵직하게 들어앉은 돌덩이를 잘게 부수고 속 시원히 털어내고 싶은 마음이 들었다. 한 마디로 이 글은 모녀 관계에 관한 영화적 해석이다.

먼저 모녀 관계에서 엄마와 딸의 공통점은 모두 여성이라는 점이다. 우리 사회가 이상적으로 생각하는 여성은 가족에게 희생적인 아내이자 엄마이다. 영화 속 여성은 자식을 이상적으로 양육하는 것은 물론이고, 남편이 바람피우고 책임감 없이 자기 멋대로 떠돌아다니다 병들어 돌아와도, 심지어 때려도 모두 돌봐주며 끝까지 가정을 지켜낸 사람으로 그려진다. 이런 이미지에 맞지 않은 여성이나 모성을 거부하는 여성은 여성성 나아가 인간성을 상실한 여성으로 평가한다.

모성 신화는 가족 이기심을 모성이라는 이름으로 한 여성의 절대적인 희생을 미화할 때, 사회가 함께 짊어져야 할 아이 양육이나 노인 케어를 한 여성에게 전가하는 사회에서 꼭 필요로 한다. 그러나 모성 신화의 역사는 그리 길지 않다. 모성 신화의 쌍생아인 '현모양처'라는 환상과 모성 신화의 주역인 '모성본능'은 근대가 발명한 역사적 산물이자 사회가 강요한 역할이다. 엘리자베트 바댕테르는 모성이 여성의 본능에 깊이 새겨진 것이라는 신화의 허상을 폭로한다. 그에 따르면 18세기 파리에서는 자식을 다른 집의 수양딸이나 수양

아들로 보내는 것이 관례여서 친어머니의 손에 자라는 사람은 5퍼센트가 될까 말까였다. 그리고 장남에게만 모성애를 선별해서 나눠주었다.[1] 한 마디로 모성애는 선택할 수 있는 감정이며, 모성본능은 존재하지 않는다.

하지만 엄마라면 마땅히 가져야 할 바람직한 본성이 있다고 모두가 믿고 싶어 하니까 그 지식이 공유되지 않았을 뿐이다. 모성본능은 여성을 노예로 만드는 가장 세련된 방법이며, 대부분 남성의 환상이다. 남성들은 그런 환상을 죽 강요해왔고, 여성 쪽에서도 그 역할을 순순히 받아들여야 결혼하기가 쉽다 보니 점점 더 그런 방향으로 흐르게 되었다.[2] 여성 중에서도 현모양처가 되어야겠다고 생각하는 사람이 많다. 하지만 현모양처가 되는데 따르는 자기희생과 고통의 의미를 깨달을 계기가 없어서 그런 것이 아닐까 하는 의문이 든다.

2. 모성은 본능인가

"내가 엄마가 될 수 있다고 생각해? 될 수 있을 리가 없잖아. 방법을 모르는걸. 어떤 식으로 귀여워하고, 어떤 식으로 꾸짖고, 어떤 식으로 친해져야 할지 모른다고. 엄마 같은 거난 될 수 없어."

- 낳은 엄마, 마사에

1   엘리자베트 바댕테르, 심성은(역),『만들어진 모성』, 동녘, 2009, 141쪽.

2   사이토 다마키 외, 전경아(역),『나는 엄마가 힘들다』, 책세상, 2017, 33~34쪽.

"도망치고, 도망치고 또 도망치면,

나는 네 엄마가 될 수 있을까?"

- 기른 엄마, 키와코 <8일째 매미> 중에서

모성을 테마로 한 <8일째 매미>(Rebirth, 2011)는 모성을 느끼지 못하는 낳은 엄마와 핏줄로 이어져 있지 않지만, 모성이 넘치는 여성을 그리고 있다. 유부남의 달콤한 말에 속아 아이를 낙태한 내연녀이자, 그 일로 더 이상 아이를 가질 수 없게 된 키와코(나가사쿠 히로미)는 자신의 빈 곳을 채우기 위해 불륜 상대 남성의 아내에게서 태어

영화 <8일째 매미> 포스터

난 아이를 유괴한다. 세월이 흘러, 유괴되었던 기억을 잊고 살던 에리나(이노우에 마오)가 성장해 키와코의 행적을 좇는 과정을 따라가다 보면 모성은 길러지는 것이라는 생각이 든다.

에리나를 낳은 엄마 마사에(후부키 준)는 에리나가 태어났을 당시는 모성애가 존재했겠지만, 유괴로 인해 자식을 보살피지 못하게 되면서 모성애가 쇠퇴해버린다. 영화는 마사에를 통해 모성도 하나의 감정으로 애정을 확인할 기회가 부족하면 지속되거나 길러질 수 없

는 감정이라는 걸 느끼게 한다.

반면에 유괴로 데려온 아이를 삶의 전부라고 생각하고 기른 엄마, 키와코. 모성애란 자식과 함께하는 시간이 쌓일수록 그리고 자식에게 베풀어 주는 보살핌이라는 기회를 통해 생겨나는 하나의 감정이라는 걸 확인할 수 있다. 모성이란 후천적으로 만들어지는 선택적인 감정으로 쌓아 올린 재능 같은 것이다. 그래서 가족이 아닌 여성이 엄마가 되어도 무방하다는 생각은 <가족의 탄생>이나 <어느 가족>(万引き家族, 2018)처럼 유사가족 공동체를 만들 수 있는 토대가 된다.

모성애란 하나의 감정에 지나지 않으며 또 그렇기 때문에 본질적으로 우발적일 수밖에 없다. 이 우발적인 모성애라는 감정을 <8일째 매미>는 두 엄마를 비교하며 세밀하게 들여다볼 수 있게 한다. 모성애라는 감정은 존재할 수도 존재하지 않을 수도 심지어 존재했으나 사라질 수도 있다. 또 강할 수도 있고, 깨지기 쉬울 수도 있다. 자식 모두를 위해 헌신할 수도 있고 아니면 어떤 자식만을 편애할 수도 있는 감정이다.

현대사회는 이 모성이라는 감정을 표출하는데도, 모성에 대한 강박을 만족시키는데도 많은 비용이 든다. 고도 성장기에 실제 여성 지위가 상승되진 않았다하더라도, 적어도 힘든 농사나 집안일에서 해방되어 여성의 삶이 질적으로 많이 향상된 건 사실 아니냐고 말하기도 한다. 하지만 여성이 아이를 낳는 순간 엄마가 아이의 인격 형성에서 성적 관리까지 모두 책임져야 하는 현대 육아 방식은 가정에서 여성이 해야 할 일을 더 많이 만들어내고 있다.

결혼 전에 일이나 자신을 위해 온전히 시간을 쓰던 여성이 결혼이나 육아로 일을 그만두고, 아이 교육에 전면적으로 나서면서 지나치게 에너지를 쏟는 경향도 나타난다. 육아에 전면적으로 나선 엄마들 대부분은 사회관계의 단절로 심한 고립감을 느낀다. 그 결과, 엄마들은 아이들에게 욱해서 화를 내고 그런 자신 때문에 고민하기도 한다. 주로 '독박 육아'로 인해 육아의 책임이 전부 자신에게 있다고 생각하는 사람일수록 여유가 없다 보니 욱하고 화를 내는 경우가 자주 생긴다. 실제로 아이를 키우다보면 모성본능은 신화라는 것을 자연스럽게 경험하게 되고, 모성은 지속적인 관계를 통해 쌓아가는 감정임을 깨닫게 된다.

모성 본능에 기댄 육아는 한 사람의 일방적인 희생을 토대로 금자탑을 쌓아 올린다. 우리 사회가 사회적 육아, 공공보육 개념이 발달하지 않는 원인 중 하나는 육아에 관한 한 엄마의 애정, 책임, 부담의 삼위일체에 전적으로 의존하기 때문이다. 이상적인 출산과 육아란 엄마가 자신의 신체와 시간을 아이에게 온전히 바치고, 아이를 사랑하니 책임지고, 갖은 고생을 하며 수고를 들이는 것이 하나의 세트가 된다. 이 세트를 완전 충족시키기 위해서는 시간과 돈과 근성이 넘치는 엄마가 아니면 어렵다. 그래서 일과 육아를 병행하는 게 어렵게 느껴지고, 시간과 돈과 근성이 없으면 자식을 키우는 게 더 어렵게 느껴진다.

3. 엄마와 딸, 둘 중 한 명은 죽어야 하는 관계

이제는 모성본능에만 의존하는 모녀관계는 변해야 한다. 인간의 평균수명이 길어지고 있기 때문이다. 1960년, 한국인 평균 수명은 남자가 51세, 여자가 54세였다. 당시 여성은 20대 초반에 결혼하고 나면 고향으로 친정엄마를 만나러 가는 일조차 뜻대로 하지 못했다. 엄마와 함께 지낼 수 있는 시간이 요즘보다 극히 제한된 환경이었다. 엄마와 만날 시간이 짧다 보니 좋은 어머니상은 더욱 이상화되어, 모녀가 갈등을 빚는 경우는 찾아보기 어려웠다.

그런데 지금은 상황이 많이 달라졌다. 수명은 길어지고 결혼하지 않고 혼자 사는 딸도 많아지고, 평균 결혼 연령도 높아지고 있다. 결혼해도 친정 근처에 사는 경우가 많기 때문에 엄마 입장에서는 딸이 자신의 영향력 안에 그대로 있다. 옛날보다 엄마가 자주 간섭하거나 딸과 다투는 것도 어찌 보면 당연한 일이다.[3]

모녀관계에 새로운 갈등이 많이 생겨나는데도, 모녀관계의 변화를 반영한 영화가 많이 만들어지지 않는 이유 중 하나는 여성의 수수께끼 같은 미묘한 심리를 남성 감독들이 제대로 이해하지 못하기 때문 아닐까. 여성도 남성의 투쟁 욕구와 인정 욕구를 다 이해할 수 없듯이, 남성도 여성의 감성 욕구를 이해한다는 건 쉬운 일이 아니다. 여성 한 명도 아니고 엄마와 딸이라는 두 명의 여성이 엮어내는 미묘하면서 변화무쌍한 심리를 포착해낼 감독이 그리 많을 것 같진 않다.

---

3 아사쿠라 마유미 외, 김도경(역), 『나는 착한 딸을 그만두기로 했다』, 북라이프, 2017, 34쪽.

그래서일까. 여성 평균수명이 85세가 되는 2010년을 전후로 이상적인 모녀 관계를 유지하는 방법으로 엄마나 딸 중에 한 명이 죽는 일련의 영화들이 등장한다. <애자>(2009) <웨딩드레스>(2009) <친정엄마>(2010) <세상에서 가장 아름다운 이별>(2011) <마마>(2011)와 같은 일련의 영화에서 모성본능으로 끝없이 베풀기만 하는 엄마와 딸이 죽어 나간다. <애자>에서 엄마(김영애), <웨딩드레스>에서 엄마(송윤아), <친정엄마>에서 딸(박진희), <세상에서 가장 아름다운 이별>에서 엄마(배종옥), <마마>에서 엄마(엄정화)의 갑작스러운 죽음은 자기희생으로 봉사하는 엄마의 절정을 보여주며, 남은 자식과 떠나는 자식이 느끼는 죄책감을 극대화한다. 평균수명이 점점 더 길어지면서 모녀관계는 엄마와 딸, 둘 중 한 명이 죽지 않으면 이상적인 모녀관계를 유지할 수 없다는 역설로 들린다. 이는 모녀가 함께하는 길어진 시간을 갈등 없이 재현하는데 역부족을 느낀 한국 영화가 선택한 극단적인 설정이라는 인상을 지울 수가 없다.

왜냐하면 요즘같이 평균 수명이 길어지고 모녀가 오랜 시간 자주 만나는 현실에서 더 이상 모녀 관계는 애틋함과 그리움의 대상이 아니다. 자기 앞가림하기도 힘든 세상에 엄마의 희생을 온전히 갚는 딸이 되기도 힘겹다. <친정엄마>에서 엄마(김해숙)는 딸에게 절대적인 희생을 한 후에도, 자신은 나이 들어서 딸에게 절대 민폐를 끼치지 않는 이상적인 엄마로 남고 싶어 한다. 그러나 서울 사는 딸과 시골 사는 엄마가 이상적인 관계로 남으려면 엄마가 건강할 때 돌아가시거나, 장거리 효도가 힘든 딸이 죽는 길밖에 없다고 판단했는지, 영화는 딸의 죽음을 선택한다. 엄마의 희생과 딸의 죄책감이라는 심리

적 인과관계에서 이 모녀관계
도 예외는 아니다. 헌신하는
엄마 뒤에는 '미안한 마음' 때
문에 엄마의 심리적 속박에서
벗어나지 못하는 어린 자아가
딸의 마음속에 항상 자리하고
있다. 어느 것 하나 갚지 못한
채 딸은 그저 미안한 마음으
로 죽어간다. 영화는 그 죄스
러운 감정을 밑천 삼아 많은
딸들의 속죄의식을 자극하며
눈물을 자아내게 한다.

영화 〈친정엄마〉 포스터

　이렇게 죽음이 모녀 관계를 갈라놓지 않는다면 평균수명이 많이
길어져, 엄마와 딸은 딸이 성인이 된 후에도 오랜 세월을 같이 살아
야 한다. 엄마와 딸의 관계가 양육 관계에서 성인 대 성인의 관계로
전환하지 못 하면, 서로 자기 의견만 고집하고 싸우다 결국에는 감
정의 찌꺼기를 남길 일이 많아진다. 일종의 애증 관계랄까, 모녀에겐
이런저런 감정이 뒤섞여있다.

　영화 <애자>의 모녀관계도 유사하다. 딸 애자(최강희)는 작가이
다. 하지만 엄마는 좀처럼 딸의 일을 일로써 인정하지 못한다. 엄마
는 글 쓰는 일을 그만두고 제대로 된 일을 하라고 다그치는 무서운
엄마지만, 딸도 만만치 않다. 딸은 타인에게는 하지도 못할 험한 말
도 엄마에게는 모두 쏟아내며 서로의 감정에 생채기를 낸다. 엄마의

생활 태도가 마음에 들지 않
는 딸, 딸의 생활 태도가 마음
에 들지 않는 엄마. 서로를 향
한 자신들의 욕망을 여과 없
이 드러낸다. 소설 쓰는 딸에
게 "소설 써서 빤스 한 장이
라도 사봤나!"라며 눈만 뜨면
구박하는 엄마에게 회심의 일
격을 준비하고 있던 딸은 상
상도 하지 못한 엄마의 갑작
스러운 이별 통보를 받는다.
있을 땐 성가시고, 없을 땐 그

영화 〈애자〉 포스터

립기만 했던 엄마, "과연 내가, 그녀 없이 살 수 있을까?"라는 뒤늦은
후회를 한다.

　이른 엄마의 죽음 앞에 흔들리지 않을 딸은 없다. 엄마의 마지막
일지 모를 부탁을 거절하기 쉽지 않다. 엄마의 죽음 앞에 더 이상
"엄마에겐 딸의 인생보다 결혼이 더 중요해"라는 의문을 제기할 시
간이 없다. 엄마가 막무가내로 결혼하라면 결혼하는 시늉이라도 해
야 한다. 안 그러면 "엄마의 눈물이 응어리진다." 딸 이름인 애자(哀
子)는 어머니의 상중에 있는 사람이 자신을 지칭할 때 쓰는 말이다.
세상의 모든 딸들은 엄마가 돌아가신 후 느낄 '자식의 뒤늦은 후회'
를 두려워하는 잠재적인 애자들이다. 결국 엄마의 죽음으로 모녀 관
계는 양보와 화해라는 이상적인 관계를 완성한다. 그러나 엄마가 병

으로 일찍 죽지 않고 평균수명대로 산다면, 엄마나 딸의 일방적인 희생이나 죄책감으로 모녀 관계를 지속하기엔 평균수명이 너무 길다.

모녀관계에서 또 짚고 넘어가야 할 부분은 엄마에서 딸에게 전달되는 여성의 생존 방법이다. 영화에서 엄마는 애자의 인생보다 결혼이 더 중요한 것처럼 결혼을 강요한다. 자신이 죽기 전에 딸에게 결혼을 강요하는 엄마는 성 편견으로 가득 차 있다. 엄마가 살던 시대는 여성에게 불리한 사회였기 때문에 엄마는 자신이 살아남기 위해 터득한 지혜를 딸에게 전달하려고 애를 쓴다.

과거 여성은 성 역할과 제도가 완전히 기울어진 운동장 안에서 살아남았다. 처음부터 기울어진 운동장에서 살아남았다면 살아남은 방식 자체에 문제가 있다. 엄마가 딸에게 전하려는 내용이 일그러져 있기 때문에 오히려 딸에게 고통을 주거나 속박하는 면이 있다. 그러나 엄마는 딸에게 은밀한 지혜를 전하기 위해 부단히 노력한다. 엄마의 은밀한 지혜에는 '떳떳하지 못한' 성질이 잠재되어 있다. 예를 들어, "너는 여자니까 ~해라"와 같이, 여성다움을 강요하는 부분에서 성차별을 확대 재생산하는 면을 내포하고 있다. 엄마도 여성으로서 세상을 살아가기 위해 모순 가득한 자기만의 생존방식을 터득했을 것이다. 그러나 모순에 빠진 엄마의 논리를 수용하기는 어렵다. 애자의 위치에서 충분히 애도할 뿐, 성편견이 가득 담긴 엄마의 은밀한 지혜를 여과 없이 받아들여서는 안 된다. 오히려 딸들에게는 공적으로 확장된 영역에서 다양한 지식을 전수받고, 일그러진 운동장에서 터득한 생존 방식을 수정할 기회가 더 많아져야 한다.

4. 여성 연대, 모성 신화를 넘어

　모성 신화가 아닌 모녀 연대의 필요성을 제기한 여성 영화는 웨인 왕 감독에 의해 일찍감치 선보인 적이 있다. 바로 <조이 럭 클럽>(The Joy Luck Club, 1994)으로, 영화는 여성들이 가부장제에서 살아가기 위한 엄마와 딸의 연대를 이야기한다. 이 영화가 중요한 건 모녀 관계와 사회적 여성 문제를 함께 고민하기 시작했다는 점이다.

　<조이 럭 클럽>에서 모녀 사이의 갈등과 연대는 그들이 속한 문화의 문제, 인종의 문제에 대한 여성들의 반응이라는 공통적인 경험을 통해 표출된다. 영화는 국가나 인종의 문제와 여성의 문제가 분리된 것이 아니라, 함께 풀어 가야 할 숙제라고 말한다. 영화 속 엄마들은 중국에서는 가부장제 사회의 여성으로 힘든 인생을 살았다. 그래서 새로운 삶에 대한 희망, 자기 자신보다는 딸의 삶에 희망을 품고 이민 온 세대이다. 영화는 모성본능에 의존해서 여성의 삶을 개선하는 것이 아니라, 가족 단위의 여성 연대로 시작해 이민 사회라는 조금 더 넓은 영역으로 여성 연대를 확장하고 여성의 삶을 진일보 시키려고

영화 <귀향> 포스터

노력한다.

가족 내 여성 연대의 필요성이 제기될 수 있는 문제적 상황과 그 문제를 해결하기 위해 가까이 사는 여성들의 연대를 이야기하는 또 다른 영화로 <귀향>(Volver, 2006)이 있다. <귀향>에서 라이문다 (페넬로페 크루즈)는 자신을 성폭행하려는 의붓아버지를 살해한 후 떨고 있는 딸을 위로하고 조용히 뒤처리한다. 이는 자신도 과거에 겪었던 고통이 딸(요하나 코보)에게 전달되지 않길 바라는 가족 내 연장자로서의 엄마 역할을 재현한다. 세대를 거슬러 라이문다의 엄마 이렌느(카르멘 마우라)도 남편이 어린 딸 라이문다를 임신시켰다는 사실을 알고, 딸을 살리기 위해 유령으로 살아왔다.

또 시체 처리를 도와주고 은밀한 비밀을 공유하며 맺어지는 라이문다와 이웃 여성과의 연대, 원수의 자식을 돌보는 것도 자신 때문에 생긴 문제라며 끝까지 책임지려는 이렌느의 모습을 통해 여성들 간의 따뜻한 연대를 다양한 측면에서 보여준다. 결국 그들이 가진 문제는 남성들로부터 시작되었지만, 그 고통을 안고 세상에 남아 계속 살아가는 것도 여성이고, 해결하고 화해하는 것도 여성이다. 영화는 여성들끼리의 강인한 연대가 모성으로 이어지기도 하지만 때로는 가족이 아니어도 가능하다고 말한다. 알모도바르의 영화에서 여성은 강인한 생명력으로 그 무엇으로도 거스를 수 없는 힘을 보여주는 동시에 어떤 힘겨운 상황에서도 우정을 나누는 아름다운 존재들이기도 하다.

가족으로서 모녀의 여성 연대를 이야기할 때 빼놓을 수 없는 또 한 편의 영화는 <돌로레스 클레이븐>(Dolores Claiborne, 1994)이다. 이 영화에 주목하는 또 다른 이유는 섬으로 은유되는 가정에서 벌어지는 폭력을 통해 모녀 관계의 유대가 필요한 더 은밀한 이유를 드러내기 때문이다. 개기일식으로 유명한 미국의 메인주 리틀 톨 아일랜드의 바닷가 외딴 언덕, 음산한 바람 속에 버려진 집으로 셀리나 조지(제니퍼 제이슨 리)가 15년 만에 돌아온다. 이 집은 그녀가 증오하며 떠났던 엄마 돌로레스(케시 베이츠)의 집이다. 셀리나는 뉴욕에서 명석하고 날카로운 문체로 유명해진 여기자로, 발신인을 밝히지 않은 한 장의 팩스를 받는다. 자신의 엄마 돌로레스가 그 지방 부호인 베라 도노반(주디 파핏)의 살해 혐의로 구속됐다는 지역 신문의 기사였다. 셀리나는 내키지 않는 마음으로 엄마 곁에 찾아왔지만, 마음 깊은 곳에선 엄마의 유죄를 확신한다.

18년 전, 돌로레스는 어려운 살림 속에서 딸 셀리나의 학비를 마련하기 위해 베라의 저택에서 하녀로 일하고 있었다. 술주정뱅이 남편 조의 학대로 몸과 마음이 상한 돌로레스지만, 고된 노동 속에서도 희망인 딸 셀리나를 위해 모든 걸 참아낸다. 그러던 어느 날 어린 딸 셀리나가 남편으로부터 성추행당하고 있음을 알게 된다. 아빠를 따르던 셀리나의 얼굴엔 그늘

영화 〈돌로레스 클레이븐〉 포스터

이 드리워지고, 돌로레스는 그동안 저금한 돈을 찾아 딸과 함께 도망칠 계획을 세운다. 그러나 그 돈마저 남편이 빼돌렸음을 알고 절망한다.

돌로레스의 사정을 알게 된 베라는 "세상에 모든 사고가 모두 우연히 일어나는 것은 아니다"라는 말과 함께 "때론 악녀가 되는 것이 자신을 지키는 길이기도 하지(Sometimes being a bitch is all a woman has to hang onto)"라는 의미심장한 언질을 준다. 얼마 후 개기일식 축제가 있던 날 밤, 달이 태양을 완전히 가려 하늘이 어두워진 순간 조가 술에 취해 낡은 우물에서 실족사 한다.

셀리나는 아빠의 성폭력에 대한 기억을 상실한 채, 엄마가 아빠를 살해했다고 확신하며 엄마에 대한 증오심과 아빠에 대한 좋은 기억만 간직한 채 고향을 떠났다. 어린 시절에 당한 성폭력의 기억을 잊고 살아왔지만, 셀리나는 지난 15년간 원인을 알 수 없는 심한 신경쇠약에 시달렸다. 셀리나는 수치심 때문에 기억으로부터 도망치면서 엄마를 도리어 원망하는 것으로 자신을 지탱하며 살았다. 왜곡된 기억은 원인 모를 분노와 신경쇠약에 시달리게 된 원인이었다.

프로이트의 정신분석에 따르면, 너무나 괴로운 기억은 억압돼 한동안 떠오르지 않는다. 셀리나도 어려서 아빠에게 성폭행당한 사실을 부정하고 싶어 기억이 떠오르지 않게끔 억눌렀을 것이다. 그런데 기억을 못 한다고 해서 있었던 일이 없던 일이 되는 건 아니다. 심해 해저화산이 꿈틀대면 지표면이 흔들리듯, 무의식 속에 묻힌 기억이 꿈틀대는 한 삶은 흔들리기 마련이다. 어릴 때 성추행의 기억을 묻어 둔 사람은 성인이 되어서도 불안하고 잠을 못 자고 술에 의존하기 쉽다. 당사자는 자신이 왜 그러는지 모르면서 살아간다. 그러다 심리치료 등을 통해 억압된 기억의 봉인이 풀리면서 자신이 그동안 왜 이유 없이 불안하고 잠을 못 자고 자기 파괴적인 삶을 살아왔는지 깨닫는다.

이 영화에서 또 하나 눈여겨볼 점은 돌로레스의 태도이다. 그녀는 애정을 표현하거나 애교를 부리는 대신 시종일관 퉁명스럽거나 다른 사람을 쏘아대는 말투로 외부와의 관계를 거부하는 것처럼 보인다. 그러나 논리적으로 담담하게 말하거나, 자신의 권리를 주장하거나, 자기 목소리를 내는 여성에게 "여성스럽지 못한, 자기주장이 센 여자"라는 부정적인 인식의 오명이 씌워지기 쉽다. 돌로레스는 딸을 보호하기 위해 남편을 살해하는 순간부터 스스로 목소리를 낸 여성이 되었고, 마을 사람들에게는 우악스럽고 거친 여성으로 인식되었다. 그녀가 가진 태도는 남편의 실족사 이후 이웃에게 심지어 딸에게조차 외면당하면서, 자기방어적인 표현법을 익혀 온 결과이다. 실족사가 있던 날의 개기일식은 상징적인 의미로 남성을 상징하는 태양을 여성의 상징인 달이 가리는, 순간이나마 전복과 일탈의 시간이었다. 가부장제의 불합리함에 대한 전복과 일탈을 경험한 돌로레스는 여성스럽지 못하다거나 자기주장이 센 여자라는 오명을 담담하게 받아들인다. 돌로레스에게 그건 오명이 아니라 어린 딸을 지켜내고 나아가 여성 연대를 통해 여성의 삶을 온전히 지켜낸 무언의 훈장이었다.

5. 여성 연대의 실패가 낳은 참혹한 결과

섬이 모녀 관계에 중요한 이유로 다시 돌아가 보자. 영화에서 섬은 현대를 살고 있지만, 근대의 사고가 많이 남아있는 장소로 주로 그려진다. 섬은 고립되어 있고, 폐쇄적인 공간으로 보수적인 성격을 띤다. 가정은 사회의 폭력과 억압으로부터 견고한 울타리가 되어주기도 하지만, 가정 내부에서 폭력이 일어날 때는 어느 집단보다 더 은밀하고, 더 잔인하게 인간을 파괴할 수 있는 공간이 되기도 한다. 가정은 고립된 섬이다. 가정 내 폭력은 가정의 폐쇄성으로 인해 밖으로 노출되기 어렵다. 가정 문제는 사적 영역의 문제로 축소되면서, 여성을 대상으로 자행되는 다양한 폭력을 덮어왔다. 영화에서 섬은 가족이라는 내적 혹은 폐쇄적 집단을 상징적으로 나타낼 수 있는 공간으로 설정된다.

섬과 가정이라는 이중 폐쇄성은 가족 내 성폭력이 일어날 가능성도 커진다. 가정 내 남성으로부터 어린 여성을 성적으로 보호할 수 있는 사람은 주로 엄마다. 모성본능을 넘어 가정 내 어린 여성을 연장자로서 보호하지 않으면 가족 내 남성의 성적 폭력에 쉽게 노출될 수 있다. 근친상간 성폭력 사건 통계를 보면 알코올 남용이 가장 큰 원인이지만, 여기에 주거환경이 좁아 제한된 공간에 많은 가족이 생활하거나 외딴곳에 가족이 고립돼 외부인과 접촉할 기회가 차단되면 근친의 위험은 더욱 증가한다.[4] 가족이라는 가장 작은 사회단위

---

4 최명기, 「영혼 말살하는 근친상간-죽음보다 더한 고통」, 「신동아」, 2016년 4월호.

에서 여성을 폭력으로부터 지켜내는 역할을 엄마가 제대로 수행하지 못할 경우, 얼마나 참담한 비극이 일어나는지 영화 <프레셔스> (Precious, 2009)는 비교적 상세하게 그려낸다.

섬과 같은 가정에서 어릴 때부터 프레셔스(가보리 시디베)는 엄마에게 아무런 보호와 연대의 손길을 받지 못한 채 극단적이고 파괴적인 모녀

영화 <프레셔스> 포스터

관계를 맺고 있다. 모녀 관계의 연대가 끊어진 자리에 어린아이는 무방비 상태로 가정 내 성폭력에 노출된다. 부모로부터 신체적 정신적 학대를 받고 자란 아이는 성인이 된 후에도 트라우마를 안고 사는 어덜트 칠드런(adult children)이 된다. 이들은 어른스러운 아이가 아니라, 학대받는 환경에서 자라서 자기 책임의 범위를 알지 못하게 되거나 자신의 욕망을 어떻게 실현하면 좋을지 알지 못하는 사람으로 자라기 쉽다. 불행 중 다행으로 프레셔스는 청소년기에 대안학교에서 미즈 레인(폴라 패튼)을 만나 보호와 희망을 얻게 된다.

<프레셔스>와 대조적으로 가정이라는 폐쇄된 섬에서 내외부에서 어떤 구원의 손길이나 연대가 없는 경우, 얼마나 비참한 결과를 낳는지 <김복남 살인사건의 전말>(2010)은 잔혹하게 그려내고 있다. 영

화는 섬으로 지칭될 수 있는
가정에서 남성 폭력이 일어날
때 여성 연대가 실패할 경우
얼마나 심각한 결과를 초래하
는지 보여준다. 무도라는 섬
에 사는 복남(서영희)은 사흘
이 멀다 하고 남편에게 매를
맞고, 하루 종일 노예처럼 일
하고, 그것도 모자라 시동생
에게 성적 학대를 받고 있다.
더 놀라운 건 복남이 처한 상
황을 섬 주민 모두가 알고 있

영화 〈김복남 살인 사건의 전말〉 포스터

다는 사실이다. 복남을 도와줘야 할 섬에 사는 여성들이 오히려 복남
의 상황을 외면하거나 폭력을 조장하는 위치에 있다. 복남이 마지막
으로 연대의 손길을 내민 친구 해원(황금희)조차 섬의 비참한 현실을
알고도 도와주기는커녕 지옥 같은 섬에서 혼자만 빠져나가려고 한
다.

　복남과 돌로레스의 공통점은 두 여성 모두 가사와 바깥 노동이라
는 이중 억압을 받고 있다. 가사도우미로 일하는 돌로레스는 일로써
가사노동과 가정주부로서 가사노동을 동시에 수행하면서 고용주와
남편에 의해 이중으로 억압당하고, 은행이라는 사회적 제도조차 그
녀를 경제적 독립체로 인정해주지 않는다. 복남도 마찬가지여서 극
심한 노동에 시달리고 있지만, 자신이 번 돈조차 남편이 모두 관리해

경제력이 없다.

그러나 복남과 돌로레스의 차이점은 상황을 바로잡기 위해 연대해줄 여성이 있느냐 없느냐이다. 복남에게 연대해줄 여성은커녕 가부장제의 가치를 주입하고 그에 수반되는 고통을 부여하는 주체는 남성이 아니라, 오히려 섬에 사는 세 명의 할머니이다. 여성을 괴롭히는 사람이 여성이라는 사실은 가부장 제도의 중독성을 잘 드러내는 지점이다. 제도는 인간의 내면에 침투해서 그것을 더 이상 제도로 느끼지 못하고 삶의 일부로 받아들이게 하는 중독성을 가지고 있다.

그래서 가부장적 가치를 내면화한 여성은 다시 딸(이나 다음 세대 여성)에게 그 가치를 내면화시키는 교육자 역할을 담당한다. 가부장제 사회에서 좋은 엄마로서 딸(이나 다음 세대 여성)에게 수동성이나 비이성과 같은 정형화된 여성상에 순응하도록 가르치며, 그 가르침에 따르지 않는 딸(이나 다음 세대 여성)에게는 처벌자의 역할도한다. 동호 할매(황화순)는 "여잔 남자 좆을 물고 살아야 편한겨"라는 말로 가부장제를 지키는 역할을 자임한다. 그래서 영화에 나오는 동호 할매와 동료 할매들은 전혀 죄책감을 느끼지 않을 뿐만 아니라, 남편을 거역하는 복남과 그 딸을 죽음으로 내몰고도 당당하다.

그러나 엄마인 복남은 딸의 죽음과 마지막으로 희망을 걸었던 여성과의 연대가 실패하자 낫을 치켜들고 복수한다. 돌로레스의 인간다운 삶이 여성 연대를 통해 이루어졌던 상황과 달리, 어떠한 여성연대도 이루지 못한 복남에게 이 세상은 더 이상 살아갈 희망이 없는 곳임을 느끼는 순간 참혹한 일도 서슴없이 자행한다.

한국 사회에서 남성의 폭력과 억압을 견디며 살아가던 여성이 벌이는 복수 이야기는 오랜 기원을 가지고 있다. 한국 공포영화는 수많은 처녀 귀신이 남성에게 억울함을 호소하는 과정에서 죽음을 선택하거나 죽임을 당한 후 복수하는 내러티브를 가지고 있다. <김복남 살인사건의 전말>은 여성에게 가해진 억압과 폭력을 여성 연대로 해결하는 것이 불가능한 사회의 끔찍한 최후를 보여줌으로써, 여성에게 희망이 있는 사회는 다양한 계층의 여성 연대가 가능한 사회라고 이야기한다.

6. 모녀 : 영원한 애증관계

모녀 중 한 사람의 죽음으로 관계가 단절된 경우나 여성 연대의 실패로 가정 내 폭력이 다른 갈등을 모두 삼켜버린 경우를 제외한, 대부분의 모녀 관계는 모든 관계가 그렇듯 무수히 많은 심리적 갈등에 직면한다. 그러나 엄마와 딸의 갈등이 심해진 것은 불과 20여 년에 지나지 않는다. 오랜 시간 엄마라는 존재는 모성이라는 말로 포장되어 아이를 위해 모든 것을 희생하고 바쳐야 하는 숭고한 사람으로 인식되었다. 이 가치관을 기반으로 수많은 여성이 자녀를 키워왔다.

그러나 우리는 지금 여성 평균수명이 85세가 넘는 시대에 살고 있다. 한국영화에 철없는 엄마가 1999년에야 등장한 것은 오히려 늦은 감이 있다. <마요네즈>(1999)에 나오는 엄마(김혜자)는 딸에게 밍크코트를 사달라고 조르고, 바퀴벌레가 무서워 한밤중에 딸에게 전화를 걸고, 조그만 상처에도 엄살을 부린다. <마요네즈>는 이전까지 엄마와 딸의 관계에 관한 상식을 깨는 모녀 이야기를 소개하면서, 엄마와 딸, 더 이상의 강적이 없는 애증 구도를 그려낸다. 아침에 싸우고, 점심에 화해하고, 저녁에 웬수가 되는 엄마와 딸이라는 그 애증의 관계를 재현한다.

영화 〈마요네즈〉 포스터

남편이 죽고 큰딸 아정(최진실)의 집을 찾은 엄마는 아정과 크고 작은 전쟁을 치른다. 엄마의 입장에서 남편에게 사랑받아 본 기억도 없고 자식들에게 외면당하고, 남은 거라곤 약봉지만 머리맡을 지키고 있는 쓸쓸한 잠자리뿐이다. 딸의 집이랍시고 찾았지만 그곳에선 분주한 딸의 일상만 어지럽게 펼쳐있고, 늙고 병든 몸뚱이를 의지할만한 구석은 전혀 보이지 않는다. 딸 아정의 입장에서는 여섯 살배기 아들과 남편, 그리고 곧 태어날 아기와 함께 단출한 가족을 꾸리며 잘 살고 있다.

하지만 아정의 엄마는 오롯이 주고도 더 주지 못해 마음 아파하는 그런 전형적인 한국 엄마가 아니다. 언제나 입만 열면 불평이 쏟아져 나오는 엄마, 뭐 해 달라, 뭐 하고 싶다, 누구는 아들이 있으니 좋겠더라 등 딸의 마음을 후벼 파는 엄마, 독설을 쏟아내고, 약을 달고 살면서 그것을 무기로 딸에게 쉴 새 없이 무엇인가를 요구하는 엄마, 능청스럽고 이기적이며 나이 육십이 되어서도 아름다운 여자가 되고 싶은 욕망을 꿈꾸는 엄마다. 그런 엄마를 보면서 "엄마 같은 사람이 되는 것만은 피하고 싶었다."라며 엄마를 부정한다. 그러면서 영화는 관객들에게 엄마라는 존재에 대한 질문을 자연스럽게 던진다.

먼저 엄마도 불완전한 인감임을 깨달아야 한다. 내가 대학 다닐 나이에 엄마는 이미 나를 낳고 키워야 했다. 40대가 지나면 지성이나 이성을 좀 더 갖추게 될 거라 예상했지만 웬걸, 여전히 제 안에 사춘기 같은 것이 꽈리를 틀고 있다는 걸 느꼈고 엄마도 그랬겠구나 싶다. 어떤 의미에서는 자식이 부모를 이해해주는 입장이 되지 않으면 안 될 때가 있다. 어느 정도 나이를 먹을 때까지 엄마는 엄마라고만 쭉 생각해왔다. 엄마는 처음부터 엄마였다고. 그러던 어느 날 엄마가 되기 전의 여성이 먼저 있다는 걸 깨닫게 된다.

아정의 엄마도 엄마이기 전에 남편에게 자상하고 따뜻한 사랑을 받는 여자이고 싶었지만, 그녀의 남편은 습관적으로 술에 취하면 폭력을 일삼는 무뚝뚝하고 멋없는 남자였다. 이성애주의가 지배적인 세계에서는 여자이기를 단념하지 않는 엄마가 늘어난다고 한다. 엘리아 셰프가 말하는 '엄마이기보다 여자'로 아이보다 남편을 소중히 여기는 아내형 엄마, 정사에 열중하여 아이를 방치하는 애인형 엄마, 엄마가 여배우나 가수인 스타형 엄마 등이 여기에 해당한다.[5] 아정의 엄마는 엄마와 아내라는 역할과 자기중심의 욕망 추구 사이에서 갈등하고 불만을 드러낸다.

---

5   사이토 다마키, 김재원(역), 『엄마는 딸의 인생을 지배한다』, 꿈꾼문고, 2017, 102쪽

딸은 딸대로 힘들다. 엄마가 딸을 부정하는 경우는 대개 딸이 자신의 싫어하는 면을 물려받았다는 걸 느낄 때 더 많은 잔소리를 하게 된다. 그리고 엄마는 딸에게 여자라는 이유로 집안일을 해야 한다거나, 완벽하게 정리해야 한다는 등 여자다움에 대한 강박으로 딸을 억누른다. 심지어 정리하는 법은 잘 가르쳐주지 않고서 '여자는 이래야 한다'는 전제로 말한다. 또 직업 면에서 딸이 엄마가 원했던 혹은 엄마 시대에 이상적으로 생각했던 일을 하지 않으면 늘 은근한 엄마의 불평을 듣게 된다. 딸들은 엄마의 기대에 미치지 못하는 자신을 반성하느라 지칠 대로 지친 상태를 경험한다. 엄마의 존재가 숨이 막힌다. 그러나 이때 엄마의 간섭이나 헌신을 애정과 헷갈리지 않아야 한다.

일그러진 모녀 관계를 거슬러 올라가면, 남성의 태만도 버티고 있다. 여성성의 본질이 문제가 아니라, 독박 육아로 엄마가 고립되거나 딸 외에는 사는 보람이 없다고 한다면 그건 부부간의 관계를 돈독히 유지하는데 게을리 했기 때문일 가능성이 높다. "쯧쯧 지 아빠랑 똑같네" 하며 트집을 잡고 큰소리 지르는 건, 사실 아이를 공격하고 싶어서가 아니라 남편과 부딪쳐서 해결해야 할 문제가 있다는 신호다.

또 모녀 관계의 갈등이나 지나친 간섭을 방관하는 일상이 고착되면, 그건 아버지 소외라는 결과를 낳는다. 이 경우 아버지를 피해자로 보는 견해도 있지만, 문제의 원인은 부부로서 서로를 의식하고 좋은 관계를 구축하지 않았다는 데 있다. 아버지가 나서서 문제를 해결해야 하는데, 그게 성가시니까 아버지는 주로 일로 도피한다. 결국 아버지는 집안일은 손 하나 까딱하지 않으면서 '이 집은 내가 먹

여 살린다'는 명분으로 멀찌감치 떨어져 있었던 탓에 자식에게 존경
의 대상으로 남을 여지가 있지만, 엄마는 늘 알 수 없는 이유로 딸에
게 화를 내는 사람으로 남는다.

7. 딸의 성장과 엄마 부정하기

> "널 잃을까 겁났고, 내 꼴 날까 봐 그랬어.
> 하지만 내가 한 방법은 모두 바보짓이었어,
> 그냥 순리대로 살자. 당할 땐 당하고,
> 직접 겪고 부딪쳐서 개척하라고."
> - 영화 <하트브레이커스>(Heartbreakers, 2001)
> 엄마 대사 중에서

엄마의 잔소리나 나고 자란 곳의 익숙함은 그곳을 떠나 혼자일 때
더 간절해진다. 온전히 나로 살고자 했던 자아도 그것들과 함께일 때
더 선명했다는 역설을 잘 풀어낸 영화 <레이디 버드>. 엄마는 딸을
지지해주는 존재일까? 아니면 익숙한 세계에 가두려는 존재일까? 엄
마는 자신이 살아온 인생을 기준으로 모든 일을 판단하고 자식이 잘
되기 바라는 마음으로 조언을 한다. 하지만 엄마가 겪은 성공과 실패
는 어디까지나 과거일 뿐, 그 모든 경험을 미래에 똑같이 적용할 수
는 없다. 그런데도 엄마는 자신이 겪은 경험을 강조하며 끊임없이 자
식 일에 간섭한다. 엄마 입장에서는 자식이 자신의 테두리에서 벗어
나 손이 닿지 않는 곳으로 도망치려는 현실을 받아들이고 싶지 않은

것이다. 진로나 생활 전반에 대한 엄마의 지나친 간섭, 어릴 적부터 일상처럼 이어져 온 엄마의 외모 검열, 엄마의 하소연과 불평을 묵묵히 들어야 하는 감정 쓰레기통 역할에 따르는 피로감과 분노 등 다양한 모녀 갈등이 존재한다.

영화 〈레이디 버드〉 포스터

〈레이디 버드〉에서 딸(시얼샤 로넌)이 부정하는 대상은 그녀의 주변 환경이자 자기의 뿌리이다. 이 중에서도 가장 확실한 뿌리는 바로 엄마이다. 엄마가 지어준 이름 '크리스틴'을 부정하고, '레이디 버드'로 이름을 바꾸는 행위는 그 이름을 부여한 주체인 엄마에 대한 부정이다. 딸의 입장에서 자신의 뿌리, 이름, 엄마를 거부해야 자기 자신의 주체가 비로소 자신이 될 수 있기 때문이다. 이 사실을 증명하듯 그녀는 러닝 타임 내내 엄마와 가장 격렬하게 부딪친다. 그녀가 이름 부정하기 혹은 엄마 부정하기를 통해 자신과의 거리를 확보하고, 자신을 성찰하는 과정은 어떤 대상을 비판하는 과정과 닮았다. 어떤 대상을 비판하기 위해서는 대상과의 적당한 거리를 확보해야 한다. 대상에 대한 정보를 백 퍼센트 그대로 수용하면 풍부한 성찰이 불가능하기 때문이다. 여행도 비슷한 개념일 수 있다. 우리에게 익숙한 것을 떠나 먼 곳으로 가는 것, 그리고 바보처럼 먼 곳에서 떠나온 곳을 그리워하는 것, 그제야 떠나온 곳의 가치를 깨닫는 것. 크리스틴은 잠시 레이디 버드로 여행을 떠나봄으로써 비로소 크리스틴의 가치를 깨닫게 된다.

엄마를 객관적으로 바라보고 나를 찾는 시간을 가지기 위해서 엄마 부정과 함께 엄마의 과거로 여행을 떠나 보는 것도 좋다. 엄마(고두심)의 젊은 날로 돌아가는 판타지 영화 <인어공주>(2004), 엄마 (메릴 스트립)의 지나간 사랑을 상기하게 하는 영화 <맘마미아>(Mamma Mia!, 2008)는 진짜 엄마라는 여성을 이해하게 한다. 누군가의 딸이

영화 <인어공주> 포스터

된다는 것, 누군가의 엄마가 된다는 것, 딸이 엄마가 될 수도 있고, 엄마가 딸이 될 수도 있는 상황을 <인어공주>는 보여준다.

"우리 엄마는 때밀이예요, 엄마한텐 돈이 제일 중요하죠. 욕도 잘 해요, 창피한 줄도 모르죠. 아버지한테도 모질게 대해요. 난 엄마가 싫어요, 절대로 엄마처럼은 살지 않겠다고 생각하고 또 생각했어요." 하지만 딸(전도연)은 과거 속 엄마를 만나 조금씩 엄마를 알아가는 과정을 통해 생각이 바뀌고, 모녀 관계가 비로소 성숙해질 수

있는 토대를 마련한다. "엄마가 가엾고, 엄마가 불쌍하고 자꾸 엄마 생각이 나요." 엄마나 할머니라는 존재는 처음부터 쭉 그런 존재였을 거라고 생각하기 쉽다. 그런데 그런 존재에게 의외로 어두운 면 혹은 어린 기억을 발견하면 놀라곤 한다. 엄마의 과거가 어땠는지 딸들은 전혀 모르고 있다.

"엄마도 사람이란다." 엄마가 아닌, 엄마가 되기 전의 사람이 있구나, 과거가 어땠는지 깨닫고 흠칫 놀란다. 엄마로부터 독립된 자아를 찾기 원한다면 '엄마의 결혼 전 이야기' 혹은 '엄마가 되기 전 이야기'를 들어보자. 어머니를 한 개인으로 이해하는 것은 딸에게 중요한 성장 과정이다. 엄마도 한 사람의 불완전한 여자라는 사실을 확인하는 순간, 그제야 엄마의 억압에서 해방된다.

엄마는 그저 '엄마'이기만 한 것이 아니다. 엄마를 '인간으로 이해하기'를 시도해야 한다. 딸들에게는 그런 깨달음이 중요하다. 그리고 우리 모두 언젠가는 엄마는 딸을, 딸은 엄마를 떠나야 한다. 그런데 어떤 모습으로 떠나는지가 중요하다. 엄마나 나를 죽이지 않고, 당당하게 자아를 찾아서 떠나야 한다. 모녀 관계는 홀로 서게 될 여성 자아의 연대를 시작해야 하는 가장 중요한 출발점이기 때문이다.

3장
패배한 선생님에게 바치는 송가
— <마리포사>

정동섭

현미경 없이는 볼 수 없는 나비의 혀처럼,

몬초의 외침은 그레고리오 선생님과의 관계에 대한 이해 없이는

그 누구도 깨달을 수 없는 숨겨진 나비의 혀였다.

1. 스페인 내전 그리고 망각 협정

오프닝 크레딧은 20세기 초 스페인의 민족지(民族誌) 자료들을 배경으로 사용한다. 가난한 스페인과 그 속에서 삶을 꾸려나가는 민중들을 담아낸 흑백 사진들. 그런데 크레딧에는 흰색과 녹색, 두 가지 색이 존재한다. 예민한 관객이라면, 더욱이 스페인 현대사에 대해 어느 정도 지식이 있는 관객이라면 양분된 스페인, 이른바 '두 개의 스페인'을 떠올릴 수 있다.

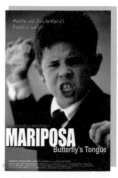

영화 〈마리포사〉 포스터

스페인이 자리 잡고 있는 이베리아반도는 서기 711년에 무어인의 침략을 받았다. 그리고 이 이슬람 세력은 1492년에 완전히 물러서기까지 800년 동안 이베리아반도에서 스페인 사람들과 공존하며 다양한 문화를 꽃피웠다. 시간이 흘러 이베리아반도 내에 세워진 이슬람 국가들이 멸망하고, 기독교도들에 의해 이슬람 왕조가 쫓겨나

두 가지 색깔의 크레딧

스페인 내전

가도 오랜 세월 살아왔던 그 터전을 떠나지 않는 이들이 있었다. 그
러나 이들도 오래 버티지는 못했다. 살아남기 위해 기독교로 개종까
지 했던 이들이지만, 통일된 근대국가를 이룩한 스페인은 가톨릭을
중심으로 결집한 '하나의 스페인'을 추구했다. 자비와 사랑은 존재하
지 않았고, 예외도 없었다. 그 결과, 개종한 유대인들과 아랍인들은
정든 고향을 떠나 방랑의 길에 나섰고, 근대라는 새로운 시대가 요구
하는 다양성과 상대성을 외면하며 국수주의의 길을 선택한 스페인은
퇴락의 길에 들어선다. 그 이후 스페인에는 가톨릭적인 스페인 문화
와 세속적인 반(反)스페인 문화가 공존하게 되었다. 이 '두 개의 스페
인'은 오랜 시간 동안 보수와 진보의 갈등이라는 모습으로 스페인 역
사를 장식해 왔다. 20세기에 이르러 보수를 기치로 한 국수주의는 프
랑코 장군을 중심으로 진보주의(자유주의)에 맞서 쿠데타를 일으킨
다. 그것이 스페인 내전(1936~1939)의 시작이었다.

프란시스코 프랑코

　3년간 지속된 스페인 내전으로 스페인 인구 2100만 명 중 100만 명이 사망했다. 그러나 10만 또는 15만 명만이 직접적인 전투에서 사망했다고 하니, 처형이나 보복행위에 따른 사망자가 상당수였음을 짐작할 수 있다. 그리고 그중 많은 이들이 민간인이었음은 말할 필요도 없다.

　우리 현대사에서 군부독재가 종식되고 민주화의 물결이 민생의 해안에 도달했다고 판단했을 때, 우리는 스페인의 현대사를 주목했었다. 우리나라보다 훨씬 더 길었던 군부독재의 치욕스러운 역사를 가졌으나, 성공적으로 민주화를 안착시킨 몇 안 되는 나라 중 스페인이 있기 때문이었다.

　1931년 스페인은 선거를 통해 역사상 두 번째의 공화정을 수립하였으나 여전히 정치는 혼란스러웠고 민생은 고달팠다. 1936년 2월에 치러진 총선거에서 사회주의와 무정부주의가 연합한 인민전선 측이 승리한다. 그러나 쉼 없이 연속된 정치적 대립과 갈등, 불안 끝에 쿠데타가 일어났다. 3년간 지속된 내전은 결국 독일의 나치와 이탈리아 파시스트의 지원을 받은 반란군의 승리로 끝이 나고, 그 수장인 프란시스코 프랑코(Francisco Franco: 1892~1975) 장군은 영구집권의 서막을 장식한다. 스페인의 독재는 길고 지루했다. 명민한 독재자는 탄압과 회유를 병행하며 오욕(汚辱)의 역사를 이어갔다. 그는 내전이 끝난 1939년부터 평화롭게 사망한 1975년 11월까지 스페인의 총통이자 국가원수, 정부의 수반이자 내각의 의장이었다.

프랑코 정권에 대한 반독재 투쟁이 없었던 것은 아니지만, 체제를 뒤엎기에는 역부족이었다. 이후, 총통의 사망으로 독재는 자연스럽게 종식된다. 그리고 프랑코가 자신의 후계자로 임명한 부르봉 왕가의 후안 카를로스 1세가 왕위에 오른다. 대단히 명예로운 방식은 아니었으나, 스페인은 이렇게 안정된 민주화의 길을 가기 시작했다.

36년간의 독재 치하에 있던 나라의 국론이 민주화로 인해 쉽게 하나로 모일 리 없었다. 프랑코 집권 기간에만 40만 명이 고문 및 살해를 당했다고 하니, 이제 독재정권에 부역하던 이들에게 한차례 피바람이 불 차례였다. 그러나 1977년 스페인 정치권은 온 국가가 기억상실의 상태에 들어가는 것에 합의를 본다. '사면법'을 바탕으로 만들어진 이 좌우 협정은 '망각 협정(El pacto del olvido)'이라고 불린다. 민주주의를 평화롭게 정착시키기 위해 피로 얼룩진 과거를 잠시 잊고 정치적인 보복과 복수를 경계하고자 하는 의도였다. 일종의 대국민 화합 방법인 이 망각 협정은 꽤 오랫동안 지속하며 효력을 유지하였다. 그리고 충분한 시간이 지났다고 판단한 1990년대에 내전을 다룬 영화들이 몇 작품 출현하였다. 2000년에는 '역사적 기억의 회복을 위한 협회'가 설립되어 과거를 되새기는 작업이 이루어진다. <마리포사>(La lengua de las mariposas, 1999)[1]는 이렇게 21세기를 앞둔 스페인이 역사를 기억하고자 하는 맥락에서 탄생했다.

2. 두 개의 스페인

영화의 스토리는 스페인 내전이 발발하던 1936년 7월 17일을 몇 달 앞두고 시작된다. 그 당시의 흑백 자료 사진들 끄트머리에 몬초의 가족사진을 슬쩍 끼워 넣음으로써 작품은 사실에서 허구의 세계에 들어온다. 허구는 그렇게 역사가 된다.

이미 스페인은 정치적 혼란 속에서 내전을 예고하고 있었지만, 그것은 어른들의 세계일 뿐. 초등학교 첫 등교 전날 주인공 몬초의 머릿속은 오로지 새롭게 시작할 학교생활에 대한 염려로 가득 차 있다. 모든 관객이 사랑할 수밖에 없는 꼬마 배우 마누엘 로사노(Manuel Lozano)의 커다란 두 눈은 그의 순수와 근심을 동시에 표현해 준다. 걱정에 휩싸인 그는 곤히 잠든 형을 깨워 묻는다. "형, 학교에 가면 선생님들이 때려?" 작품은 이렇게 '폭력'이라는 주제를 유년기에 위치시킨다.

몬초의 불안은 기우였다. 그레고리오 선생님은 처음부터 몬초의 마음을 사로잡는다. 선생님은 학생들에게 폭력을 사용하지도 않고, 많은 나이 차이에도 불구하고 몬초에게 사과하기 위해 가정방문을 할

---

1 감독 | 호세 루이스 쿠에르다, 출연 | 페르난도 페르난 고메스, 마누엘 로사노, 욱시아 블랑코, 곤살로 우리아르테, 알렉시스 델 로스 산토스

정도로 탈권위적이다. 그의 수업은 학생들이 준비해 온 시를 낭송하게 하고, 잠자리채를 들고 야외로 나가 자연의 경이로움과 신비를 경험하며 이를 과학적으로 접근하게 한다. 그레고리오 선생님을 통해 이루어지는 모든 수업 방식은 공화정의 교육을 반영한다. 그리고 공화정의 교육은 전통적이고 보수적인 방식의 교회와 충돌한다. 가톨릭 신부의 눈에 몬초는 학교에 다니기 시작하면서 교회에 흥미를 잃었고, 그에 대한 일정 부분은 그레고리오 선생님의 책임처럼 보인다. 신부는 그레고리오 선생님을 만난 자리에서 몬초가 어떻게 교회와 거리를 두고 있는지를 보여준다. 그리고 이 장면에서 그레고리오 선생님으로 대변되는 공화정의 교육과 보수적인 교회의 교육이 대립한다. 신부는 몬초와 라틴어로 기도문을 주고받는다. 전통적으로 보수주의가 주로 사용했던 암기식 교육이다. 이는 학생의 자발성과 자연을 통한 과학교육을 지향하는 진보의 교육방법과는 뚜렷이 구별된다.

그레고리오 선생님의 비폭력성은 마을의 권력자 아벨리노 및 그의 아들 호세 마리아로 상징되는 폭력성과도 대조를 이룬다. 토호(土豪)인 아벨리노는 학교 수업 도중에 불쑥 나타나 자기 아들에게 매

사제와 정치 권력, 군대

질해서라도 수학을 잘 할 수 있도록 해달라며, 선생님을 윽박지른다. 그의 행동에는 거침이 없어, 다른 아이들이 보고 있는 교실에서 자기 아들을 특별 부탁하며 선생님에게 뇌물을 준다. 그가 선생님에게 가져온 뇌물은 '거세된 닭(capón)' 두 마리. 이는 그 닭 두 마리를 들고 온 하녀의 주눅 든 얼굴과 함께 그의 폭력성을 우회적으로 보여준다. 그의 아들 호세 마리아의 경우도 아버지와 크게 다르지 않다. 부유한 집안의 아이답게 그는 하녀를 대동하고, (다른 아이들이 가지고 있지 못한) 자전거를 타며 뻐긴다. 하지만, 그는 약만 올릴 뿐이다. 자전거를 한번 타보고 싶어 하는 아이들의 부탁은 거부된다. 그리고 자전거 타기에 싫증이 났을 때는 아이들이 하는 축구에 끼고 싶어 하지만, 그것이 거부되자 자전거로 축구를 방해하며 아이를 쓰러뜨린다.

한편, 그레고리오 선생님은 아이들에게 자연과의 접촉을 통해 자연에 대한 사랑과 성찰을 훈련하도록 한다. 그리고 그가 가르치는 '나비의 혀'는 공화정의 과학성과 합리성, 근대성의 상징이 된다. 공화정부에 의해 학교에 배달될 예정인 현미경도 같은 맥락에 있다. 이렇게 공화정부의 근대성은 가톨릭과 보수주의의 특징인 전근대성과 경합한다. 천식이 있는 몬초는 긴장으로 인해 첫 성찬식 때 발작을 일으켰는데, 어머니는 성수를 얼굴에 뿌려 몬초가 치료된 것을 신앙에 의한 기적으로 알고 있다. 그러나 그레고리오 선생님은 같은 상황에서 강물로 대처해 몬초를 살려냄으로써 몬초의 어머니 로사가 가지고 있는 맹목적 신앙의 비합리성이 드러나기도 한다. 두 개의 스페인은 이렇게 등장인물들의 대립과 차이를 통해 관객을 내전의 상황으로 안내한다.

3. 세 단편 소설에서 감동의 시나리오로

    1999년 제작된 <마리포사>는 2000년 스페인의 최고 영화상인 고야상 13개 부문에 노미네이트되었으나, 시나리오상 수상에만 성공했다. 스페인 최고의 시나리오 작가로 평가받았던 라파엘 아스코나 (Rafael Azcona: 1926~2008)를 중심으로 감독인 호세 루이스 쿠에르다와 마누엘 리바스(Manuel Rivas)가 참여해 만든 시나리오는 그중 한 명인 마누엘 리바스의 원작에 빚지고 있었다. 작가이자 언론인이기도 한 마누엘 리바스는 1995년 자신의 단편들을 모아 『내 사랑, 내게서 뭘 원하나요? ¿Qué me quieres, amor?』를 출판했는데, 이 단편집 안에는 <마리포사> 시나리오로 거듭날 「나비의 혀 La lenguas de las mariposas」와 「안개 속의 색소폰 Un saxo en la niebla」, 「카르미냐 Carmiña」 등이 수록돼 있었다. <마리

마누엘 리바스

포사>의 주된 이야기는 「나비의 혀」를 토대로 하고 있지만, 아무래도 이 짧은 단편으로만 장편 상업영화를 구성하는 것은 무리가 있다고 판단했을 것이다.

단편 「나비의 혀」의 내용은 몬초와 그레고리오 선생님을 중심으로 이루어지는 <마리포사>의 주된 스토리라인을 형성한다. 이 대목에서 <마리포사>의 원제목이 '나비의 혀(La lengua de las mariposas)'임이 상기 된다[2]. 「안개 속의 색소폰」의 주인공은 아버지에게 선물 받은 중고 색소폰을 가지고 악단에 입단하여 연주 여행을 떠나는데, 그곳에서 벙어리 중국 소녀를 알게 된다. 야수 같은 남자에 의해 사육당하고 있던 중국 소녀는 많은 나이 차이에도 불구하고 남자의 아내 역할을 하고 있었는데, 첫눈에 서로에 대한 애정을 느낀 두 젊은이는 아메리카로 가는 배를 타고 도망친다. 즉, 이 단편의 주인공은 영화 속 몬초의 형인 안드레스가 되지만, 소설의 내용과는 달리 안드레스와 중국 소녀는 안타까운 이별을 한다. 그리고 「카르미냐」에서 남자 주인공은 애인 카르미냐와 섹스를 할 때 방해되는 그녀의 애견 '타잔'을 나뭇가지로 찔러 죽인다. 이 역시 전체적인 통일을 위해 소설의 여주인공 카르미냐를 영화에서는 몬초의 이복누이로 설정하였다.

어느 정도의 수정을 통해 <마리포사>의 시나리오로 거듭나는 세 개의 단편에는 공통점이 있다. 그것은 폭력의 부당함과 잔인함에 대한 고발이다. 「안개 속의 색소폰」에서 중국 소녀는 늑대에게 물려

2　이 영화의 영어 제목 역시 〈나비의 혀〉(Butterfly's Tongue)이다.

언어를 잃었고, 그런 소녀를 아버지뻘의 남자가 점유한다. 마을의 시장이기도 한 남자는 부와 권력을 가지고 있다. 음식이 너무 많다는 몬초의 말을 무시하며 그는 "내 집에서는 아무도 '노(No)'라고 하지 않는다. 꼬마야, 먹고 빨리 커야지"라고 윽박지르는데, 그의 말에서 군림하는 폭군의 존재가 느껴진다. 그런 환경에서 말 못 하는 중국 소녀가 어떤 위치에 있을지에 대해서는 의문의 여지가 없다. 그 남자와 중국 여인의 권력 관계는 이전에 몬초와 안드레스의 대화를 떠오르게 한다. 백과사전을 보던 몬초는 형에게 말을 건다.

> 몬초: 형은 여러 인종들이 있다는 거 알아? 이거 봐.
> [몬초가 형에게 백과사전을 보여준다. 거기에는 여러 인종들의 그림이 있다.]
> 안드레스: 난 중국 여자가 좋아.
> 몬초: 선생님 말씀이 모든 인종은 평등한 거래.
> 안드레스: 중국 여자들이 더 예뻐. 어른이 되면 중국에 가서 중국 여자랑 결혼할 거야.

백과사전

그레고리오 선생님은 수업 시간에 아이들에게 평등에 대해 알려 주었지만, 또 다른 스페인을 상징하는 권력자는 인종적 평등함을 무시하고 중국 소녀를 자신의 종이자 아내로 만들었다.

한편, 「카르미냐」의 에피소드에 나오는 남자에게 불쌍한 카르미냐는 욕정의 대상일 뿐이다. 그는 그녀와의 정사에 대해 동네 술집에서 떠벌리며 자신의 남성성을 과시한다. 그리고 정사에 방해된다는 이유로 카르미냐가 사랑하는 개를 몰래 죽여 버린다. 그는 카르미냐의 외로운 삶에 그 개가 얼마나 소중한 존재였는지를 이해하지 못했다. 그래서 청년의 행위는 사랑이 아니었음을 증명한다. 이 거칠고 잔인한 청년 역시 폭력의 스페인을 상징하는 또 하나의 기표이다. 더욱이 개 이름이 '타잔'인 것은 그 개에게 자연성과 자유로움을 부여하여, 폭력의 대상 또는 피해자로서의 공화주의를 암시하기도 한다.

4. 그레고리오 선생님, 시인 안토니오 마차도의 분신

<마리포사>는 주인공 몬초의 성장영화로도 볼 수 있다. 우리말 제목 '마리포사'는 나비를 의미하고 원제에서도 나비가 언급되는데, 나비는 동서양을 막론하고 변화와 성장의 아이콘이다. 몬초의 변화 및 성장에 큰 역할을 하는 것은 그레고리오 선생님이다. 그는 교회에서 말하는 지옥의 존재를 부정하며, 그것은 인간들의 증오가 만들어 낸 것으로 생각한다. 또한 그는 크로포트킨(Kropotkin)의 『빵의 정복』을 소장하고 있던 무정부주의자이기도 하다. 돈 그레고리오는 공화국의 빛인 교사로서 그에 합당한 경제적 보상을 받지는 못하지만,

공화국의 교육 정신에 입각해 아이들을 가르치는 모범적인 공화주의 자이자 훌륭한 선생님이었다. 그리하여 영화는 그레고리오 선생님을 통해 이전의 교육과 공화정의 교육을 자연스럽게 대비시킨다. 가장 큰 차이는 폭력의 유무이다. 몬초의 아버지가 증언하듯, 아버지 세대의 교육 즉, 공화정이 들어서기 이전 왕정 체제하에서 학생들은 선생님에게 매를 맞았다. 그러나 그레고리오 선생님은 학생들에게 절대로 폭력을 사용하지 않는다. 학생들 앞에서 그가 사용하는 분노의 표현은 침묵이다. 그리고 이 평화적인 방법이 기능한다. 그레고리오 선생님의 비폭력은, 이미 언급한 바와 같이, 부유한 권력자인 호세 마리아의 아버지가 대변하는 수구파의 폭력과 대조를 이루기도 한다.

그레고리오 선생님은 스페인의 위대한 시인 안토니오 마차도 (Antonio Machado: 1875~1939)를 연상시킨다. 그레고리오 선생님이 보여주었던 교육자로서의 태도와 지향점은 모두 안토니오 마차도의 그것과 다르지 않기 때문이다. 자유주의자이자 진보적 지식인이었던 안토니오 마차도는 시인이자 교육자였다. 스페인 남부 안달루시아의 중심 도시인 세비야에서 출생한 그는 친공화주의적 가정 환경 가운데 성장했다. 그리고 할아버지가 마드리드 대학교수로 부임하면서 스페인의 수도로 이주하였고, 이후 근대교육의 산실이라고 말할 수 있는 자유교육기관(Institución Libre de Enseñanza)에서 수학하며 공화주의자로 양성되었다. 그는 공화정을 지지하여 제2공화정 수립에 적극적으로 동참하였으며, 쿠데타로 내전이 발발한 이후에는 공화주의를 지지하고 독려하는 글을 통해 행동하는 지성으로서의 면모를 보여주었다.

안토니오 마차도

　<마리포사>에는 안토니오 마차도의 작품이 두 번 소개된다. 수업 시간에 선생님의 지목을 받은 로무알도가 준비해 온 시가 바로 그의 「유년기의 추억 Recuerdo infantil」이다.

> 어느 겨울의 어둡고 추운 오후.
> 학생들이 공부한다.
> 창문 너머로는
> 단조로운 빗소리.
>
> 수업 중. 교실에 걸린 그림에는
> 도망치는 가인 그리고
> 땅을 물들인 선홍색 얼룩 옆에
> 죽어 있는 아벨.
> (…)

호세 루이스 쿠에르다 감독이 이 부분을 가져온 것은 학습자가 능동적으로 참여하는 자유로운 공화정 교육을 보여주려는 의도 외에, 시의 내용이 동생 아벨을 죽인 직후의 가인을 묘사하고 있기 때문일 것이다. 이것이 동족상잔의 비극인 스페인 내전에 대한 알레고리임에는 의문의 여지가 없다. 더욱이 작자인 안토니오 마차도는 그레고리오 선생님을 비롯한 공화파의 우상이기도 하였다.

그러나 영웅의 삶은 만만치 않았다. 안토니오 마차도는 1907년 교육계에 투신하여 프랑스어 교사로 학생들을 가르치게 된다. 그가 선택한 첫 부임지는 스페인 중부의 외딴 도시 소리아(Soria). 그리고 그곳에서 한 여인을 알게 되고, 2년 후 그녀와 결혼한다. 이때 신랑의 나이가 34세였고, 신부 레오노르 이스키에르도(Leonor Izquierdo)는 15세였다. 많은 나이 차이 때문에 썩 자연스러워 보이는 결혼은 아니었으나, 시인은 아내를 사랑하였다. 그런데 레오노르는 결혼 3년 만에 폐병으로 세상을 떠난다. 시인의 절망은 컸다. 그의 대표 시집인 『카스티야 평원』에 수록된 작품을 보면 그의 슬픔의 깊이를 어느 정도 가늠할 수 있다.

주여, 당신은 제가 가장 사랑하는 이를 벌써 앗아갔습니다.
오, 신이여, 제 마음의 울부짖음을 들어 보세요.
주여, 당신의 뜻은 제 바람과는 달랐습니다.
이제 제 마음과 바다는 둘 다 외톨이가 되었습니다.

그레고리오 선생님의 고독은 젊은 시절에 아내를 잃은 안토니오 마차도를 연상시킨다. 양복을 전해 주러 간 몬초가 죽은 아내의 사진을 보고 있을 때 선생님은 바로 그 안토니오 마차도의 시를 읊으며 자신의 외로움을 표현한다.

사람 없는 침대
흐릿해진 거울,
그리고 허전한 마음!

아내 없이 홀로 잠드는 침대와 여인의 손길이 없어 지저분하게 흐 릿해진 거울. 그리고 "나는 혼자 있는 것보다도 더 외롭게 됐다는 말 이지"라는 선생님의 한탄은 시인과 선생님 모두의 고독을 표현한다. 안토니오 마차도와 그레고리오 선생님은 개인적으로나 정치적으로 나 모두 불행했다. 젊어서 아내를 잃고 평생 고독을 견뎌내야 했던 개인적 아픔과 함께, 둘 다 정치적인 이상을 이루지 못하고 공화정의 패배를 지켜봐야 했다. 안토니오 마차도는 공화파의 패배가 거의 확 정된 후 노모(老母)와 함께 국경을 넘어 프랑스로 망명하였지만, 한 달 만에 사망한다. 그의 호주머니에는 다음과 같은 메모가 발견되었 다. '이 푸르른 날들 그리고 유년기의 찬란한 태양'. 그가 쓴 마지막 시 한 구절이었다.

5. 패배한 선생님에게 바치는 노래:

틸로노린코! 프로보시스!

  어른 세계의 불가해함과 죽음에 대한 두려움 때문이었을까. 엄마 이전에 아버지에게는 또 다른 여자가 있었다는 사실과 그 장례식을 보면서 몬초는 침울했다. 독실한 가톨릭 신자인 어머니가 알려준 천당과 지옥에 대한 사실, 그리고 사후 세계에 대한 아버지의 생각은 그를 혼란에 빠뜨렸을 것이다. 상념에 빠져 걷고 있는 그를 친구 과수원에 있던 그레고리오 선생님이 발견하고 부른다. 무신론자인 그레고리오 선생님은 몬초에게 '사과'를 하나 건네며, 지옥의 비밀을 알려준다.

  비밀을 지킬 수 있겠니?
  비밀인데, 죽음 저 너머에 있는 지옥은 존재하지 않는단다.
  증오와 잔인함이 바로 지옥이란다.
  때로 지옥은 우리들 자신이지.

패배한 선생님

틸로노린코가 된 몬초

　이 말을 들은 몬초는 사과를 한 입 베어 문다. 마치 지혜를 얻은 표식으로 선악과를 먹어야 한다는 듯이 말이다. 아담과 하와는 선악과를 먹은 후 지혜를 얻었으나, 어차피 순서는 그리 중요하지 않다.

　그레고리오 선생님은 몬초에게 형이상학적인 비밀만을 가르쳐 준 게 아니다. 무엇보다도 몬초는 그에게서 틸로노린코와 프로보시스를 배웠다. 사랑하는 이에게 난초를 선물하는 새 틸로노린코를 통해 몬초는 사랑하는 이를 어떻게 사랑해야 하는지를 배운다. 그레고리오는 그것이 난초일 필요는 없다면서 들꽃 하나를 꺾어 몬초의 손에 들려 아우로라에게 보낸다. 냇가에서 다른 여자아이들과 함께 물놀이를 하고 있는 아우로라에게 몬초는 그 꽃을 들고 다가간다. 그는 겉옷을 벗는다. 옷이 젖는 것이 염려되어서가 아니라, 겉옷을 벗고 다가가는 것이 반라(半裸)의 아우로라에 대한 예의였기 때문이었을 것이다. 몬초는 들꽃을 소녀에게 건네고, 소녀는 소년의 마음을 온전히 받아준다. 그리고 수줍은 키스로 미래를 약속한다. 몬초의 품위 있는 사랑은 폭력으로 중국 소녀를 착취했던 중년 남자, 그리고 카르미냐의 육체만을 향유했던 청년의 행동과 뚜렷한 대조를 이룬다. 그리고리오 선생님의 교육을 통해 이제 이 사내아이는 어엿한 소년으로, 품위 있게 사랑을 표현할 줄 아는 신사로 성장한 것이다.

몬초는 프로보시스가 의미하는 근대성과 합리적 사고 역시 수용한다. 긴장되는 마지막 장면. 마을 사람들은 반강제적으로 광장에 모여들고, 각각의 면죄부를 얻기 위해 희생양들을 잔혹하게 몰아세워야 했다. 생존을 위해 인륜을 저버려야 하는 절명의 순간, 몬초는 선생님을 발견한다. 그에게 욕설을 하고 돌을 던지라는 엄마의 다급한 명령. 증오와 잔인함으로 인해 인간 자신이 지옥이 되는 순간을 경험하는 몬초는 상황에 대한 분노로 돌을 들고, 선생님에게 욕설을 퍼붓는다. 승리해야 했는데 승리하지 못한, 혹은 승리를 지켜내지 못한 공화파(선생님)에 대한 안타까움 또는 분노의 역설이리라. 그러나 몬초는 잊지 않는다. 그레고리오 선생님의 가르침과 그 자유에 대한 추억을. 그래서 그는 시대와 상황이 원하는 몸짓을 하면서도 입으로는 "틸로노린코, 프로보시스!"를 외친다. 그것은 '나비의 혀'였다. 현미경이 없이는 볼 수 없는 나비의 혀처럼, 몬초의 외침은 그레고리오 선생님과의 관계에 대한 이해 없이는 그 누구도 깨달을 수 없는 숨겨진 나비의 혀였다.

4장
산문의 바다에서 시를 길어 올리다
— 두 편의 <렛 미 인>

최재훈

이 색다르고 비범한 잔혹 동화의 송곳니는

당신의 목덜미 깊숙이 파고들어

아주 오랫동안 아리고 슬픈 통증을 남겨줄 것이다.

1. 성장, 영화

토마스 알프레드슨 감독의 〈렛 미 인〉과 매트 리브스 감독의 〈렛 미 인〉

　어두운 방 한구석에 쪼그려 앉아 중얼거린다. 아…….. 정말 벗어나고 싶어. 그리고 손톱을 깨물어 본다. 짧은 몽상이 이어진다. 숨어버리면 이상한 나라가 나타날 것 같은 환상과 기대를 담아 장롱 속으로 파고들어 보지만, 어느새 현실의 바닥으로 추락하고 만다. 그런 설익은 반항과 호기심은 도망갈 곳을 모르고 오도카니 그렇게 추진력 없이 현실의 틈새를 부유하고 있었다. 밝고 경쾌한 기억으로 남은 유년기도 있겠지만, 그렇게 답답하고 숨 막히는 폐쇄적 우울함으로 기억되는 유년기도 있다. 나는 도저히 자랄 것 같지 않고, 꽉 막힌 어른들은 도저히 자신들의 세계에 틈을 줄 것 같지 않았기 때문이다.

　그런 답답한 어린 시절의 그 시간을 기억하는 성인들에게 토마스 알프레드슨 감독의 <렛 미 인>(Let the right one in, 2008)은 유년기의 열병처럼 뜨겁고 파괴적이지만 아름다운 작품으로 다가왔다. 그리고 할리우드를 통해 리메이크된 <렛 미 인>(Let me in, 2010)은 좀 더 풍부하고 대중적인 이미지로 관객들에게 말을 건다. 원작의 방대한 산문에서 아름다운 시(詩)를 건져 올린 토마스 알프레드슨의 <렛 미 인>에 비해 할리우드의 매트 리브스 감독의 <렛 미 인>은 조금 더 매혹적인 이미지로 설익은 소년, 소녀의 핏빛 사랑과 그 성장 이야기를 담아낸다.

2. 원작 소설 욘 아이비데 린드크비스트의 『렛 더 라이트 원 인』

두 편의 영화는 스웨덴의 작가 욘 아이비데 린드크비스트의 소설 『렛 더 라이트 원 인』(Let the right one in, 2007)을 원작으로 하고 있다. 두 편의 영화 모두, 원작자가 각본에 참여하면서 소설이 품고 있는 관계에 대한 열망을 영상 언어로도 부족함 없이 잘 그려내고 있다. 사실 영화는 소년, 소녀의 로맨스에 초점을 맞추기 위해 많은 인물들을 주변부로 밀어내는 방법을 택하고 있다. 소설은 인물들 사이의 관계망을 무척 촘촘하게 뒤얽혀 놓았기 때문에, 영화에 숨겨진 조금 더 깊은 이야기를 읽어내기 위해서는 조연의 역할에 그친 인물들의 이야기를 원작 소설을 통해 확인해 보길 권한다. 자신이 살기 위해 타인을 죽여야만 하는 실존적 고뇌를 뱀파이어 주인공을 통해 그려내는 원작 소설은 소위 복지국가라고 불리는 스웨덴에서 근근이 살아가는 하층민들의 삶을, 관조적으로 바라보기보다는 함께 땅에 발을 딛고 서서 가장 그들과 근접한 시선으로 바라본다. 뱀파이어는 그러한 사회문제 속 소수자들에 대한 은유이며, 작가가 끝까지 작은 인물들에 대해서도 따뜻한 시선을 거두지 않는 이유이기도 하다. 섬세하고 치밀한 스토리텔링 속에 담긴 호러, 미스터리의 분위기에 푹 빠져 문장과 문장 사이를 헤매다 보면 사회문제는 물론 퀴어적 시선까지, 다양한 관점과 시선을 하나의 이야기 속에 유연하게 녹여낸 작가 특유의 유려한 문맥을 발견하게 된다.

영화를 본 관객이라면 익숙한 큰 줄기는 원작 소설과 흡사하다. 스웨덴 스톡홀름의 교외 블라케베리. 어느 날 숲속에서 온몸의 피가 사라진 남자아이의 시체가 발견된다. 자신만의 세계에 빠져 갇혀있는 왕따 소년 오스칼은 자신이 초능력으로 그 사건을 일으켰다고 믿는다. 텅 빈 밤의 놀이터에서 이런 환상에 빠져 있던 오스칼은 이웃집 소녀 이엘리를 만나게 된다. 어두운 밤에만 만나는 외로운 소년과 소녀는 표정 뒤에 진심을 숨긴 서로의 뒤통수를 이해하며, 우정을 쌓아간다. 이엘리가 이사 온 후 안온한 일상이 침묵처럼 이어지던 마을에 연쇄살인사건이 일어나, 연일 뉴스가 된다. 그래도 오스칼과 이엘리는 우정을 나누며 서로의 마음을 얻는다. 어느 날 오스칼은 더 강한 결속력을 위해 피의 맹세를 통해 이엘리를 감동시키려 하지만 오스칼의 피를 보자 변하는 이엘리의 모습을 보고 충격에 빠진다. 하지만 오스칼은 이엘리를 결국 이해하고 품는다. 왕따로 지내던 자신을 이엘리가 격려했던 그 방식대로 그녀를 돕기로 결심한다. 린드크비스트 작가는 결손 가정에서 외톨이로 지내는 열두 살 소년의 성장기

앞에 나타난 영원히 열두 살로 살아야만 하는 200살 뱀파이어가 관계를 맺는 이야기를 통해 상대방을 긍정함으, 스스로를 받아들이기 시작하는 소년의 성장담을 그려낸다. 살기 위해 살인을 해야 하는 절박한 뱀파이어의 그 눅진 거리는 피곤함을 인간 사이의 관계, 뱀파이어와 인간 사이의 관계로 촘촘하게 얽으며 소통과 마찰 사이의 관계망을 품는다.

　너무 기이하다는 이유로 여러 곳의 출판사에서 퇴짜를 맞았지만,

오드프론트 출판사에서 출판된 후 큰 인기를 얻어 이후 23개국에 번역이 되었다. 고국 스웨덴을 포함 독일, 미국 등 극적인 상상력에 매료된 영화 제작사들 20여 곳에서 러브콜을 보냈다. 고심 끝에 온 아이비데 린드크비스트는 고국 스웨덴의 촉망받는 영화감독인 토마스 알프레드손과 손을 잡고 <렛 미 인>의 시나리오 작업에도 직접 참여하며, 영화와 원작에 대한 애정을 보여주었고, 영화는 스웨덴 영화로서는 보기 드물게 전 세계적인 관심을 끄는 데 성공했다. 철학적이지만 감각적인 소재, 잔혹하지만 아름다운 이야기로 사랑받은 원작은 무대 대본으로 각색되어, 2013년 스코틀랜드에서 초연한 후 2016년 한국에서도 큰 성공을 거뒀다. 한국판 연극 <렛 미 인>은 국내 최초 레플리카 프로덕션으로 만들어져 큰 화제를 모았다. 레플리카 프로덕션이란 원작의 연출과 디자인을 그대로 상연하는 형태를 말한다. 스코틀랜드 원작 연극을 그대로 가져와 배우만 한국 배우로 교체했다고 보면 된다.

3. 겨울의 끝에 만난 친구들

두 편의 훌륭한 전작들이 많은 사람들에게 이미 선보였기 때문에 2010년 개봉된 할리우드 버전의 <렛 미 인>은 어쩔 수 없이 원작 소설은 물론 이미 만들어진 스웨덴 영화 <렛 미 인>과도 비교당할 수밖에 없었다. 영화 <클로버필드>(Cloverfield, 2007)로 인지도를 얻은 매트 리브스 감독은 자신의 영화 <렛 미 인>은 스웨덴의 <렛 미 인>의 리메이크가 아니라 원작 소설을 새롭게 영화로 만들어낸 것이

라고 주장하며 토마스 알프레드슨의 영화와 직접 비교 받는 것을 꺼리는 모습을 보여주었다. 원작 소설과 스웨덴 영화가 워낙 마니아층의 열광을 자아냈기 때문에 원작의 감수성이 훼손되지는 않을까 우려하는 목소리도 있었다. 하지만, 스웨덴 영화의 정서와 이미지를 망치지 않고, 한발 더 나아가 더욱 독창적이고 한결 더 아름다운 이야기를 만들어냈다는 긍정적인 평가를 얻었다. 그리고 오히려 2010년 할리우드 버전의 <렛 미 인>은 클레이 모레츠의 발견과 함께 세계적인 명성을 얻게 되었다.

먼저 스웨덴의 <렛 미 인>부터 살펴보자. 알프레드슨 감독의 <렛 미 인>은 매혹이라는 표현이 아주 잘 어울리는 영화였다. 뱀파이어 영화하면 대부분 액션과 호러로 귀속되는 장르 영화를 떠올리게 되지만, 알프레드슨 감독은 원작 소설의 심리 묘사를 영상 위로 홀리듯이 각인시키면서 소년의 성장기와 아이들의 가슴 뭉클한 로맨스로 녹여내며, 관객들을 홀린다. 한 해 평균 20여 편의 자국 영화가 제작되는 스웨덴은 영화에 있어 그다지 주목받은 적이 없었다. 그런 나라에서 불쑥 등장한 <렛 미 인>은 하나의 사건 같은 영화가 되었다. 본질적 외로움과 그사이, 관계 속의 공명이 투명하게 드러난 이 영화는 나비의 날갯짓처럼 잔잔한 반향으로 시작해 세계적으로 스웨덴 영화에 대한 인식의 변화를 불러일으켰다.

상처받은 사람들은 죽을 만큼 힘들지만, 막상 죽지는 않는다는 것을 깨닫고 본능적으로 생존하리란 사실을 깨닫는다. 그래서일까? 사람의 피로 연명해야 하는 소녀의 숙명과 외톨이 소년의 절망은 첫눈에 서로를 알아보게 만든다. 피가 튀기는 잔혹한 장면도 있지만, 영화의 기본적인 정서는 차분하게 가라앉는 정서적 우아함이다. 자극적인 장면도 많지만, 영화가 지닌 본질적인 우아함과 단정한 정서적 깊이는 단 한 번도 흐트러지는 법이 없다. 이 영화의 철학적 사유에 피비린내를 풍기게 만드는 건, 타인을 죽여서라도 내가 살아남아야 한다는 뱀파이어라는 캐릭터 때문이다. 선량한 피해자이지만, 결국 살아남기 위해 마녀를 화덕에 밀어 넣어야 하는 『헨젤과 그레텔』의 동화 속 아이들처럼 소년과 소녀의 로맨스는 선량하지만, 그들의 관계를 유지하기 위해서는 누군가의 피가, 타인의 죽음이 필요하다.

성장 로맨스 영화와 어울리지 않는 이 잔혹성은 그 표현에 거침이 없다. 디즈니 영화의 해피엔딩이나 은유에 익숙한 동화적 상상력의 장벽이 와르르 무너진다.

솔직히 뱀파이어 소녀 이엘리라는 존재를 우리 안에 받아들이기에 그녀는 여전히 거슬리는 존재이다. 영화 속 암호처럼 뱀파이어와 사람 사이의 관계와 소통은 서로 간의 '동의'를 얻어야 시작될 수 있다. 알프레드슨 감독은 이러한 존재론적 고민과 사유를 절대 미화하지 않는다. 1980년대 초반 노동자 계급 소년의 퍽퍽한 삶 속에 카메라를 들이대고, 뱀파이어라는 환상의 존재조차 이러한 계급적 현실 속을 살아가는 하층민의 신분으로 그대로 둔다. <렛 미 인>이 판타지이면서 동시에 리얼리즘 영화의 요소를 유지하는 이유는 그러한 사실성에 있다. 이 영화 속에서 뱀파이어는 이질적인 존재가 아니라, 엄연히 현실에 존재하고 부유하는 마이너리티, 즉 소수자로 묘사된다. 더 흥미로운 점은 이들을 둘러싼 하층 노동자라는 이웃들이다. 그들은 미래를 꿈꾸는 법도 없고, 현실에 대해 불만을 가지지도 않는다. 그저 동네 술집에 모여 수다나 풀면서 하루하루를 살아간다. 어쩌면 사회의 주류가 아닌 사람들 속에 더 비주류인 뱀파이어를 담아낸 셈이다. 주인공 카레 헤레브란트와 리나 레안데르손이 각자 만들어 내는 분위기는 아주 평범하다. 평범함이 비범한 이야기와 대비되면서 더 처연한 아름다움을 빚어낸다.

알프레드슨 감독의 <렛 미 인>과 비교해, 리브스 감독의 <렛 미 인>은 보다 대중적 취향을 고려했다. 하지만 할리우드의 전통적 뱀파이어 영화와 그 결을 달리하면서 색다른 감성의 영화로 탄생했다.

MTV 뮤직비디오처럼 세련된 화면 속 강렬한 음악과 특수효과, 화려한 액션으로 장식된 할리우드의 변종 뱀파이어 영화 <블레이드>(Blade, 1998) 시리즈와 할리퀸 로맨스의 정백당에 푹 담갔다 뺀 것처럼 달달한 하이틴 영화로 급부상한 <트와일라잇>(Twilight, 2008)과 그 결이 다르다. 스웨덴 영화보다 더욱 자극적이고 피 튀기는 장면이 많이 등장하지만, 리브스 감독은 세상 가장 아름다운 동화 같은 미학에 심취한 것처럼 보인다. 소년과 소녀 사이에 오가는 감정의 파동에 집중한 스웨덴 영화와 달리, 리브스 감독은 조금 더 유연하게 뱀파이어 영화라는 장르적 요소를 활용해 극적 재미와 긴장감을 더한다. 살인사건의 배후를 쫓는 경찰을 통해 미스터리의 요소를 더하고, 소녀가 벌이는 살육의 장면을 보다 잔인하게 묘사하면서 시각적 충격을 준다. 그래서 조금 더 무섭게, 조금 더 잔인하게 시각적 쾌감과 공포를 만들어낸다. 전작이 유럽 영화 특유의 여백의 미를 살렸던 것에 비교한다면, 할리우드판 <렛 미 인>은 조금 더 직설적이고 구체적이다. 하지만, 역시 이것은 두 편의 영화에 대한 단순 비교에 불과하다. 매트 리브스 감독의 말처럼 2010년 <렛 미 인>은 타자와의 비교와 상관없이 그 자체로 빛나는 영화이다. 영화를 볼 관객을 위해 밝힐 수는 없지만, 영화 <렛 미 인>의 결말은 두고두고 서늘하게 곱씹어 봐야 할 독설이 담겨있는 듯하다.

4. 뱀파이어 영화 연대 속 <렛 미 인>

뱀파이어 영화는 대부분 벨라 루고시에서 크리스토퍼 리로 이어지는 전통적 드라큘라의 이미지로 기억되어 왔다. 그들은 세련된 외모에 신사의 품격을 갖추고 있다. 검은 연미복을 입고 무방비 상태가 된 여성들의 희고 긴 목에 이빨을 꽂고 피를 빤다. 서양에서 제작된 대부분의 뱀파이어 영화는 그런 전통적이고 전형적인 이미지를 계속 재생산해 왔다. 하지만 계속되는 이미지의 복제는 장르의 쇠퇴로 이어졌다. 오죽했으면 1990년대 프랜시스 포드 코폴라가 브람 스토커의 원작에 충실한 <드라큘라>를 만들겠다고 했을 때, 관객들은 시대착오적이라고 생각했을 정도였다. 하지만 결국 코폴라 감독의 <드라큘라>는 새로운 뱀파이어 장르 영화의 리부팅에 가까웠다. 이미 게리 올드만을 캐스팅할 때부터, 연미복을 입은 단정한 신사의 이미지를 버렸다. 코폴라 감독의 영화 속 백작은 단정한 신사가 아니라 애절한 사랑을 놓친 광기 어린 인물이었다. 코폴라의 영화는 역사를 배경으로 한 대서사극이며, 놓친 사랑의 거리를 담은 로맨스였고, 그 변주는 충분히 유효한 가치가 되어 성공적인 결과를 낳았다. 이를 통해 뱀파이어 영화의 장르는 새로운 시야를 얻었고 메이저 장르에서 관심을 가질만한 소재로 확장되었다.

하지만, 여전히 B급 영화의 세계에서 뱀파이어 영화는 다양한 변주를 통해 클리셰를 뛰어넘는 비주류의 장르 영화로 이어져 왔다. 여성 뱀파이어를 내세운 B급 뱀파이어 영화들은 타인의 피를 빨기 위해 목에 키스하게 되는 그 에로틱한 순간을 잡아내면서 에로틱 뱀파이어 영화의 한 장르를 만들어 낸다. 조엘 슈마허의 <로스트 보이>(The lost boys, 1987)는 어린아이들의 성장에 대한 불안함을 변주한 영화로, 하이틴 흡혈 영화라는 새로운 장르 영화의 틀을 만들어냈다. 이러한 변화의 기류는 메이저 영화의 제작으로 이어진다. 에이즈 시대의 불안함을 퀴어 코드로 풀어낸 닐 조던 감독의 <뱀파이어와의 인터뷰>(Interview with the Vampire, 1994)는 메이저 영화사를 통해 만들어져 세계적으로 큰 인기를 끌었다. 브래드 피트, 톰 크루즈, 안토니오 반데라스는 물론 어린이 뱀파이어 역할을 맡았던 커스틴 던스트의 어린 시절까지 볼 수 있는 역사적인 영화가 되었다. 이후 뱀파이어 영화는 역사상 최초의 흑인 뱀파이어, 웨슬리 스나입스가 주인공을 맡은 <블레이드> 등의 상업영화의 성공을 통해 새로운 유행의 코드가 되었다. 이런 상업영화와 함께 가장 큰 인기를 얻어낸 작품은 TV 시리즈 <뱀파이어 해결사>(Buffy the Vampire slayer, 1996~)였다. 이 시리즈는 무겁고 칙칙한 뱀파이어 영화의 영역에서 벗어나 하이틴 물의 영역으로 그 폭을 넓힌 작품이었으며, 뱀파이어 영화를 통해 기대하는 모든 클리셰를 총동원하면서도 새로운 시간을 그 속에 투영했다. 10대들이 열광하는 뱀파이어 이야기, '버피' 시리즈의 전통은 꽃미남 뱀파이어 <트와일라잇> 시리즈 탄생의 서막이 되었다.

사실 서양 공포 영화의 모태가 된 흡혈귀와 프랑켄슈타인 영화가 들려주는 영생과 창조라는 화두는 인간이 지닌 가장 원초적인 두려움, 죽음에 대한 두려움에서 시작되었다. 나의 죽음이 곧 나의 부활로 이어질지 아무도 알 수 없기 때문이다. 죽음에 대한 공포는 종교와 상상력을 통해 이승과 저승이라는 서로 다른 공간과 영혼과 육체라는 무기체와 유기체의 결합이라는 신앙을 낳았다. 육체와 영혼이 하나로 통합되어 일체성을 지니고 있음은 삶이고, 육체와 영혼의 완전한 분리는 죽음을 의미한다는 사상을 동서양을 막론하고 그대로 계승되어 왔다. 뱀파이어로 대변되는 흡혈 영화는 일련의 난도질 슬래셔 영화들이 '너희'는 위험하지만 지켜보는 '나'는 안전하다는 일종의 카타르시스를 전하지 않는다. 불멸의 존재가 자신의 생명을 유지하기 위해 타인의 피가 필요하다는 사실은 삶과 죽음에 대한 끔찍한 은유이다. 사실 영생을 얻었지만 뱀파이어를 죽일 방법은 있다. 잠들어 있는 심장에 십자가를 박아 넣거나, 햇빛에 접촉하게 만들면 뱀파이어를 죽일 수 있다. 뱀파이어에게 영생은 저주이지만, 아이러니한 사실은 그 저주가 영원히 풀 수 없는 수수께끼가 아니라는 사실이다. 타인의 피를 통해 나의 생명을 이어나가는 사실이 끔찍하게 싫다면, 스스로 피를 끊거나 햇빛을 향해 나아가면 된다. 200년을 살았다는 소녀의 이야기는, 200년이 지나는 동안에도 이 소녀가 스스로 목숨을 끊을 준비가 되지 않았다는 이야기다. 200년 동안 셀 수도 없을 만큼의 생명을 죽였지만, 200년의 세월이 지긋지긋하게 우울하지만 스스로 목숨을 끊을 용기가, 결심이, 그리고 이타심이 없다는 사실이 사실 뱀파이어 영화의 가장 끔찍한 상징이자 아이러니이기도 하다.

5. 나의 첫 번째 타인

종종 무심한 어른들의 말과 시선은 아이들의 맘에 가닿지 못하고 허공으로 증발한다. 자신들의 어린 시절도 그렇게 치열한 생존이었다는 것을 잊고, 아이들은 아프지도 치열하지도 않으리라 생각하고 방치한다. 자기 앞의 삶을 버거워하는 어른들은, 아이들의 세상이 그저 안온한 세계라 믿는다. 하지만 관계는 누구에게나 어려운 일이다. 200살 먹은 뱀파이어에게도 세상이 지겨운 소년에게도 관계는 풀기 힘든 문제처럼 어렵다. 소년에게 학교에 가는 것, 친구와 만나는 것, 소소한 대화를 나누는 것까지 치열하고도 지독한 짐이다. 소년은 혼자 상상의 공간에서 생존한다. <렛 미 인>은 아이들의 어린 시절을 낭만적으로 회고하지 않고, 칼날처럼 날카롭고 지독해서 끝내 생채기를 내거나 혹은 입고야 마는 관계 속 생존의 이야기를 그려낸다.

마음이 닫히면 입도 닫히는 법이다. 그래서 <렛 미 인>은 마음이 닫힌 소년이 처음 입을 여는 순간을 마음을 여는 순간으로 설정한다. 소년과 소녀가 만나는 시간과 장소를 보자. 밤, 공원. 밤 시간의 공원은 아이들의 공간이 아니다. 밤 시간 공원에 홀로 있는 소년은 외톨이라는 사실을, 어른들의 관심과 보호를 받지 못하는 아이라는 사실을 상징적으로 담아낸다. 어두운 공원에서 만난 소년과 소녀의 이야

기는 그래서 조금 더 설레고 애틋한 정서를 품는다. 어둡고 잔혹한 영화를 좋아하지 않는 관객들도 <렛 미 인>이 가진 정서에는 절대적인 공감을 가지게 되는데, 두 편의 영화는 뱀파이어 소녀의 이야기를 외계인이나 괴물처럼 인간이 아닌 타자로 보지 않는다. 괴물이 아닌, 오래 살아온 성장을 멈춘 소녀로 보라 보는 시선으로 누구나 한 번쯤 경험해 보았을 인간관계의 어려움과 그 성장의 과정 속으로 쑥 들어간다. 달콤한 맛으로 우울함을 지운, 복고의 기억상실은 유년 시절의 낭만이나 교과서적인 해설을 만들기도 하지만, <렛 미 인>은 관조적인 결말에도, 공감할만한 대안에도 이르지 않는다. 딱히 잘못한 것도 없이 왕따를 당하는 소년의 감정으로 깊이 들어가 편을 들어주지도, 누군가의 피를 통해 연명할 수밖에 없는 소녀의 이기심에도 딱히 적대감을 드러내지 않는다. 영화는 끝내 누구 편도 들지 않고, 누군가를 비난하는 법도 없이 그렇게 성장하는 아이들의 이야기 속에 우리들의 시선을 담는다. 그저 모든 것이 어렵고 서툰 아이들의 모습을 통해 여전히 나이 들었지만, 적응하지 못하고 관계 속에서 휘청대는 지금, 우리, 어른들의 모습이 별반 다르지 않다는 사실을 에두르지 않고 생생하게 보여준다.

    <렛 미 인>은 아이들의 치열하지만, 풋내 나는 사랑 혹은 연대의 감정 속에 우리들이 끝내 풀어내지 못했던 어긋난 관계의 어려움과 그 지난하고 답답한 속내를 혀로 핥아 준다. 살아남아야 하기에 타인을 배려하는 법을 배우지 못한 소녀의 마음은 진심에 가닿지 못하고 자꾸 튕겨 나오지만, 소년은 능숙한 피구 선수처럼 허공에서 가격된 마음을 껴안는다. 어른이 되면 아주 많은 것들이 삶의 중심으로 들어

오지만, 아이들에게 친구는 가족 이외에 처음으로 관계 맺고 사랑하는 첫 번째 타인이다. 그래서 친구가 내게 돌린 등짝이 세상 어떤 것보다 무서울 수 있는 나이라, 무슨 짓을 해서라도 나와 친구를 단단한 결속력으로 묶어두려는 나이기도 하다.

2008년 토마스 알프레드슨 감독의 <렛 미 인>은 폼 잡은 연미복으로 상징되는 드라큘라의 이미지에서 벗어나, 다양하게 변주해 온 이런 선배 작품들의 실험을 현재화하며 핏빛 성장 영화로 태어났다. 그렇게 뱀파이어 장르 영화의 범주 안에서, 새로운 이야기를 읽어낼 줄 아는 힘이 <렛 미 인>에는 있다. 흔히 '핏빛 동화'라 불리는 이 영화만의 처연한 아름다움을 담아낼 수 있었던 이유기도 하다. 사실 '뱀파이어에 매료된 왕따'라는 설정만으로 보자면 <렛 미 인>의 이야기 줄기는 딱히 놀랄 정도로 획기적인 것은 아니었다. 획기적인 것은 이야기를 풀어가는 방식과 그 서술의 힘에 있다. 욘 린퀴비스트의 원작 소설을 각색한 토마스 알프레드슨의 <렛 미 인>을 볼 때 우리가 먼저 알아야 할 것은 이 작품이 검은 연미복의 드라큘라가 폼 잡고 있었던 지난 몇십 년간 꾸준히 이어져 온 흡혈 영화가 꾸준하게 연구하고 제안했던 서브 장르의 탐구, 마이너리티로서의 흡혈귀를 바라보는 그 시선에 바탕을 두고 있다는 것이다. 그래서 뱀파이어를 묘사하는 방식과 뱀파이어 그룹을 묘사하는 방법은 지극히 전통적이지만 뱀파이어를 대하는 태도를 달리한다. 게다가 이야기의 주인공이 소년으로 설정되면서 영화의 시선이 어른들의 에로틱한 상상과 파괴본능을 담은 눈에서, 심장 즈음으로 낮아짐과 동시에 더 진지해졌다. 당연히 성장이 멈춘 200살 소녀와 사는 것이 지긋지긋한 소년의 만남, 둘이 나누는 교류와 서로를 이해하는 과정에서 생존과 삶에 대한 철학을 녹여낸다. 그래서 <렛 미 인>은 최근 쿨하면서 동시에 핫한 뱀파이어 시리즈의 주인공 대신 정체성을 고민하는 소년과 소녀에게 눈길을 돌리고 그들의 한숨과 바닥에 떨어진 심장을 들여다본다. 그 시선이 신선하고 낯설어 기대 이상의 반향을 불러일으켰다. <렛 미 인>은 장르 영화의 전통을 고전적인 방법대로 답습하면서, 그 안에 심각한 고민과 재료들의 발전 가능성을 실험하고 있다. 장르를 거부하고 변형하는 대신, 노골적인 외적 조건들을 이야기에 묻어 둔 것이다.

세계적인 호평과 성공에도 불구하고 스웨덴의 <렛 미 인>은 예술 영화관에서 시작, 조용한 반향을 일으키며 자신의 존재를 확장했다. 그에 비한다면 할리우드의 <렛 미 인>은 훨씬 떠들썩하게 시작한다. 앞서 개봉된 <렛 미 인>의 입소문이 퍼지고 할리우드판 영화에 대한 기대가 상승한 이유도 있겠지만, 할리우드 <렛 미 인>은 그 태생이 다른 것처럼 그 배급도 다를 수밖에 없었다. 1980년대를 바라보는 스웨덴의 시각과 미국의 시각이 다른 것도 영화의 분위기를 크게 변화시킨다. 할리우드 <렛 미 인>은 전작의 배경인 스웨덴을 미국의 뉴멕시코 주로 바꾸었다. 1980년대 스웨덴은 냉전 시대 속 중립국으로서의 정체성의 혼돈에 빠져 있었다. 그리고 복지 선진국이라는 대내적 평가에도 불구하고, 삶의 만족도는 현저히 낮았고 또한 복지의 사각지대에 빈민층이 여전히 존재하는 등 아이러니한 상황 속에서 나라 자체가 우울증에 빠져 지내던 시절이었다. 당연히 스웨덴의 <렛 미 인>은 복지국가가 가진 이면, 공기처럼 떠돌던 열패감을 바탕으로 한다. 반면 1980년대 미국은 레이건 대통령을 중심으로 소비에트 연방을 '악의 존재'로 규정하던 시기였다. 그리고 미국의 팝 컬처가 세계적인 성공을 거두고, 세계의 문화를 지배하던 시절이다. 미국에서 유행한 문화는 곧 세계적인 문화가 되었다. 그렇게 1980년대 의식의 흐름은 복고의 감성으로 묶을 수 있다. 할리우드판이 보다 대중적이고 세계적인 이유는 그 1980년대 정서에 있다. 컬처 클럽과 데이비드 보위의 노래는 복고적 감수성을 자극하며, 친숙함으로 다가온다.

대중성은 배우의 캐스팅에서도 발견할 수 있다. 스웨덴 <렛 미 인>의 주인공 카레 헤레브란트, 리나 레안데르손이 평범한 이웃집 소년 소녀의 사랑스러움을 가지고 있다면 할리우드 <렛 미 인>의 클로이 모레츠와 코디 스밋은 보다 대중적인 아름다움을 가지고 있다는 것이 가장 큰 차이라고 할 수 있다. 클로이 모레츠는 어린 나이에도 불구하고 할리우드의 잇걸로 주목받았고, 나이에 어울리지 않는 섹시함까지 갖추고 있어 세계적인 스타로 발돋움할 것이란 평가를 얻었고, 사실이 되었다. 할리우드 영화라서 당연히 전작보다 노골적인 흥행

리나 레안데르손과 클로이 모레츠

코드를 담고 있으리란 선입견을 버릴 필요는 있다. 할리우드판 <렛 미인>은 규모가 커진 만큼 마케팅의 범위도 확장되었지만, 원작을 훼손하지 않으면서 성장기 소년 소녀의 시리도록 아름다운 현실을 담아낸다.

원작 소설, 2008년 스웨덴 <렛 미 인>, 2010년 할리우드 <렛 미인>은 우월함을 비교할 수 없는 독자적인 매력을 가지고 있다. 그리고 어느 것을 먼저 시작해도 좋다. 가능하다면 모두 보는 것을 추천하고 싶지만, 하나만 선택해서 보아도 아프고 아름다운 이야기 앞에 아주 오랫동안 가슴이 먹먹해지는 그 느낌, 그 아련한 느낌을 받을 수 있다. 아주 가까운 시기에 같은 원작으로 만들어진 색다른 영화를 비교해 볼 수 있다는 것도 영화 팬으로서 아주 소중한 경험이 될 것이다. 이 색다르고 비범한 잔혹 동화의 송곳니는 당신의 목덜미 깊숙이 파고들어 아주 오랫동안 아리고 슬픈 통증을 남겨줄 것이다. 최근 영화의 속도감과 흥미 위주의 전개 방식에 익숙한 관객이라면 아직도 영화를 통해 그런 감성을 느낄 수 있다는 사실이 오히려 진기하다고 느낄지 모를 일이다.

제2부

관계 맺기

5장
모종의 가족들
— <45년 후>와 <도쿄 소나타>

손시내

그들은 다시 시작할 수 있을까?

1. 가족, 그 쓰라림에 대하여

2018년 초여름, 한 편의 흥미로운 공포영화가 개봉했다. 가족과 악령에 대한 이야기로 촘촘히 구성된 <유전>(Hereditary, 2017)이 바로 그것이다. 귀신들린 집 혹은 악령에 빙의된 가족 구성원을 다루는 공포영화는 완전한 주류라고 할 수는 없어도 때마다 제작되고 관객들의 일정한 관심을 불러일으키고 있다. 그중에서도 <유전>이 주는 특정한 종류의 흥미로움이 있는 듯하다. 평생을 알 수 없는 의식에 몰두했던 어머니의 사망 이후, 애니(토니 콜렛)는 자신의 가족을 둘러싸고 일어나는 불행에 서서히 잠식당한다. 오랜 시간을 묻어 두었던 어머니와의 기이한 관계, 또한 삐거덕거리는 애니와 자식들과의 관계의 균열이 점차 벌어져 거대한 비극이 인물들을 덮치고, 드러나는 진실은 이들을 어느 곳으로도 도망가지 못하게 한다. 영화가 진행됨에 따라 애니와 관객들이 함께 알게 되는 것은, 그녀의 어머니가 자신의 동료들과 함께 악마숭배와 관련된 의식에 오랫동안 관계해왔고, 남편이나 자식들의 몸에 파이몬 왕이라 부르는 악령을 빙의시키려 해왔다는 사실이다. 이는 줄곧 실패했고 애니의 두 자식에 이르러 마침내 그러한 의도의 완수가 코앞에 다가와 있는 상황이다.

이 영화에서 드러나는 가족관계는 최근 연이어 공개된 오컬트 영화들이 전제하는 관계와는 사뭇 다르다. 컨저링 시리즈나 인시디어스 시리즈를 떠올리면 보다 쉬운 비교가 가능할 것이다. 이를테면 여기에는 가족 구성원 중 한 명에게 불운하게도 잘못 걸린 저주, 그것을 함께 극복해나가는 힘없고 약하지만 단란한 가족의 모티브가 없

영화 〈유전〉 (영화사 찬란 제공)

다. <유전>이 일련의 사건을 겪게 되는 주인공 애니와 영화를 보는 관객에게 압도적인 공포의 체험으로 다가오는 것은, 물론 짜임새 있게 설계된 공포영화로서의 형식적 미덕 때문이기도 하겠으나 기본적으로는 이 모든 불행에 도무지 출구가 없다는 사실에서 기인하는 것 같다. 마침내 진실을 알아낸 애니는 이 걷잡을 수 없이 번져가는 불행을 처음부터는 아니더라도 어느 지점에서는 멈추고 바로잡을 수 있으리라는 희망을 품는 듯 보이지만, 사실 여기에는 바로잡을 것이 없다. 그 무엇도 잘못 행해진 적이 없으며 제목이 시사하는 바와 같이 유전(hereditary)을 통해 꼭 붙들어 매어진 관계 그 자체가 공포의 원인이자 실체인 것이다. 사랑하고 지켜야 한다고 느끼지만 어색함과 애증으로 뒤엉켜있는 애니와 두 자식과의 관계, 거슬러 올라가 자신의 어머니가 자신에게 남긴 해소되지 않는 의문과 어두운 정념

들이 발목을 잡고 놓아주지 않는다.

　가족을 소재로 하는 영화는 수도 없이 많을 것이다. 다양한 장르들 속에서 영화는 가족에 대한 저마다의 견해를 다양하고 풍부하게 펼쳐놓는다. 또한 가족이라는 관계가 영화에서 공포나 스릴러, 서스펜스를 만들어내는 탁월한 소재가 된다는 점이 흥미롭다. 감독 아리 애스터가 <유전>에 영향을 주었다고 밝힌 영화들은 재미있게도 고전 오컬트 영화들이 아닌 가족관계의 비밀과 균열에 대한 흥미진진하고도 쓰라린 드라마들이다. (<전부 아니면 무>(All or Nothing, 2002)와 <비밀과 거짓말>(Secrets & Lies, 1996), <45년 후>(45 Years, 2015), <아이스 스톰>(The Ice Storm, 1998), <침실에서>(In The Bedroom, 2001) 등)[1] <유전> 정도의 장르적 선택이 아니더라도 가족이라는 관계에 대한 면밀한 탐구는 두려움과 아찔함, 절망과 처절함을 적게나마 포함할 수밖에 없는 것 같다. 아리 애스터가 언급한 영화들 이외에도 여러 영화가 이러한 성찰을 우리에게 안겨준다. 가족이라는 관계에 달라붙어 마지막까지 제거되거나 화해되지 않을 얼룩과 긴장을 끌어안고 계속 나아가보는 영화들이 있다. 완전한 파국에 이르지도 그렇다고 완전히 극복되지도 않은 채 지속되는 가족의 모습을 응시하는 영화들. 지난함과 지긋지긋함을 말하며 '그럼에도 가족'과 같은 수사에 기대기보다, 결코 이전으로는 돌아갈 수 없는 가족의 모습을 담담하고도 용기 있게 말하는 영화들. 그러한 영화들이 들려주는 가족 이야기에 잠시 귀를 기울여보려고 한다.

1　임수연, 「공포영화 〈유전〉의 매혹」, 『씨네21』, 1160호, 2018

2. 노부부의 일상에 찾아온 균열, <45년 후>

앤드류 헤이의 <45년 후>가 좋은 시작이 될 것이다. 두 주연 배우에게 베를린국제영화제 여우주연상과 남우주연상을 안겨준 이 영화는 어느 노부부의 관계에 균열이 생겨나는 6일간의 이야기를 담고 있다. 영화가 시작되면 암전된 화면에 알 수 없는 소리가 흘러나오고 곧 영국의 한적한 작은 마을의 모습이 보인다. 이곳에 사는 케이트(샬럿 램플링)와 제프(톰 커트니)는 곧 결혼한 지 45주년을 맞이한다. 이들은 자식 없이 오랜 세월을 단란하게 살아온 듯하고 각자의 직장에서 퇴직하여 지금은 개와 함께 산책하고 집을 관리하는 등의 소일거리를 하며 지내고 있다. 45주년 기념 파티는 그 주의 토요일, 영화의 시작으로부터 6일 후에 열릴 예정이다. 현재로서는 파티에서 틀게 될 음악을 고르는 정도의 일이 두 사람에게 주어진 가장 큰 일인 것처럼 보인다.

그런데 이들에게 독일에서 온 편지 한 통이 도착한다. 스위스산의 빙하에서 50여 년 동안 얼어붙어 있던 한 여자의 시신을 발견했다는 것이 편지의 내용이다. 발견된 시신의 주인은, 케이트와 만나기 전 제프의 옛 연인이었던 카티야다. 1962년 젊은 연인이던 그들은 스위스에서 이탈리아로 향하는 여정을 함께 했고 카티야는 불의의 사고를 당했으며 그녀의 시신조차도 찾지 못한 채 오랜 세월이 흘렀던 것이다. 젊은 시절의 모습 그대로일 그녀를 떠올리며 동요하고 스위스에 가야 할지도 모르겠다며 중얼거리는 제프를 케이트는 염려하며 바라본다.

물론 그렇다고 하더라도 <45년 후>에는 이렇다 할 커다란 사건이 일어나지 않는다. 모든 일정을 뒤로 미루고 제프가 스위스로 떠나는 일도, 예고 없이 찾아온 과거가 두 사람을 크게 싸우게 하거나 완전히 갈라서게 하는 일도 일어나지 않는다. 당장 토요일에 열리게 되어 있는 기념식 준비도 차질 없이 이루어지고 두 사람은 친구들을 만나며 일상을 지속한다. 매일의 일과를 마치고 마주 앉거나 침대에 누워 둘은 카티야의 사고에 대해 대화를 나누기도 한다. 굴곡진 사건 대신 영화를 조금씩 이끌어 가는 건 두 사람의 얼굴과 표정이다.

별다른 설명 없이도 영화는 케이트와 제프 두 사람이 함께 보낸 세월과 둘의 관계를 탁월하게 보여준다. 교사였던 케이트는 이 관계에서 제프의 말을 듣고 다독이고 타이르는 쪽에 가까워 보인다. 처음 편지를 받고 제프가 독일어 사전을 찾는 장면에서부터 이러한 모습이 조금씩 드러난다. 어딘가에 사전이 있을 거라며 차고를 뒤지는 제프의 뒤에서 케이트는 조용히 사전을 꺼내주고 약을 챙겨주며, 끊었던 담배를 찾는 제프를 조심스레 타이른다. 화장실을 수리하다 손을 다쳤다는 제프의 상처를 살펴주는 케이트에게 제프는 마을에서 기분 나

영화 〈45년 후〉 포스터

쁜 일이 있었다면서 투정을 부리듯이 이야기를 늘어놓기도 한다. 이를테면 45년간 맺어온 이들의 관계에는 어떤 관성이 있고 그것이 현재의 일상을 지속하게 하는 것이다. 그러니 이들의 얼굴은 그러한 관성으로서의, 일상을 지속하는 것으로서의 얼굴이라 할 수 있다. 서로가 속속들이 알고 있는 다정하고 편안한 얼굴과 표정이 이들의 삶을 지탱하고 있다.

그런데 카티야의 소식을 담고 도착한 편지가 그 얼굴에 틈을 만든다. 45년을 함께 살면서도 단 한 번도 한 적이 없던 1962년의 사고에 대한 이야기를 제프는 편지가 도착한 그 날 밤 침대에 누워 조용히 케이트에게 들려준다. 공교롭게도 그 해에 케이트의 어머니가 죽었고, 둘은 같은 해에 소중한 사람을 잃었다는 그와 같은 대화를 이제야 처음으로 나눈다. 곁에 누워 이야기를 하는 제프를 바라보는 케이트의 얼굴을 카메라는 조용히 응시한다. 표정의 변화는 적지만, 조금은 불안해 보이기도 하고 조금은 놀란 것처럼 보이기도 한다. 그 오랜 세월을 함께 하고도 말하지 않은 것을 처음으로 말하는 제프의 얼굴에서 케이트는 어떤 틈을 발견한 것일까. 불이 꺼지고 어둠 속에서 잠시 빛나는 케이트의 눈이 이들의 관계에 드러난 균열을 더듬고 있는 것처럼 느껴진다.

영화는 월요일에서 시작해 토요일로 이르는 동안의 요일을 자막으로 표시하며 시간의 흐름을 드러내는 형식을 취하고 있는데, 이를 통해 둘 사이에 점차 드러나기 시작하는 균열과 흘러가는 일상의 힘이 겨루고 있는 것 같은 느낌을 준다. 편지가 불러온 파문을 감당하는 와중에도 이들은 시간이 흐름에 따라 미리 정해둔 약속을 위해 함께 외출하고 영화의 시간은 기념식이 예정된 토요일을 향해간다. 다음과 같은 장면이 있다. 다락방에서 슬라이드 영사기와 필름들을 찾은 케이트는 그것을 천에 비추어 사진을 확인한다. 놀랍게도 그것은 제프와 함께했던 시절의 카티야의 사진들이다. 계속해서 사진을 넘기는 케이트의 얼굴이 마주하는 것은, 제프의 얼굴 뒤에 줄곧 감추어져 있던 젊은 카티야의 얼굴인 것이다(영사기를 넘기는 이 소리는 영화의 시작 부분 암전된 화면에서 들었던 그 알 수 없는 소리다). 더욱 놀랍게도 이 당시의 카티야는 임신 중이었던 것으로 보인다. 이 같은 사실을 마주한 케이트가 곧이어 받게 되는 전화는 토요일 기념식에 사용될 노래를 확정해달라는 것이다. 그녀는 숨을 고르며 곡명을 하나씩 말한다. 이러한 대비와 긴장이 영화를 팽팽하게 잡아당긴다.

사진이 지시하는 사실도 물론 충격적이지만 그와 같은 사진, 다시 말해 카티야의 유령이 줄곧 케이트와 제프의 집에 함께 하고 있었다는 점이 케이트를 견딜 수 없게 만든다. 영화의 시간이 지속되는 내내 이들의 집 바깥에는 비바람이 불고 있지만 그래도 집은 비교적 편안하고 안전한 둘의 공간인 것처럼 보였었다. 그러나 카티야의 사진을 발견한 그 날 밤, 닫힌 다락방 문 아래 선 케이트는 바깥에서 불어오는 바람이 다락방 문의 틈을 통해 집안으로 들어오는 것을 느낀다. 금요일 저녁 케이트는 집 안 구석에 카티야가 늘 서 있는 것처럼 느껴진다고, 우리의 모든 일상을 그녀가 더럽혔다는 말을 제프에게 하면서도 자신이 알게 된 모든 것을 말하지는 않는다. 그리고 내일의 기념식을 문제없이 치러낼 것을 당부한다.

<45년 후>에서 사진에 대한 문제는 조금 더 등장한다. 이를테면

영화 〈45년 후〉 포스터

자식과 손주가 있는 그들 친구의 집에는 세월의 흔적을 보여주는 사진이 많이 걸려있지만 케이트와 제프의 집에는 사진이 없다. 자식이 태어나고 자라는 것을 보는 등의 기념할만한 사건이 없었기에 그렇다면서 케이트는 집에 걸어놓을 만한 사진이 없음을 아쉬워한다. 작은 필름 조각이긴 하지만 물질적 형태를 갖춘 카티야의 사진이 등장하는 것은 그렇기에 더욱 정서적 파장을 남기는 듯하다. 이윽고 토요일의 기념식, 두 사람의 친구인 레나는 둘의 젊은 시절부터의 사진을 찾아내고 모아 붙인 커다란 액자를 선물한다. 이는 아름답고 감동적이지만 마치 두 사람 사이의 균열 위를 가까스로 덧붙여 놓은 것처럼 느껴지기도 해서 위태롭다.

영화의 마지막이기도 한 기념식에서 제프는 케이트와 평생을 함께하기로 한 45년 전의 선택이 자신의 인생에서 얼마나 중요한 것이었는지, 지금 옆에 있는 케이트를 얼마나 사랑하는지에 대해 연설하며 끝내 눈물을 흘린다. 그런 제프를 바라보는 케이트의 표정은 미묘하다. 물론 그녀는 감동한 듯하고 조금은 뜻밖의 모습을 보이는 제프를 보며 놀란 것 같기도 하다. 곧 두 사람은 춤을 추기 시작한다. 45년 전 결혼식에서와 같은 음악에 맞추어 서로의 얼굴을 바라보고. 그러나 케이트가 보는 제프의 얼굴은 더는 예전과 같을 수 없을 것이다. 분위기는 들떠있고 음악은 우아하며 사람들은 모두 쏟아져 나와 춤을 춘다. 이때 제프의 손을 뿌리치고 굳어가는 케이트의 얼굴, 그 자신도 결코 예전과 같을 수는 없는 케이트의 얼굴을 바라보며 영화는 끝난다. 이 관계는 단칼에 끝나지도 않을 테지만 그렇다고 아무 일도 없었던 듯 회복되지도 않을 것이다.

3. 구로사와 기요시가 그리는 유령의 가족, 가족의 유령 <도쿄 소나타>

최근까지도 활발하게 영화를 만들고 있는 일본의 영화감독 구로사와 기요시의 작업에서도 비슷한 테마를 발견할 수 있다. 그는 물론 유령과 감염, 접촉 등의 모티브를 중심으로 한 공포영화의 감독으로 널리 알려져 있고 여전히 싸이코 스릴러나 유령이 등장하는 드라마 등을 만들며 왕성한 활동을 펼치고 있다. 그러나 단순히 '공포영화를 잘 만드는 감독' 정도의 수식어는 그의 영화에 대해 너무 많은 것을 놓치게 만든다. 구로사와는 특히 최근작으로 향할수록 관계의 비대칭성과 결합의 불가능성, 혹은 불가능성을 껴안은 (재)결합에 대해 완고하게 탐구하고 있는 듯하다. 국내에서도 개봉한 바 있는 <크리

피: 일가족 연쇄 실종 사건>(クリーピー, 2016)이나 2017년 부산국제 영화제를 통해 공개된 <산책하는 침략자>(散歩する侵略者, 2017) 와 같은 영화들은 소재도 장르도 다르지만, 파국적 상황을 맞이하는 커플의 마지막을 비추며 그러한 주제를 슬그머니 드러내 보인다는 공통점을 가지고 있기도 하다.

대개의 영화감독이 그러했겠지만 구로사와 기요시에게도 21세기로의 전환은 큰 의미를 지니고 있었다. 그의 스승이자 일본의 위대한 영화평론가인 하스미 시게히코는 구로사와가 21세기의 초입에 만든 두 영화 <회로>(回路, 2001)와 <밝은 미래>(アカルイミライ, 2003)

사이의 미묘한 전환에 대해 다음과 같은 논평을 덧붙였다. "한 사람, 또 한 사람 친근한 존재가 모습을 감추고 일본의 수도로부터 완전히 사람의 모습이 사라져 버린 전작 (<회로>)의 마지막을 지켜본 이에게 이 제목(<밝은 미래>)은 조금 기묘한 울림을 갖는다."[2] 이로부터 5년여의 세월이 흐른 뒤 구로사와 기요시는 <도쿄 소나타>(Tokyo

영화 <도쿄 소나타> 포스터

2 하스미 시게히코, 「'선악의 피안'에서 – 구로사와 기요시 <밝은 미래>」, 『영화의 맨살 – 하스미 시게히코 영화비평선』, 이모션 북스, 2015, 488쪽

Sonata, 2008)라는 영화를 내놓고는 다음과 같이 인터뷰했다. "요즘 나를 사로잡는 주제는 21세기가 대체 어떤 시대인가 하는 것이다. 왜 모든 것이 이토록 혼잡하고 혼란스러운 걸까. 왜 21세기는 이전 세기에 우리가 기대했던 미래의 비전과 이토록이나 다른 것일까. 이런 시대에 대한 책임은 대체 누가 져야 하는가. 대답을 찾기는 힘들다."[3] 두 인용구를 억지로 연결할 필요는 없을 것이다. 다만 완전히 달라져 버린 세상을 맞이하는 그의 영화적 태도에, '다시' 만나고 '다시' 시작한다는 것에 대한 거의 비관적일 정도의 숙고가 들어있다는 점 정도는 말해볼 수 있을 것 같다.

<도쿄 소나타>는 그러한 고민이 가족이라는 소재와 만나 탄생한 영화다. 줄거리는 이렇다. 도쿄에 한 가족이 살고 있다. 아빠, 엄마 그리고 두 아들로 이루어진 이 가족은 평범하다는 수사가 딱 어울릴 법한 그런 가족이다. 아빠는 회사원이고 엄마는 가정주부이며 큰아들은 대학생, 막내아들은 초등학생이다. 영화의 시작과 함께 아빠 사사키 류헤이(카가와 테루유키)는 실직자 신세가 된다. 회사에서는 중국과의 교류를 통해 비용이 적게 드는 유연한 인력교체를 원하고 류헤이는 그런 회사에 더는 도움이 되지 않는 직원이다. 회사 밖으로 쓸쓸히 나오는 류헤이의 주변에 양복을 입은 적지 않은 수의 실직자들이 보이기 시작한다. 이 영화는 분명히 시대적인 배경과 영향 아래 있지만 그렇다고 외부의 원인과 오직 피해자로서의 가족 내부라는

3　김도훈, 「<도쿄 소나타> 따뜻한 가족영화라니 당치 않소」, 『씨네21』, 694호, 2009.

이분법적 구도에 빠져있지도 않는다.

그러한 전형화를 미묘하게 벗어나는 것은 영화의 오프닝 장면에서부터이다. 카메라는 집 내부에 있고 어디선가 불어온 바람에 신문과 잡지가 천천히 휘날린다. 바깥에는 비바람이 불고 있는데, 창문이 열려있어 바닥에는 물이 조금씩 고여간다. 엄마 메구미(코이즈미 쿄코)가 서둘러 창문을 닫고 흥건히 고인 빗물을 닦아내는데 곧 다시 창문을 열어 비바람이 부는 바깥을 바라본다. 흥미롭게도 영화의 초반부 집 바깥에 부는 비바람은 <45년 후>의 집 바깥에 도사리고 있던 기후를 떠올리게 만든다. 지속해서 비와 바람의 소리를 집안에 들려주며 관계의 균열을 일깨웠던 그러한 기후 말이다. <도쿄 소나타>에서 문제가 가시화되기 시작하는 것이 시대의 경제적인 위기와 변화로 인한 가장의 실직 때문이기는 하지만, 영화가 크게 관심을 두는 쪽은 그러한 변화를 겪으며 살아가는 가족들의 관계성 그 자체 혹은 이들이 모이는 집에 대한 탐구다.

이들에게도 관성이라고 할 만한 것들이 있다. 여기서는 그것이 권위적인 가부장적 환경과 강하게 관련된다. 사사키 집안은 가장인 류헤이를 중심으로 구성되는 듯 보인다. 모처럼 네 가족이 모두 모인 저녁 식사 장면이 있다. 엄마인 메구미와 두 아들 타카시(코야나기 유)와 켄지(이노와키 카이)가 이미 식탁에 앉아있지만 밥에 손은 대지 않고 있다. 이윽고 류헤이가 맥주를 한잔해야겠다며 캔맥주를 꺼내와 잔에 따르고 한 잔을 다 비울 때까지 이러한 분위기가 유지된다. 그리고 한 잔을 더 따라 마신 후, 류헤이가 밥을 먹자는 말을 하자 그때야 나머지 가족들이 움직이기 시작한다. 평범한 식사장면이지만 이를 통해 이 가족의 관성이 드러난다. 그러나 영화 내내 제시되듯 이러한 권위와 관성은 그리 단단하지 않다. 무엇보다 영화의 시작이 류헤이의 실직으로부터가 아니던가. 그는 자신의 권위를 지키기 위해 실직 사실을 가족에게 알리지 않고 여느 때와 마찬가지로 양복을 입고 매일 아침 집을 나선다. 직업소개소를 전전하고 일자리를 구하는 일은 순탄하지 않으며 점심으로는 무료급식소를 이용하면서도 그는 이 관성을 유지하기 위해 노력한다.

메구미의 일상은 단조롭지만, 집안일을 하고 식사를 준비하는 것을 견딜 수 없을 정도는 아니다. 대신 그녀는 종종 바깥을 바라본다. 비바람이 부는 창밖을 굳이 다시 창을 열어 바라보고, 운전할 일은 없어도 운전면허증을 따두며 사지 않을 자동차를 보러 다닌다. 실직한 이후 조금씩 이상한 내색을 보이거나 두 아들에게 자신의 권위를 폭력적으로 주장하는 류헤이를 물끄러미 바라보는 것도 메구미다. 알 수 없는 표정의 메구미는 마치 균열이 일기 시작한 일상의 틈바깥을 더듬는 것 같다. 어느 밤, 남편을 기다리다 소파에서 잠들었던 메구미는 류헤이의 귀가와 함께 잠에서 깨어나지만 누운 채로 손을 뻗어 누군가 자신을 일으켜주기를 조용히 소망한다. 이때 그녀의 손짓은 어딘지 기이하다. 화면에는 오직 그녀의 두 팔만이 보이는데, 여기엔 아무것도 잡히지 않는 쓸쓸함과 서늘함이 공존하고 있다.

두 아들에 대해서도 언급할 것들이 있다. 큰아들 타카시는 아르바이트와 학교를 오가며 무료한 일상을 보내다 돌연 미군에 입대하겠다고 선언한다. 이는 출구도 없이 답답하게 고착되어있는 현대 일본을 마주한 청년 세대에 대한 면밀한 고찰의 결과다. 물론 세부적인 부분들이 그를 좀 더 풍부한 인물로 만든다. 류헤이로부터 입대는 절대 안 된다는 선언을 들은 타카시는 나름의 방법으로 결국 미군에 지원해 집을 떠나게 된다. 그를 배웅하는 건 엄마인 메구미다. 버스터미널에 앉아 대화를 나누는 둘의 모습은 이 영화에서 흔치 않게 다정하고 그렇기에 다소 슬프다. 마치 오즈 야스지로 대화의 형식을 떠오르게 만드는 이 대화 장면에서 타카시는 메구미에게 이혼하고 다시 시작 할 수 있다는 말을 건네고는 버스에 오른다. 그는 다정한 사람이고 아버지의 권위를 견딜 수 없어 하는 새로운 시대의 청년이지만 홀로 집을 떠나 모두와 헤어진다.

또래들과 왁자지껄하게 어울리기보다 혼자 있기를 좋아하고 솔직한 막내 켄지는 피아노를 배우고 싶어 하나 이 역시 류헤이의 폭력적인 권위에 가로막힌다. 급식비로 피아노 교습비를 대신해 몰래 피아노를 배우게 되지만 이 같은 사실이 들켜 류헤이와 켄지 사이에 격렬한 다툼이 오간다. 이윽고 집의 1층과 계단을 비추고 있는 카메라에 계단 위에서부터 켄지의 몸이 굴러떨어져 내려오는 것이 보인다. 이 충격적인 장면에서 가까스로 유지되는 듯 보였던 집의 관성이 와장창 깨어지고 적나라한 폭력의 결과가 드러난다. 집은 가족 구성원들이 서로 공유되지 않는 고독을 지닌 채 모여 종종 밥을 먹곤 하던 공간, 가족들이 가족을 연기하던 공간, 어려움이 있지만 그래도 우리는 함께하고 있다는 환상을 붙들어두던 공간이었다.

이 같은 공간의 관성이 깨어지자 이제 가족은 뿔뿔이 흩어지기 시작하고 저마다의 위험에 처한다. 메구미의 꿈에는 돌연 타카시가 유령 같은 모습으로 돌아와 사람들을 많이 죽였다는 말을 하고, 꿈에서 깨면 집안에는 식칼을 든 강도가 들어있다. 대형마트의 청소부로 일을 시작한 류헤이의 앞에는 변기 옆에 떨어진 거액의 돈 봉투가 보이고, 켄지는 무임승차하다 걸려 구치소에 들어간다. 이러한 일련의 사건들은 현실과 판타지의 경계 사이에서 모호하게 일어나는 것처럼 보인다. 야쿠쇼 코지가 연기한 강도는 위협적으로 등장하기는 하지만 어설프고, 처음에는 인질로 잡혀 차에 탔던 메구미는 강도를 태운 채로 어느 바닷가까지 운전해 간다. 두 사람은 더 이상의 길이 존재하지 않는 해변의 끝에서 더 나갈 수도, 돌아갈 수도 없는 삶을 떠올리며 절규한다. 류헤이는 돈 봉투를 끌어안고 지쳐 쓰러질 때까지 달리다 차에 치인다. 켄지가 들어간 구치소에는 아무런 표정도 없는 사람들이 그야말로 유령처럼 모여 있다.

불행한 밤이 지나고 아침이 되자 가족들은 다시 집으로 모인다. 이상한 강도는 차를 몰고 바닷속으로 들어갔고 메구미는 홀로 눈을 떠 떠오르는 태양 앞에 선다. 류헤이는 차에 치여 쓰러진 그 자리에서 마치 잠에서 깬 듯이 일어나 돈 봉투를 유실물 보관함에 넣은 뒤 집으로 향한다. 켄지 역시 구치소에서 나와 집까지 걷는다. 모든 것이 엉망이 되어버린 집에 역시 엉망진창이 된 가족이 모여앉아 서로에게 아무것도 묻지 않고 아침밥을 먹는다. 이들이 겪은 일이 현실인지 환상인지조차 모호하다. 심지어는 이들이 모두 살아있는 것인지도 알 수 없다. 온갖 얼룩과 죽음의 기운이 들러붙은 가족은 그렇게 다시 결합한다. 그러고 보니 영화에선 도처에 실패한 가족의 형상이 아른거리고 있었다. 켄지의 피아노 선생님은 이혼절차에 스트레스를 받고, 류헤이의 실직한 친구 쿠로스는 끝내 그 부인과 동반 자살

을 택한다. 사사키 가족은 마
치 이러한 실패까지도 모두 끌
어안은 채 끝과 시작의 경계에
다시 선 듯하다.

　영화의 마지막은 그와 같은
사건 이후 4개월이 흐른 어느
날이다. 류헤이는 여전히 마트
의 청소부로 일하고 있다. 타
카시에게선 미국에 더 남아서
하고 싶은 일을 해보겠다는 편
지가 도착한다. 켄지는 음대
부속 중학교에 입학하기 위해

영화 〈도쿄 소나타〉 포스터

심사회장에서 피아노 연주를 앞두고 있다. 류헤이와 메구미는 함께
심사회장을 찾는다. 켄지가 연주를 시작하면 심사회장에는 드뷔시의
〈달빛〉(Clair De Lune)이 고요히 울려 퍼진다. 이 연주는 아름답고
도 서늘하다. 연주를 끝낸 켄지는 부모와 함께 불현듯 심사회장을 떠
나 화면 밖으로 사라진다. 이들이 겪은 문제들은 아무것도 해결되지
않았고 가족은 여전히 유령과도 같다. 이러한 영화의 선택은 갑작스
러운 희망으로의 전환도 아니지만 그렇다고 가차 없는 절단도 아니
다. 가족은 다시 시작하기 위한 길 위에 서 있다.

4. 다시 시작할 수 있을까

　<45년 후>와 <도쿄 소나타>에는 동일한 표현이 등장한다. '다시 시작한다'는 표현이다. <45년 후>에서 기념식을 하루 앞둔 금요일 저녁, 케이트는 제프에게 자신이 느끼는 절망과 분노를 전하고 앞으로 두 사람이 해야 할 일에 대해 말한다. 평소와 같이 약을 먹고 잠자리에 든 뒤 아침에 일어나서 다시 시작해보자는 것이다. <도쿄 소나타>의 파국의 밤, 각각 멀리 떨어진 메구미와 류헤이는 처절하게 중얼거린다. 여기서부터 새롭게 다시 시작할 수 있을까. 도대체 어떻게 하면 다시 시작할 수 있을까.

　이 영화들을 보고서 '다시 시작할 수 있는가'라는 물음에 섣부른

답변을 하기는 어렵다. 이를테면 이들이 함께 불행과 고난을 견뎌냈기에 다시 시작할 수 있다고 여기는 것은, 다시 한번 가족이라는 이름과 관성에 무비판적으로 기대는 일이 될 것이다. 다만 우리는 다음과 같은 이해를 시도해 볼 수 있다. 무언가 '다시' 시작한다는 것은, 그것이 설령 가족과 같이 가깝고 익숙한 관계에서 일지라도, 관계들 사이에 놓인 모든 얼룩과 장애물을 뚫고서 혹은 제거하고 나서가 아니라 그 모든 것들을 끌어안고서 비로소 가능해지는 일이 되리라는 사실이다. 혹은 관계 맺음이란 개인들 사이의 거리와 격차를 좁힌 뒤 가능한 것이 아니라 그 거리와 격차 위에 간신히 놓일 수 있는 것인지도 모르겠다. 어떤 영화들은 지난한 관계를 단숨에 잘라내고 희망적으로 보이는 새로운 관계로 나아가기를 제시하는 대신, 그 관계들 사이에서 사라지지 않는 찌꺼기와 얼룩, 멀고 먼 거리와 격차를 보여주기를 택한다. 그러한 영화들과 함께 우리의 관계 역시 새로운 길을 모색할 수 있을 것이다.

6장
정동의 현상학, '관계 맺음'의 형이상학
— <우리는 같은 꿈을 꾼다>론

안숭범

* 영화 〈우리는 같은 꿈을 꾼다〉 스틸컷 제공: 영화사 찬란

"우리는 타자와 함께 존재한다. 모든 관계는 타동사적이다.

나는 대상을 만진다. 나는 타자를 본다.

하지만 나는 타자가 아니다. 나는 완전히 혼자다."[1]

1 Emmanuel Levinas, 강영안(역), 『시간과 타자』, 문예출판사, 2004, 34쪽.

1. 나 없는 내 인생

어떤 영화는 철학을 도구 삼지 않는 자에게 그 깊이를 내어주지 않는다. <우리는 같은 꿈을 꾼다>(On Body and Soul, 2017)는 정확히 그 경우에 해당한다. 카메라는 감각과 직관의 주체가 되어 주인공들의 내면에 흐르는 어떤 정동, 혹은 의식의 지향을 담담히 좇는다. 그 와중에 두 주인공은 서로의 삶으로 비약하는 각별한 경험에 귀속되

영화 <우리는 같은 꿈을 꾼다> 포스터

어 간다. 영화는 그 맥락을 명료하게 언어화하지 않는다. 오히려 초월적이라고 느껴지는 이미지를 삽입시켜가며 명확히 표상되지 않는 '감정-반응'의 나고 듦을 추론하게 한다. 유념할 것은, 그들 자신도 자기감정을 제대로 직시하지 못하는 상황이라는 점이다. 그렇다면 외부 관찰자인 우리는 카메라가 보여준 제한된 시공간 안에서 그들의 정동과 의식의 흐름을 분별해야 한다. 그래서 <우리는 같은 꿈을 꾼다>에 대한 영화체험은 필연적으로 '관계맺음'의 형이상학으로 수렴된다. 이 표현은 두 주인공이 서로를 향해 포개어지는 과정 이면에 대한 탐색이 중요하단 사실을 일컫는다. 덧붙여 우리가 이미지를 수단으로 하는 철학적 여정에 올라타야 함을 말한다.

영화는 권태로운 고독의 상태에 침윤된 남녀로부터 시작한다. 살아있음에 대한 자각과 오래 결별한 이들의 표정을 안다면, 그들의 현재를 금방 파악할 수 있을 것이다. 레비나스의 표현에 따르면 어떤

'지향성도 없이' 그저 존재하는 이들. <우리는 같은 꿈을 꾼다>의 두 주인공 엔드레(게자 모르산이)와 라츠 마리어(알렉산드라 보르벨리)는 정확히 그런 상태에서 자기 삶을 버텨내고 있다. 그들은 책임 관계 내에서의 사무적인 만남이 아니면 주변 누구와도 내밀한 대화를 나누지 않는다. 아니, 그런 소통의 필요를 느끼지 못하는 상태에 안주하고 있다. 그래서 모든 감정이 휘발된 이후의 얼굴을 한 그들에겐 혼자인 삶에 오래 익숙한 자들에게서 감지되는 어떤 습관이 있다.

남자는 여간해선 집의 불을 켜지 않는다. 그는 무감하게 TV 채널을 이리저리 돌려보다가 전원을 끄지 않은 채 소파에서 잠들기 일쑤다. 영화 후반, 그가 내뱉은 대사에 의지하면 그의 권태로운 고독은 어떤 의지의 결과다. 한쪽 팔을 쓰지 못하는 육체적 장애 때문이라고 단정해선 안 된다. 그도 한때는 주변에 여자가 많았던 남자였다. 그런데 그러한 생활에 회의를 느끼게 되면서 그는 지난 수년간 "다 끊었다"라고 단언할 수 있는 어떤 상태에 머문다. 그런데 끊어버린 대상은 여자만이 아니어서 그는 세계와의 관계 설정에 너무 소극적이거나 조심스럽다. 접촉해 오는 타인들과 일정한 거리를 설계하고 그 '간격'을 전제로 안정을 취하는 생활에 정착해 온 것이다. 결국 그가 닫아버린 것은, 더불어 의미 있는 미래로 나아가려 하는 삶의 방식이다. 그렇게 감정의 행로마저 막힌 무감한 중년, 그가 엔드레다.

한편 라츠 마리어의 권태로운 고독은 병리적 징후로 나타난다. 그러니까 그녀의 현재 상태는 의지의 결과가 아니라 불가항력적인 절망일 수 있다. 영화 속 정보를 모아보면, 그녀는 다 자란 육체 안에 덜 자란 자아를 유폐시킨 존재처럼 보인다. 세계로부터의 고립은 자연스러운 수순이다. 이를테면, 그녀는 상대와 나눈 과거의 대화를 비정상적으로 곱씹는다. 엔드레가 그녀에게 처음 다가와 내뱉은 말 중 열일곱 번째 문장을 기억하는 식이다. 심지어 그녀는 전염성 수두가 찾아온 첫날과 떠나간 날을 정확하게 기억한다. 그래서 그녀가 집 안 아무 사물이나 붙잡고 낮에 누군가와 나눴던 대화를 역할극처럼 반복할 때, 우린 그녀가 세계와의 관계 형성에 필요한 사회적 언어를 잃어버린 존재란 걸 알게 된다. 영화는 그녀의 청결에 대한 결벽증적 태도도 반복해서 보여준다. 실제로 그녀는 탁자 위에 떨어진 이물질을 잠시도 놔둘 수 없으며, 누군가가 자신의 몸에 손을 댄다는 것을 상상조차 할 수 없다. 사실상 그런 강박 행동들은 그 순간의 불안을 잠시 경감시킬 뿐, 뿌리 깊은 불안으로부터 그녀를 구원할 수 없다. 어쩌면 마리아는 그 예외적으로 권태로운 고독에서 단 한 번도 벗어나지 못한 인물일 수 있다.

그들이 함께 일하는 곳은 도축장이다. 생명에서 죽음으로 옮겨지는 소들이 있고, 그 비의적인 전환의 찰나를 무감하게 지켜보는 인생들이 있는 곳. 마리어는 거기에서 단지 살덩이로 남겨진 존재에 등급을 매기기 위해 존재한다. 엔드레는 일상화된 죽음에 무뎌진 직원들을 관리하면서 재무를 담당하고 있다. 그들 생활의 근거지를 도축장으로 설정한 것은, 일디코 엔예디 감독의 철학적 선택이라고 믿는다. 어쩌면 그녀는 엔드레와 마리어를 살과 피로 구성되는 육체만 남은 상태에 가깝게 묘사하고 싶었는지도 모른다. 다시 말하지만, 두 주인공은 감정 신호가 잡히지 않는 얼굴을 하고 있다. 거기엔 '영혼'이라고 칭할 만한 어떤 것이 결핍되어 있다. 그래서 도축장 안으로 들어가는 소의 얼굴은 그들 자신의 얼굴을 거울처럼 비추는 이미지가 된다. 예견된 미래를 아는지 모르는지 그곳의 소들은 죽음을 앞두고서도 표정이 없다. 영혼의 흔적을 찾을 수 없는, 어떤 '텅 빔'이 거기 있는 것이다. 그렇게 죽기 직전의 소는 엔드레와 마리어의 실존과 중첩된다.

그처럼 이 영화는 자기 삶을 전유하지 못한 두 인물의 자가 고립적 상황에서부터 출발한다. 그리고는 자신의 내면 안에서 '일어나고 있는' 어떤 신비한 정동에 그들이 스스로 답해가는 과정을 전시한다. 이 느리고 심오한 여정 속에서 우리는 타자가 하나의 사건으로 틈입하는 경과를 음미하게 된다. 흥미로운 건, 엔예디가 결정적인 장면일수록 언어를 지우거나 최소화하는 연출을 시도한다는 점이다. 삶의 가장 비의적인 것, 라캉이 말한 '실재'와 같은 대상은 언어의 집에 가둘 수 없는 순간으로 온다. 그래서 영화 속 의미심장한 쇼트들은 직관에 의해 의식될 뿐, 논리화가 불가능한 '그것', 말하고 나면 거기로부터 미끄러지는 잉여를 남기는 어느 한 지점을 겨냥한다.

좀 더 살갑게 비유하면 이 영화는 다른 각도로 유사한 파동을 그려온 엔드레와 마리어의 삶이 인상적으로 맞부딪치는 순간을 향해 육박해가는 영화다. 주지하다시피, 같은 상의 두 파동이 중첩될 때, 때론 파장이 줄어들어 결국 한 선으로 소멸하는 기적적 사태에 이르기도 한다. 그렇다면 영화 후반 그들이 나눈 섹스는 다른 양상으로 권태로운 고독을 건너 온 그들이 신비한 합일의 경지에 이른 것을 시각화한다. 어쩌면 그 경지는 (타자에 대한) 자각과 (타자 앞에서 발견되는) 현존을 통해 소멸 간섭(destructive interference)의 상태에 들어서는 '관계맺음'의 기적일 수 있다. 그래서 어떤 언어도, 열락의 흔적도 없는 섹스이지만, 우리는 그들의 포개어진 몸 어딘가로 고이고 있는 정동을 읽어내게 된다. 결국 <우리는 같은 꿈을 꾼다>는 "논리는 수단, 심리는 목적이다"[2]라는 벨라 발라즈의 유명한 명제를 '서사는 수단, 정동은 목적이다'로 받아들인 영화다.

이즈음에서 이 영화의 영문 제목이 'On Body and Soul'이라는 사실, 곧 매우 거대한 의미망을 가진 두 단어의 단순 나열이란 점을 떠올릴 필요가 있다. 사실상 <우리는 같은 꿈을 꾼다>의 이미지는 꿈의 공유에서 출발해 시선의 접촉, 이해와 오해의 반복, 받아들임에 대한 결단, 만짐, 현실에서 꿈의 재전유로 전환되는 그들을 시각화한다. 철학적 기획에 가까운 이러한 이미지텔링은 독해를 각오한 자들의 직관을 예민하게 다듬는다. 그렇다면 지금부터 엔예디가 내준 이 신비한 과제를 영화 속 '정동'의 흐름을 좇아 연대기적으로 풀어내보고자 한다.

2. 홀로서기, 혹은 깨임

오프닝 신은 눈 내리는 숲속 풍경을 잡아낸다. 그곳의 고요를 깨뜨리는 움직임은 두 마리의 사슴이 만들어낸다. 수사슴이 천천히 앞서가고 암사슴이 조용히 뒤따라간다. 그러다가 문득 암사슴이 발걸음을 멈추자 수사슴은 왔던 길을 되돌아가 암사슴을 살포시 쓰다듬는다. 그 순간 암사슴이 잠시 주저한다. 이번엔 수사슴이 암사슴의

---

2 Bela Balazs, 이형식(역), 『영화의 이론』, 동문선, 2003, 223쪽.

등에 자기 얼굴을 깊숙이 포갠다. 그러자 이번에는 암사슴이 원래 가려던 방향으로 먼저 발걸음을 옮기고 수사슴이 그 뒤를 밟는다. 프레임 밖으로 그들이 사라지면 스크린 안에는 수직으로 솟은 나무들로 빽빽한 겨울 숲만 남겨진다. 이때 눈으로 덮여가는 적막의 시간이 어떤 언어보다 강렬하게 우리의 감각을 깨운다. 영화를 다 보고 난 상황에서 말하면, 이 신은 영화 전체의 맥락에 대한 요약이다. 엔드레 (수사슴)와 마리어(암사슴) 사이를 흐르는 정동을 수사적 화법으로 풀어내는 이미지인 셈이다.

　그렇다면 수사슴과 암사슴이 하나의 방향을 획득해가는 과정에 필연적으로 요청되는 '최초의 마주침'은 어떻게 오는가. 이를 설명하기 위해 먼저 오프닝 타이틀 이후의 몽타주 신을 주목할 필요가 있다. 연속되는 쇼트는 도축장과 그곳 사람들의 면면을 보여준다. 도축장에 들어선 소가 하늘을 올려다보며 햇볕을 쬐는 쇼트가 지나간 후, 도축장 청소부 할머니는 창문으로 들어오는 빛을 쬔다. 엔드레도 사무실 창문을 열고 낮의 햇살을 받아들인다. 그때 마리어는 쇼윈도에

어른거리는 빛살을 돌아본다. 이 일련의 신 안에는 어떤 징후가 있고, 지향이 있다. 이를테면 그들 장면 안엔 평범한 일상의 어둠을 밀어내는 신비로운 빛이 '무엇'에 대한 흔적으로 존재한다. 그리고 그 곁엔 광원을 향해 자신의 얼굴을 정향한 존재들이 있다. 여기에서 '빛' 이미지를 하나의 상징으로 수용한다면, 의식의 깨임을 지향하는 우리네 삶의 태도를 읽어내는 건 어려운 일이 아니다.

매우 과감하게 빛을 다루는 이 영화에서 어둠은 어떤 권태로운 고독의 상태처럼 대비된다. 이때의 고독은 레비나스의 용어로 음미할 때 더욱 선명해진다. 그에 따르면, 존재에 대한 존재자의 지배가 가능해지려면 먼저 고독이 있어야 한다. 고독은 타자가 없기 때문에 생겨나는 특별한 상태가 아니다. 자기 동일성의 세계 내에 갇혀 지내는 까닭에 존재론적 사건이 부재한 데서 발생하는 평범한 불행이다. 그래서 레비나스는 고독을 "시간의 부재"[3]라고 말한다. 존재자에게 어떤 혁명적 전환이 일어나기 이전의 상태, 의식의 암전과 같은 상태가 바로 고독인 것이다.

그렇다면 <우리는 같은 꿈을 꾼다>는 자기 고독의 무게를 깨치는 데서부터 출발한다고 할 수 있다. '나 없는 내 인생'으로부터 벗어나는 순간이 기입된 영화인 것이다. 그러나 그러한 전환은 극적인 제스처 없이 천천히 다가온다. 실제로 이 영화는 지극히 정적인 영화다. 카메라도 좀처럼 움직이지 않고, 엔드레와 마리어도 도축장의 소처럼 차분한 뉘앙스로 존재한다. 실제로 두 주인공은 얌전한 초식동물

3 Emmanuel Levinas, 앞의 책, 55쪽.

처럼 느리게 움직이거나 정물처럼 가만히 있는 경우가 대부분이다. 그 때문에 인물의 행위나 대사보다도 투명한 창에 어른거리는 빛과 사물의 그림자, 결정적으로는 무표정한 얼굴을 서성이는 빛살들이 이 영화의 미세한 역동성을 만들어내는 것처럼 보인다.

그런 장면들은 엔예디가 스크린 위로 투사될 수 없는 것을 투사하려고 했음을 역설한다. 그것은 바로 두 인물의 관계 사이를 나고 드는 '정동'과 그것의 지향이다. 영화 초반에는 '광원의 밝기-인물의 내적 상태', '광원의 위치-피사체의 움직임' 간의 관계에 모종의 관련성이 있다고 느꼈다. 그러나 그런 논리적 독해는 후반으로 갈수록 무력화되었다. 다만 두 주인공이 혼자만의 공간에서 '눈부신' 밝음과 '침침한' 어둠 사이를 오가는 동안 그들 육체의 물질성과 영혼의 초월성 사이의 관계가 불가해한 질문으로 왔다. '빛살들의 미세한 역동성'이라는 표현은 이 지점에서 더 부연될 필요가 있다. 여러 쇼트에서 두 주인공은 투명한 창문, 냉장고의 투명 문을 사이에 두고 저편에 존재한다. 미묘한 느낌을 지속해서 산란하는 투명한 유리 표면은 외부 세계의 환영이 스멀거리는 곳이다. 그들만의 어둠에 유폐되어 온 두 사람은 그 투명 창 저편에서 그들 자신에게서조차 불투명했던 삶을 우리에게 들킨다. 이런 쇼트들은 영화가 진행될수록 점점 투명한 상태로, 의식 가능한 대상으로 나아가길 원하는 그들의 지향을 환기한다.

레비나스는 고독으로부터의 깨침, 자기 상황에 대한 인식을 '홀로서기'[4]라는 표현으로 묘사한다. 이는 고독의 극복이라기보다는 자

---

4   Emmanuel Levinas, 앞의 책, 36쪽.

기 직시를 통한 고독의 자가 해명, 어쩌면 고독의 완성이다. 엔드레와 마리어는 전혀 다른 삶의 태도로 살아왔지만, 서로의 존재를 확인해가는 과정에서 '홀로서기'의 단계로 나아간다. 그들은 서로를 통과하면서 자신의 현재를 점검할 가능성을 얻는다. 영화 초반부로 돌아가면, 도축장에 신입 품질관리원으로 들어온 마리어의 평범하지 않은 모습이 반복적으로 부각된다. 주변의 직원들은 그녀의 부족한 사회성과 행동 특성을 비웃으며 그녀의 '차이'를 비정상성으로 분류하기 시작한다. 그러나 엔드레는 처음부터 다른 직원들과는 조금 다른 태도로 그녀를 대한다. 그의 그런 태도가 단지 사무적인 동기였는지, 몸에 밴 최소한의 배려였는지 판단하기 어렵다. 중요한 건, 그가 직원 식당에서 혼자 밥을 먹는 그녀에게 먼저 다가갔다는 점이다. 그런데 그가 그녀와 말을 섞은 첫날, 엔드레는 그녀의 무례함을 경험한다. 말을 붙이기 위해 직원 식당 메뉴에 관한 이야기를 편하게 풀어내다가 엔드레는 자신이 죽만 먹는 이유를 추측해보라고 말한다. 그때 마리어는 무표정한 얼굴로 "한쪽 팔이 불구라서 유동식이 먹기 편하겠죠"라고 대답한다. 이 무례함은 사회성의 결여, 곧 자기만의 세계에 유폐된 채 살아온 그녀의 세월을 짐작케 한다.

이후 엔드레는 마리어가 도축장의 소들에 죄다 B등급만 매긴다는 소식을 듣는다. 직장 내에서 그녀의 '비정상성'에 대한 소문은 그런 사실들에 의지해 퍼져간다. 그러나 엔드레는 다시 그녀를 찾아가 대화를 시도한다. 엔드레는 이곳의 소가 꽤 괜찮지 않으냐고 묻는다. 그때 그녀는 소들의 지방이 평균보다 2, 3mm 정도 많다고 지적한다. 자기가 정한 규정에 따르면 그 미세한 차이는 B등급의 이유가 된

다는 말도 덧붙인다. 이 에피소드 역시 평균적인 세계에 대한 인식, 타인과의 공존에 대한 입장, 사회와의 융화를 위한 태도가 소거된 그녀의 상태를 적확하게 증언한다. 엔드레는 지금 확연한 외재성의 표지를 가진 기이한 타자에게 접근하고 있는 셈이다.

그런데 이번에도 엔드레는 다른 직원들처럼 그녀를 비정상적 인물로 주변화하지 않는다. 그는 매번 '이상하다'는 판단이 내려진 그녀를 먼저 찾아간다. 도축장의 모든 소에 B등급만 매기는 마리어의 기이한 '차이'가 확인된 날 밤, 그들이 꾼 꿈도 의미심장하다. 그들은 각각 수사슴, 암사슴이 되어 눈 내리는 숲속에서 조용히 하얀 눈을 맞는다. 그들이 서로를 쳐다보는 것은 아니다. 다만 비슷한 자세로 나란히 앉아 한 방향을 바라본다. 이때 유념해야 할 것은, 사슴이 된 그들의 등 위로 살포시 떨어지는 눈송이의 의미다. 이 촉각적 이미지는 권태로운 고독에 잠겨 살아온 그들의 삶에 작은 깨침의 계기가 생길 수 있으리란 암시가 아닐까.

이 신 이후, 도축장에 입사하기 위해 엔드레 앞에서 면접을 보는 남자가 등장한다. 은근히 자신감을 숨기지 않는 그에게 엔드레가 건넨 말은 조금 이상하다. 여기서 도축하고 가공하는 동물들에게 불쌍한 마음을 가지지 않으면 버티기 힘들 것이란 말이 다소간 의외라고 느껴지지 않는가. 그런 판단을 하게 된 건, 그의 무표정한 얼굴과 그 아래를 지나는 감정 사이의 괴리가 감지되기 때문이다. 그렇다면 죽음이 일상화된 어두컴컴한 공간에서 그가 지향하던 '빛'의 한 속성은 '연민'이 아니었을까. 동일한 방식으로 그는 마리어의 불편한 '차이'를 받아들이지 않았을까. 이렇게 바꿔 물을 수도 있겠다. 그는 그녀에게서 어떤 권태로운 고독 속에 영혼을 방치해 온 자신의 흔적을 읽어내지 않았을까. 그래서 그는 마리어를 신입으로 뽑은 인사 담당자와 통화 도중 "그쪽에서 누굴 보내든 괜찮아요"라고 말한다. 불편한 사람이라는 것과 별개로 그녀를 용인하려는 최소한의 태도가 그 말 속에 있다.

엔드레가 인사담당자와 전화통화를 한 날 밤, 꿈속 사슴들은 시냇물이 흐르는 겨울 숲에서 함께 물을 마시면서 자연스럽게 어울리기 시작한다. 현실적으로는 그들 사이에 의미를 부여할 만한 관계가 형성된 게 아니다. 그런데도 그러한 이미지텔링은 그들의 마주침 안에 어떤 '연결'의 계기가 잠재되기 시작했다는 선언과도 같다. 그들이 서로의 닫힌 세계에 유의미한 사건으로 틈입하기 시작한 것이다. 그런 식으로 그들은 '나 없는 내 인생'을 벗어나 권태로운 고독에 함몰되어 온 자기 생을 직관하기 시작한다.

3. 마주서기, 혹은 바라봄

작은 깨침의 계기가 생긴 후, 그들은 마주 서서 서로를 바라보는 단계로 나아간다. 이 '나아감'을 해명하기 위해 일종의 맥거핀처럼 틈입한 사건의 전후를 살펴야 한다. 영화 초중반, 도축장에서 신중하게 관리되어야 할 교미 가루가 누군가에 의해 빼돌려졌다는 사실이 밝혀진다. 경찰이 도축장 직원들을 전수 조사하기 시작하고 급기야 범인을 잡기 위해 정신과 상담사까지 투입된다. 정신과 상담사는 내담자의 최근 꿈을 분석하는 과정을 통해 이 사태를 해결할 실마리를 찾고자 한다. 도축장의 관리자격인 엔드레도, 신입에 불과한 마리어도 예외 없이 내담자가 된다.

그런데 이 상담 과정에서 엔드레와 마리어는 서로의 시선을 정확히 마주 보게 된다. 그들이 매일 같은 꿈을 꾸고 있으며, 꿈속에서 각각 수사슴, 암사슴이 되어 교유하고 있다는 사실을 확인하게 되기 때문이다. 상담사는 엔드레와 마리어와의 일대일 상담에서 동일한 꿈 이야기를 듣고 두 사람이 자신을 놀리기 위해 상담 내용을 미리 설계했다고 믿는다. 그도 그럴 것이, 꿈을 공유하는 사람들의 존재를 쉽게 받아들이긴 어렵다. 이 지점에서 우린 교미 가루라는 소재, 그리고 그것의 실종이 야기한 소동이 일종의 서사적 트릭에 국한되는 게 아님을 알게 된다.

먼저 교미 가루란 번식을 목적으로 한 육체적 관계를 상상하게 하는 형이하학적 소재다. 우리가 무의식의 심층에서 연결될 수 있다는 신념이나 영혼의 초월적 교류에 대한 믿음과는 거리가 먼 소재다. 그런데 이렇게도 설명할 수 있다. 그것은 가장 신비한 형이상학적 섹스를 향해 나아갈 그들의 행보에 대한 복선이라고.

상담사 앞에 함께 불려간 엔드레와 마리어가 같은 꿈을 공유 중이란 점을 선명하게 확인받은 장면 이후의 신은 좀 더 해명을 필요로 한다. 어둑해지는 시간, 마리어가 기차역 플랫폼에 미동도 하지 않고 서 있다. 이번에도 엔드레가 먼저 다가가 그녀에게 말을 건다. "참 희한한 우연이죠?", "어쨌든 괜히 이런 일로 어색해질 필요 없잖아요. 우린 성인이잖아요?"라며 엔드레가 그들 사이의 어색함을 달랜다. 리버스 앵글 쇼트에서 그녀도 이 상황의 흥미로움에 동의한다. 그때 우리는 마리어가 여자의 몸과 소녀의 자아를 동시에 가진 존재였다는 사실을 다시 떠올리게 되고 엔드레의 '다가옴'에 이제야 마음을 열기 시작했음을 추측할 수 있게 된다. 이 신은 그들의 표정에 같은 성격의 미소가 내비치는 첫 번째 순간이다. 비의적으로 흘러가는 정동이 감정 신호로 잡히는 거의 최초의 장면인 것이다.

다음 쇼트에서 그들은 같은 방향으로 플랫폼에 나란히 선다. 그때 기차가 플랫폼으로 들어온다. 거기서 순간적으로 영상이 커팅 되지만, 이후 그들이 그 기차를 타고 동일한 지점을 향해 나아갈 것을 추측하는 건 어렵지 않다. 이로써 두 사람의 배경에서 신비하게 저물어 가던 하늘, 곧 신비한 코발트블루 빛깔의 하늘은 '우울감'보다도 '희망'의 표시로 윤색된다. 그날 밤 그들이 각자의 집에서 꾼 꿈은 이 순간의 내밀한 재현처럼 느껴진다. 작은 연못을 사이에 두고 서로를 오래 건너다보는 수사슴과 암사슴의 이미지에서 최초의 '마주 서기', 혹은 '바라봄'을 경험한 두 주인공의 현재가 읽히는 것이다.

이후 그들은 지난밤 꿈을 종이에 적어 서로 확인하며 서로의 거리를 좁혀가는 여정에 동승한다. 그렇게 그들이 낮과 밤, 현실과 꿈을 함께 순환하기 시작하자 우리는 그들 내면을 덥히는 정동의 존재와 그것이 서로를 끌어당기는 상황을 만질 수 있게 된다. 이 '끌어당김'을 이해하기 위해 사라 아메드가 쓴 「행복한 대상」의 한 구절을 음미해도 좋을 것이다.

> '좋은 방식으로' 정동 된다는 것은 무언가를 좋은 것으로
> 간주하는 정향(orientation)을 포함한다. 정향들은 대상들
> 의 근접성을 기입할 뿐 아니라, 신체에 근접하는 것을 형태
> 짓는다. 그래서 행복은 현상학적 의미에서 지향적(대상으로
> 향해 있다)일뿐더러, 또한 정동적(대상과 접촉한다)이라고
> 기술할 수 있다. 이런 주장들을 취합하면, 행복은 우리가 접
> 촉하게 되는 대상으로 향하는 정향이라고 말할 수 있다.[5]

인용문대로, 그들은 꿈과 현실에서 만남을 반복하는 중, 서로에게
정향 된다. 이때부터 우리는 그들 사이에 일어나고 있는 화학반응이
특별한 행복으로 귀결될 것이란 기대로 기울게 된다. 대상과의 거리
를 전제한 자아의 방어적 망설임이 접촉을 허용하는 적극적 지향으
로 전환되는 순간이 거기 있기 때문이다.

다시 말하지만, <우리는 같은 꿈을 꾼다>가 탁월한 영화인 까닭
은, 그러한 형이상학적 관계 맺음의 경과를 설명할 때에도 언어를 사
용하지 않는 데 있다. 여기서 이 영화의 클로즈업 쇼트들을 이야기하
고자 한다. '마주 서기'를 전후해서 엔드레와 마리어에게 파생된 무
의식적 정동은 그들 클로즈업 쇼트에서 세밀하게 포착된다. 더 정확
히 말하면, <우리는 같은 꿈을 꾼다>의 클로즈업은 '거기 어떤 감정

---

5 Sara Ahmed, 「행복한 대상」, 최성희 김지영 박혜정 (역), 『정동이론』, 갈무리,
   2016, 61쪽.

이 있음'을 증언하는 시선으로 삽입된다. 예를 들어 엔드레가 B등급만 매기는 마리어를 찾아가 대화를 나눌 때, 그의 정서적 긴장을 표면화하는 건 부자연스럽게 움직이는 그의 손가락이다. 카메라는 어두컴컴한 공간에서 그의 손이 어떤 주저를 드러내는 순간을 당겨 잡는다. 이와 유사한 쇼트들은 매우 많다. 마리어를 앞에 두고 지루함을 느낀 정신 상담사의 내면도 그녀 손가락의 반복적인 움직임으로 감지된다. 캄캄한 밤, 자기만의 공간에 불을 켜고 빨래를 하는 마리어 손의 움직임, 빨래 건조대에 빨래를 넌 후 빨래집게를 가지런히 꽂는 엔드레 손의 움직임 등도 오랜 습관처럼 내려앉은 그들의 외로움과 적막감을 단번에 표출한다.

물론 '마주 서기'의 과정이 순조롭지만은 않았다는 것도 언급해야 한다. 꿈을 공유하다가 상대의 마음을 헤아리기 시작한 어느 날, 마리어는 동료와 점심을 먹고 있는 엔드레에게 다가가 "나는 당신이 아름답다고 생각해요"라고 말한다. 그가 그녀에게 품은 오해를 씻어내려는 의도였지만, 그런 유의 고백을 전하기엔 굉장히 어색한 타이밍이었다. 그래서 그 고백 이후 그와 그녀는 좁히기 벅찬 '차이'를 서로에게서 느낀 것처럼 보인다. 그러니까 사랑을 향해 가는 과정 배면에서 무엇인가 어긋나 왔고, 그 틈새가 생각보다 크다는 것을 직감한 것이다.

그날 밤, 그들은 각자의 집에서 잠들지 못한다. 그때 그들의 내면을 지나치는 정동도 클로즈업으로 포착된다. 부연하면, 세미한 빛이 어른거리는 천정의 전구, 가스 불 위에서 조용히 달궈지는 주전자, 오븐 안에서 일정한 속도로 회전하는 컵이 몽타주 되는 사이사이에,

그 사물들과 은유적 관계라 생각되는 그들의 얼굴이 클로즈업된다. 그런데 이 클로즈업의 최종적인 목적이 그들의 얼굴, 그 자체가 아닐 수 있다는 판단에 힘이 실린다. 완연한 어둠을 묻힌 그들의 얼굴 위로 창틈을 넘어온 빛. 곧 언어화될 수 없는 움직임으로 약동하는 빛이 자기 존재를 웅변하기 때문이다. 아마도 그 이미지야말로 그들 내면을 간섭하고 있는 정동의 시각적 수사일 것이다. 그렇게 보면, 벨라 발라즈의 다음과 같은 통찰은 수정이 불필요하다. "클로즈업은 종종 외양의 표면 밑에서 실제로 진행되는 것에 대한 극적 폭로가 되기도 한다."[6]

'마주 서기', 혹은 '바라봄'의 단계에서 그들은 한동안 더 나아가지 못한다. 둘 중 누군가의 결단이 필요한 그 무렵 엔드레의 집에서 그들이 함께 잠을 자기로 한다. 같은 공간에 나란히 누워 그들이 공유해 온 꿈속으로 함께 진입하려는 요량이었다. 그러나 커튼을 지나 쏟아져 들어오는 심야의 불빛에 그들은 다시 쉽사리 잠들지 못하고 카드놀이를 시작한다. 그녀는 자신을 불편하게 하는 완벽한 기억력을 고백하고 편집증적 강박에 억눌린 생활을 숨기지 않는다. 그때 카메라는 그녀가 조심스럽게, 혹은 부끄럽게 자기 두 손을 비비는 것을 클로즈업한다. 클로즈업이 "제스처의 성질"[7]까지 보여줄 수 있다고 믿었던 벨라 발라즈의 다른 설명도 그 장면에서 긍정된다. 여기서 글의 흐름을 다소 벗어나더라도 엔예디 영화의 형식적 성격을 좀 더 풀어내 보고자 한다.

사실 정동을 담아내는 클로즈업에 관해서는 왕가위의 영화들이, 특히 <화양연화>가 가장 멀리까지 나아갔다고 믿는다. 허공을 떠다니는 긴장까지 태우던 담배 연기, 머뭇거림을 대신하던 커피잔, 무료하게 흘러가는 인생을 감각시키던 벽시계, 당장 내려놓을 수 없는 것의 존재를 귀띔하던 전화 수화기, 택시 뒷좌석에서 더 유의미한 접촉을 기다리던 손목 등 <화양연화>의 어떤 클로즈업 쇼트에선 사물과 신체 일부가 스스로의 감정선을 보여주지 않던가. 그런 쇼트 사이

---

6 Bela Balazs, 앞의 책, 63쪽.

7 위의 책, 62쪽.

로 초 모완(양조위)의 얼굴 옆모습과 수 리첸(장만옥)의 목선이 클로 즈업될 때, 우리는 이 영화의 정동을 기적적으로 대면하게 된다. 그런데 나중에 알게 된 사실 하나. 엔예디가 <우리는 같은 꿈을 꾼다>에 대한 인터뷰를 하던 중 <화양연화> 같은 영화를 만들고 싶었다고 고백했다는 것이다. 그 인터뷰를 접하고서야 빛과 음영을 예민하게 다루며 건조한 피사체에 어떤 감정의 형식을 부여하던 이 영화의 카메라를 이해하게 됐다. 예컨대 침대 아래, 소파 아래에 위치한 카메라가 인물의 발목과 벗겨진 신발을 바라볼 때 고이는 느낌은, 당장은 정적이지만 곧이어 어떤 역동성을 내보인다.

다시 <우리는 같은 꿈을 꾼다>에 대한 애초의 논지로 되돌아가 '마주 서기'와 '바라봄'의 단계에 대한 판단을 요약적으로 마무리하기로 한다. 이 단계에 이르러 영화는 좀 더 언어를 닫고, 그들 내면에 점증하는 정동의 크기와 방향을 확인시킨다. 그러나 그들 관계의 여정은 그다음 단계의 존재를 분명히 암시한다. 이는 잠재태와 현실태 사이에서, 정동과 의식 사이에서 방황하는 두 사람을 더 선명하게 이

어주고 싶은 우리의 열망에 부응한다.

4. 에로스, 혹은 만짐

그들은 서로의 내밀한 영역으로 접근해 들어가는 중에 오해와 이해 사이를 숨 가쁘게 오간다. 이를테면 엔드레는 마리어에 대한 감정이 조금씩 커지던 중 도축장에 새로 입사한 산도르란 젊은 사내를 의식하게 된다. 그때 엔드레는 마리어의 휴대폰 번호를 묻는다. 이 요청 앞에서 마리어는 휴대폰이 없다고 말한다. 엔드레는 곧바로 부담 주려 했던 건 아니었다고 호감을 섞어 건넨 자기 언어를 거둬들인다. "나 그런 사람 아니에요"라고 말하는 그에게서 거절감에서 솟은 상처가 매만져진다. 그런데 그녀는 정말로 휴대폰이 없어 개인 연락처가 없는 사람, 그러니까 세계와의 소통 없이도 그녀 스스로 자족했던 사람이었을 뿐이다. 그다음 꿈속 신은 엔예디가 선보이는 심미적 연출의 한 극점을 확인시킨다. 연못을 들여다보는 암사슴이 있고, 겨울 바람에 쏠리는 연못이 있다. 바람이 일으킨 옅은 파문을 이기지 못하는 연못의 표면에서 암사슴의 얼굴이 아지랑이처럼 흔들리더니 그를 둘러싼 겨울 숲, 곧 그들만의 세계가 흔들리기 시작한다. 그때 암사슴이 고개를 든다. 그런데 연못 저편에서 자신의 시선을 되돌려주던 수사슴은 이제 사라지고 없다.

다행스럽게도 이후 두 사람은 그 사소한 오해를 조용히 극복한다. 그러나 다른 오해가 이해의 자리를 밀어내 버린다. 엔드레의 집에서 함께 잠들고자 했던 그들은 불면의 밤을 맞이하게 된다. 앞에서도 언

급했지만, 카드놀이를 하던 중 마리어는 엔드레에게 자신의 문제적 상태와 그에 대한 속내를 투명하게 보여준다. 엔드레 역시 타인을 향한 감정을 거둬들여 온 지난날을 그녀에게 털어놓는다. 그러다 어떤 순간에 그가 손을 내밀어 그녀의 팔을 잡으려 한다. 그런데 그때 엔드레가 건넨 대사 "당신을 믿어요"가 무색해질 만큼 그녀는 정색하며 그 사소한 스킨십을 강하게 거절한다. 그는 다시 그녀를 오해하기 시작한다. 엔드레는 타인과의 스킨십을 극도로 꺼리는 그녀의 결벽증을, 어떤 깊이를 가진 '차이'를 아직 모르는 상태다.

그때부터 그녀는 오로지 그를 위해 자신의 현격한 '차이'를 소거하기 위한 열정에 투신한다. 감자 오믈렛을 쥐어보는 그녀의 손, 잔디밭에서 포옹과 키스를 나누는 연인을 지켜보는 그녀의 눈, 평소 듣지 않던 음악을 연습하는 그녀의 귀는 마리어의 내면을 옥죄는 날 선 결별의 공포를 짐작게 한다. 마리어의 그 공포는 꿈속에서 겨울 숲을 내달려 달아나는 수사슴의 이미지로 전환되기도 한다. 중요한 건, 그녀가 엔드레에게 안긴 오해의 근원적인 이유를 치열하게 극복하려 한다는 사실이다. 검은 맹수 인형을 침대로 가져와 자기 몸 곳곳을 인형의 앞발로 비벼보기까지 한다. 그러나 엔드레가 없는 자리에서 행해진 마리어의 이러한 노력은 기대했던 결과를 가져오지 못한다. 그는 "좋은 친구"로 남자며, 그녀와의 간격을 넓히려 한다. 그렇게 엔드레는 의미 없이 TV 채널을 돌려보다 잠드는 혼자만의 세계로 되돌아가려 한다.

그러나 엔드레에 의해 자기 세계 바깥으로 처음 나온 그녀는 돌아갈 곳을 찾지 못한다. 어쩌면 그녀의 반복적인 강박 행동은 프로이트가 말한 '포르트-다(fort-da)' 놀이와 같은 성격이었는지도 모른다. 자기가 세운 규칙, 안전하다고 믿는 상상적 세계에서 분리되지 않기 위한 혼자만의 상징화 게임을 해 온 것이다. 더 중요한 사실은, 그녀가 이제 거울 단계를 지났다는 점이고, 욕망하는 주체가 되었다는 사실이다. 이제 그녀에게 남겨진 것은 결핍을 채워줄 것으로 보이는 대상을 향한 직진과 그 대상에게서 벗어나려는 후진, 그리고 양자 사이의 반복뿐이다. 비극적이게도 마리어는 너무 극단적인 후진을 택하고, 그 방식을 자살로 정한다. 그녀가 자기 욕실에서 손목을 그은 후 도착한 이미지는 건조한 시선의 카메라가 스케치하던 도축장 신의 몇몇 장면들을 연상시킨다. 삶에서 죽음으로 건너가기 직전의 그녀 얼굴, 욕실 바닥에 흥건하게 고여 가는 피 등은 그렇게 슬픈 기시감과 함께 온다.

그런데 <우리는 같은 꿈을 꾼다>는 너무 늦지 않은 순간에 틈입한 전화벨 소리를 통해 반전의 계기를 전한다. 그녀를 비정상성으로 치부했던 주변인들로부터 그녀 죽음에 어떤 '등급'이 매겨지기 전,

그녀는 자신을 향한 그의 뜨거운 언어를 전화 수화기 너머로 듣게 된다. 그날 밤 표면적으론 교미라는 말이 연상되는 섹스가 성사된다. 클라이맥스에 등장한 섹스 신이라는 사실이 무색하게 그들의 표정은 무감각하다. 사랑의 밀어도 없고, 쾌락의 제스처도 없으며, 격렬한 움직임도 없다. 그들이 섹스하는 중이라는 사실을 일깨우는 건 평소보다 조금 가빠진 숨소리뿐이다.

그러나 포개어진 그들의 몸 아래로 흐르는 정동에 주목해 본다면, 이 섹스는 교미라는 말의 가장 대척점에 놓인다. 비유적으로 말하건대, 그들이 섭식한 교미 가루가 있다면, 그것은 환대의 윤리일 것이다. 다시 말해, '차이'를 '차이'로 남겨두고서도 포개어질 수 있다는 믿음이 그 신비한 정동의 뿌리가 된다. 이 섹스는 얼어붙은 겨울 숲을 가로지르며 흐르던 뜻밖의 시냇물과 눈 덮인 산 한가운데에 존재하던 얼지 않은 연못처럼 신비하다. 반투명한 커튼을 투과해 들어온 심야의 미세한 빛, 그러니까 영화가 진행되는 중 이들의 영혼을 정향시켰던 그 빛도 그들의 포개어진 몸과 그들의 얼굴을 신비롭게 매만진다. 이때 우리는 엔예디가 이미지로 빚어낸 정동의 현상학, '관계 맺음'의 형이상학이 방점에 다가가는 풍경을 보게 된다.

이 섹스 신의 절경은 섹스가 다 끝난 직후에 온다고 단언할 수 있다. 먼저 우리가 상기해야 할 것은, 이 섹스가 왼쪽 팔을 쓸 수 없는 사람들 간의 소통이라는 점이다. 다시 말해 엔드레의 왼손은 장애를 입어 가늘어졌고, 마리어의 왼손은 자살의 흔적을 안은 채 붕대에 감겨 있다. 그런데 그들이 포개어지자, 엔드레의 불편한 왼손 아래에 마리어의 평범한 오른손이 위치하게 된다. 엔드레의 왼손이 마리어의 오른손을 도울 수 있고 마리어의 왼손이 엔드레의 오른손을 보호할 수 있는 상태가 된 것이다. 섹스가 끝난 후 마리어는 자신의 오른손을 뻗어 침대 밖으로 힘없이 늘어진 엔드레의 왼손을 조용히 끌어올려 준다. 그러니까 마리어는 존재를 들키지 않기 위해 숨길 원했던 타자의 손을 돕는다. 만약 이 야윈 엔드레의 왼손을 권태로운 고독 속에 유폐되어 온 엔드레의 삶 전체에 대한 제유로 본다면, 이 장면은 의미론적 기적의 순간이 된다. 부연하면, 이 '만짐'의 클로즈업 쇼트는 첫 만남에서 무례한 언어로 그에게 상처를 입혔던 기억, 그러고도 엔드레의 마음을 헤아릴 줄 몰랐던 과거에 대한 마리어의 진심 어린 입장이 아닐까.

레비나스는 "사랑이 감동스러운 것은 넘어설 수 없는 이원성이 존재자들 사이에 있기 때문"[8]이라고 말한다. 지금 엔드레와 마리어는 서로를 소유하는 게임을 하는 게 아니다. 두 사람의 섹스엔 '소유'와 '지배', '장악'의 제스처가 없다. "타인의 타자성"[9]과의 신비한 관계 맺음, 혹은 그의 타자성을 있는 그대로 보존하고 받아들이려는 열망과 그 안에 깃든 환대의 윤리만이 있을 뿐이다. 요약하면 그들의 낯선 섹스는, 자살을 위해 손목을 그은 여자와 한쪽 팔을 오래도록 쓸 수 없었던 남자가 언어로 포착할 수 없는 서로의 정동을 섞는 행위로 이해된다. 철학적 의미로 촉각 되는 '만짐'을 통해 서로의 실존을 위무하는 초월적 자기실현의 사건이라 해도 좋겠다. 그래서 레비나스

---

8   Emmanuel Levinas, 앞의 책, 104쪽.

9   위의 책, 107쪽.

의 통찰에 기대어 그들의 섹스를 이해하면, 접촉에서 접촉 이상의 차원으로 넘어가려는 순간을 읽을 수 있을 것이다. 그가 '만짐(애무)'을 "거머쥘 수 없는 것에 대한 새로운 전망을 열어주는"[10] 것이라고 말한 이유도 그 이미지 안에 있다.

5. 행복의 형이상학

알랭 바디우는 욕구 충족으로서 만족을 행복과 구분하여 '유사 행복'이라고 단언한다. 그렇다면 섹스를 통해 언어가 배제된 환대의 경지에 다다른 엔드레와 마리어가 얻은 '그것'은 무엇인가. 욕구의 만족 너머에 있는 거기는 어디인가. 바디우는 "주체가 될 능력이 있다고 밝혀진 한 개별자에게 행복은 주체의 도래"라고 말한다. "행복은 내재적 예외로서 나타나는 주체의 정동"[11]이며 "개별적 욕구와 달리, 어떤 공유된 차원을 이야기할 수 있는 가치"[12]라고도 말한다. 나는 그들이 섹스를 통해 그 순간에 이르렀다고 믿는다. 바디우가 생쥐스트의 식견을 인용하며 상정한 '정동'과 '행복'의 관계도 그 순간에 명료하게 이해된다. 행복이란 변화를 받아들여 지금 우리가 무감각하게 젖어있는 삶의 정향(아마도 '고독'의 상태)과는 다른 삶이 가능함을 확신할 때 마주하게 되는 정동인 것이다. 그리하여 엔드레와 마리어

---

10   Emmanuel Levinas, 앞의 책, 110쪽.

11   Alain Badiou, 박성훈(역), 『행복의 형이상학』, 민음사, 2016, 87~88쪽.

12   위의 책, 182쪽

는 영화의 종결부에 이르러 사슴이면서 인간이고, 빛이면서 어둠이고, 무엇보다 '차이'이면서 '같음'이 된다. 그렇게 그들은 서로의 삶을 환대함으로써 자기 삶을 전유하는 데 성공하고, 꿈의 현실에의 틈입을 허용하며 다른 미래를 지향하는 데 성공한다. 이제 그들은 서로에게, 또 그들 세계에서 유일한 존재가 된다.

그리하여 <우리는 같은 꿈을 꾼다>의 마지막 쇼트는 "완전한 행복은 무한에 대한 유한한 향유"[13]라는 바디우의 선언을 이미지로 완성한다. 바로 그 앞 신에서 그들은 첫 섹스 이후의 아침을 함께 맞는다. 그들은 여느 연인처럼, 혹은 부부처럼 간소하게 차려진 식탁 앞에서 얼굴을 마주한다. 약간의 사족처럼 삽입된 감도 없지 않지만, 이 신은 존재의 명분을 가진다. 주목할 것은, 그녀의 결벽증적 행동이 아직 사라지지 않았고, 그의 조심스러운 행동이 완전히 달라진 건 아니라는 점이다. 그러니까 그 아침은 지극히 현실적인 풍경으로 도

---

13   Alain Badiou, 앞의 책, 104쪽.

착한다. 변화가 느껴지는 게 있다면 그들의 서로를 향한 표정이다. 다른 삶의 가능성 앞에 선 두 사람만의 '행복'이 그들의 표정 위에 기입되어 있다. 그러다가 그들은 지난밤 같은 침대에서 잤음에도 어떤 꿈도 꾸지 않았음을 자각한다.

바로 그때 <우리는 같은 꿈을 꾼다>의 영화적 뉘앙스를 차별화했던 겨울 숲 이미지를 다시 대면하게 된다. 지금 나는 이 영화의 마지막 쇼트, 최종 도착지에 대해 이야기하는 중이다. 흥미로운 건, 그 프레임 안에 사슴들이 없다는 사실이다. 이 '부재'는 그들의 '떠나고 없음'을 시각적으로 증언한다. 그들의 영혼이 지난밤 포개어진 정동이 가리키는 길로, 환대를 통해 정향된 새로운 세계로 나아간 것이다. 서사적 논리를 덧보태면, 이제 꿈속에서 사슴이 되지 않더라도 그들은 서로를 환대함으로써 열린 어떤 세계를 획득한 것이다. 바로 그 순간 화면이 강한 빛에 물들어가며 환해진다. 추위를 수직으로 분할하는 빽빽한 나무들과 눈 덮인 둔덕, 반쯤 얼어붙은 시냇물의 윤곽이 그렇게 지워진다. 불편한 주저와 불완전한 결단, 성급한 오해와 왜곡된 이해 사이를 묘사하던 시각적 수사들, 안정적으로 기의에 닿지 못하고 미끄러지던 초현실적 기표들은 그렇게 불필요해진다. 여기까지 왔다면, 당신도 이데아가 신의 사고이지만, 사랑은 이데아에 선재 한다고 말한 막스 뮐러의 형이상학적 사랑론을 다시 읽고 싶어질지 모르겠다.

<우리는 같은 꿈을 꾼다>는 투자자를 찾지 못해 엔예디가 18년 만에 만든 작품이다. 최근 헝가리 영화를 떠올릴 때, 세계적 거장으로 인정받는 벨라 타르와 그의 조감독 출신인 라즐로 네메스 정도만

을 기억하는 내게 이 정보는 지극한 슬픔이다. 심지어 그녀의 새로운 영화들을 마주할 물리적 시간조차 많지 않아 보인다(그녀는 이미 벨라 타르와 동갑이다). 그 때문에 <우리는 같은 꿈을 꾼다>가 '2017년의 발견' 정도로 언급되며 추억의 자리로 물러가는 게 너무 아쉽다. 이 영화를 당신에게 강요하는 것은 아니지만, 지금 나는 평론가가 지켜야 할 냉정한 입장을 약간 벗어난 게 맞다. 바라건대, 정서(emotion)라는 용어를 초과해 저 너머에 머물고자 하는 나의 이 '정동'이 전해졌길 희망한다.

7장
성스러운 이야기 혹은
이갈리아 예수의 길을 따라서 - <소공녀>

정재형

* 영화 〈소공녀〉 스틸컷 제공: CGV아트하우스

"난 갈 데가 없는 게 아니라

여행 중인거야!"

1. 관계를 찾아서 관계를 정리하다

관계란 둘 이상의 사이에 존재하는 망, 네트워크다. 그 말은 현대 사회의 화두가 되어간 지 오래되었다. 그래서 관계는 중요하다 못해 아주 존재론적인 본질에 속한다. 오래전부터 관계는 철학의 단골 소재였다. 사르트르의 『존재와 무』는 바로 그 주체와 타자의 시선에 관한 오랜 고전이다. 물론 하이데거의 『존재와 시간』의 프랑스판이기

영화 〈소공녀〉 포스터

도 하지만. 하이데거는 '존재와 무'라는 말 대신에 이미 '세계 내 존재'라는 우수한 말을 한 바 있다. 인간은 세계와 관계 맺고 있는 존재라는 뜻인데 공생관계를 상징한다.[1] 물론 서양철학의 창세기로 가서 아리스토텔레스의 인간은 사회적 동물이라는 사회(polis)를 떠올릴 수밖에 없을 것이다. 아테네를 떠나 살 수 없었던 인간은 수 천 년이 흘러도 여전히 어딘가의 도시를 떠날 수 없다. 그 도시란 그 안에 사는 수많은 사람들에 다름 아니다.

하지만 모순되게도 모든 성인은 또한 역설적인 말을 했다. 석가는

---

1 "나는 온갖 초월적인 주관의 직접적인 현전과의 상관관계에 있어서 '나의' 세계 속의 대상들을 향해 나를 이끄는 무한하게 다양한 길에 의해 '위치가 부여되어' 있다. 또, 세계는 그 모든 존재와 함께 단번에 나에게 주어져 있는 것이므로, 그 도구적 복합은 이미 암암리에, 그리고 현실적으로 세계 속에 포함되어 있는 하나의 대상-타자를 세계의 배경 위에 '이것'으로서 나타나게 하는 것을 (나에게) 가능하게 한다."(장 폴 사르트르,『존재와 무』, 정소성 역, 동서문화사, 2016, 473쪽)

태어나자마자 천상천하 유아독존이라 외치며 이 세상에 나 홀로 존재한다 했다. 무소의 뿔처럼 혼자서 가라 했다. 예수 역시 독생자였고 남들이 잘 때 홀로 깨어나, 겟세마네 동산에서 홀로 밤새 기도드리고, 홀로 십자가를 지고, 홀로 그 위에서 숨졌다. 그리고 홀로 부활했다.

관계는 두 가지를 보여준다. 내 의지로 어찌할 수 없는 그야말로 처져 있는 외부의 망으로서의 관계와 내 의지로 그것을 헤쳐 가며 마침내 망을 내 것으로 만들고 동시에 내가 망 그 자체가 되고 마는 내 안의 망이다. 외부와 내부의 두 개의 망이 있고 우리는 내부에서 외부로 나아간다. 여기 그 이야기를 설득력 있게 하는 영화가 한 편 있다. 이름하여 <소공녀>(Microhabitat, 2017)다. 영화는 인간관계, 세계 내 존재로서의 인간과 사회와의 관계, 그리고 내부의 망과 외부의 망의 범아일여적 세계를 보여주는 모든 관계의 영화다.

2. 공생관계를 찾아가는 자주 소녀 소공녀

자주(自主)란 스스로 주인이 된다는 말이다. <소공녀>는 시류에 휩쓸리지 않고 자주의 길을 가는 여성의 삶을 그리고 있다. 여성이 주인공이긴 하지만 반드시 여성 고유의 문제만을 대변한 것은 아니다. 이건 인간 보편의 이야기다.

영화는 주인공 미소가 한국 사회에서 왜 살아가기 힘든가를 설명한다. 그녀는 대학을 중퇴하고 직업전선에 나섰으나 가사도우미로 살아가는 것 외에 별다른 벌이가 없다. 그녀의 안식처는 세 가지다. 남자 애인과 사귀는 것, 담배 피우는 것, 바에서 느긋하게 고급 위스키 한 잔을 즐기는 것. 이 세 가지를 위해 돈을 벌지만, 수입은 항상 부족하여 있던 월세방마저 빼게 된다.

그녀는 대학 때 활동했던 음악 밴드의 멤버들에게 신세 지기 위해 하나씩 그들을 방문한다. 그녀가 그들에게 의존하기로 했던 것은 영원히 신세를 지기로 한 게 아니라 어려울 때 잠시나마 도와줄 의리나 우정이 있을 것이라 예상했기 때문이다. 그걸 미소는 인정이라 믿고 있었다.

하지만 그녀의 기대는 산산이 조각났다. 하나같이 그들은 여유가 없었다. 그들 모두 제 코가 석 자였던 것이다. 신세는커녕 그들의 빠진 코 석 자를 오히려 위로해주는 천사 역할을 할 뿐이었다. 심한 경우 염치없는 것이란 말까지 들어야 했다. 밴드에서 기타를 쳤던 언니의 입에서 나온 말이다. 그녀는 네 명의 친구 중 가장 잘 사는 부잣집 아내였다. 그녀는 완벽한 신분세탁에 성공하여 남편은 그녀가 대학교 때 밴드에서 기타를 치며 열정적인 시간을 보냈다는 것조차 모른다. 요조숙녀로서 신분 위장되어 있었다. 그런 그녀에게 과거를 알게 만드는 미소의 존재는 불편하고 불안한 대상이었다. 미소에게 수표 한 장을 던져 주고 쫓아내면서 염치없는 여자라고 몰아붙인다. 미소는 돈도 뿌리치고 그곳을 떠난다. 염치없다는 이유가 돈도 없는 주제에 담배를 피우고 고급 위스키를 즐기며 남의 집을 뻔뻔하게 전전한다는 것이다.

미소는 술, 담배를 즐기는 기호가 돈하고 직결되는 것을 이해하지 못한다. 남의 집에 얹혀사는 것도 자신을 이해해 줄 수 있는 대상과의 친교 정도라고 생각한다.

3. 코뿔소의 뿔처럼 혼자서 가라는 것[2]

더 이상 자신을 받아줄 사람이 없고 믿었던 애인마저 돈을 벌기 위해 외국으로 떠나자 미소의 마지막 선택은 한강 고수부지에 텐트를 치고 사는 것이다. 홈리스가 된 것이다. 홈리스는 유목민의 후손인 우리가 택할 수 있는 가장 인간다운 삶의 형태일지 모른다. 어딘가에 정착하고 뿌리를 내린다는 것은 분명 안정된 삶의 조건이긴 하지만 '수처작주 입처개진(隨處作主 立處皆眞)'[3]이란 말이 있다. 어디에 가든 그곳의 주인은 바로 나라는 불교의 가르침이다. 미소라는 이름조차 많은 의미를 함축한다. 인생은 살아가는 그 자체가 고통일 것

2　'무소의 뿔처럼 혼자서 가라'고 통용되어 있지만, 원래는 '코뿔소'가 맞음. (빠알리 원전 번역) 숫따니빠따

3　중국 임제(臨濟) 선사 어록.

이지만 미소를 잃지 않는다는 그 낙천성이야말로 현대를 살아가는 한국인이 가장 닮아야 할 덕목이 아닐까 싶다. 이 영화는 한국인이 현재 지향하는 물질적 삶에 대한 천민자본주의를 철저히 비웃고 뭉개는 강한 정신주의 영화로서 높은 도전정신이다. 그동안 한국 영화에 비루한 거지의 삶을 이토록 강렬하게 미화하면서 가치 평가한 영화가 있었던가 싶다. 영화는 특유의 역설과 풍자를 통하여 한강 둔치에 텐트를 치고 홀로 살게 된 한 여인의 삶을 긍정적으로 보여준다. 그 거지의 삶을 살면서도 여전히 담배와 고급 위스키를 마실 주인공을 생각하면 절로 미소가 번져 나올 지경이다. 하지만 그 완강한 정신의 힘을 누가 이길 수 있겠는가. 그건 정서불안 주인공의 지독한 엄마 사랑을 보여준 자비에 돌란의 <마미>(Mommy, 2014)에 필적한다. 누구도 말릴 수 없는 정서장애인 아들의 살인적인 엄마 사랑은 삭막한 인간 불모지대에 피어오른 열정의 꽃이 아니고 무엇인가. 미소의 모습은 자코메티 조각의 인간이다. 쇠꼬챙이처럼 강인하고 질기게 서 있는 고통스러우면서도 자존심 강한 인간의 원초적 모습이며 최후의 모습이다. 낙원을 잃고 살아가는 인간의 옹골차고 짠한 모습이다. 하지만 그 가슴 안에는 훈훈한 열기가 피어오른다. 그것은 얼음으로 뒤덮인 차가운 심장을 녹여내는 구세주의 보온 통이다.

원작 『소공녀』와는 아무 관련 없지만, 고생 끝에 낙이 오는 소공녀의 이야기는 이 영화에서 고생만 하다 끝나는 '거지녀'의 처참한 이야기로 변형되어 있다. 집도 없이 가난한 그녀의 모습에 관객들은 불행한 결말이라고 볼 수도 있다. 하지만 현실과 타협하지 않고 꿋꿋이 살아가는 미소의 인생을 불행하다고만 할 수 있을까? 감독은 자주적인 인간이 하루를 살아도 행복한 것이며, 노예처럼 비굴하고 굴종의 삶을 사는 사람은 고대광실에서 산다 해도 절대 행복하지 않다는 관점을 제공한다. 백 년을 물질의 노예로 사느니 하루를 살더라도 맑은 정신의 자유로 위스키와 담배를 피우겠다. 이게 미소의 투명한 생각이다. 그녀가 유람했던 친구들은 집도 있고 가정도 있지만 하나같이 불행하기 때문이다. 한국인은 끝없이 물질의 욕망 속에서 무엇을 추구하는지도 모른 채 살아간다. 한국인이 잃어버린 것은 물질이 아니었다. 팔천 년 역사 속의 높은 자부심과 남을 도와주며 살아왔던 착한 유전자를 잃어버린 것이다. 가난해도 적은 돈으로나마 원하는 삶의 여유를 찾는 지조 있는 여성의 모습을 통해 현대 한국인이 어떤 가치를 추구하며 살아야 할지 진지하게 질문하고 있다. 삶의 여유란 혼자 고고해지는 길이 아니라 서로의 가슴을 어루만지듯 위로하며 살자는 뜻이 담겨 있다. 하지만 이 영화가 단지 그 정도이기만 할까가 또한 의문이었다. 그래서 낸 결론은 또한 새로운 여성-남성의 관계를 정립하고자 하는 영화이기도 하다는 것이었다.

4. 여성의 눈으로 세상을 보다

가사도우미라는 일. 그저 몸으로 하는 일이다. 인간이 원초적으로 어떻게 먹고살아야 하는가를 암시한다. 더 중요한 의미는 노동하는 의미와 더불어 인간은 자기 짐을 누구에게 전가하지 않고 스스로 지고 살아야 한다는 것을 의미한다. 또한 여성의 향기가 느껴지는 영화다. 여성의 시각에서 남성은 자신을 속박하는 짐승이다. 남성은 폭

력적이고, 일방적이고, 권력적이고, 주도적이다. 한솔(안재홍)은 미소(이솜)가 힘든 것이 자신 때문이라고 항상 자책한다. "내가 거지니까 너도 거지인 거야." 이 대사는 여자가 남자의 부속물일 때만 비로소 성립된다. 여자와 남자가 동등하다면 성립할 수 없는 말이다. 그와 같은 말을 남자들은 수시로 한다. 남자들은 여자와 상의하지 않고 항상 자기 주도적으로 여자를 배려해주고 싶어 한다. 때로 그것이 지나치면 폭력적으로 표현되기도 한다. 남자들은 그 폭력도 다 사랑하기 때문이라고 합리화한다. 남성이 여성을 대하는 생각은 한 마디로 소유다. 반면에 여성을 대변하는 미소의 생각은 공유이다. 그녀는 여자든 남자든 공유하는 데는 구별이 없다고 본다. 남자 후배 한대용의 집에 있다가 온 것을 아무렇지도 않게 얘기했던 미소와 달리 질투심에 불탄 한솔의 반응은 극명하게 대립된다. 이 영화는 여자와 남자가 어떻게 다른지를 보여주며 이 사회가 여성 주체를 이해하거나 인정하지 않는 불편함을 이야기하고 있다. 영화는 여성 시각의 세계관을 잘 표출해 낸다.

미소는 한솔과 헤어지면서 흐느낀다. 그 이전에는 한 번도 눈물을 보인 적이 없었다. 오히려 남의 눈물을 닦아주었다. 이 장면은 슬프면서도 아름다운 이 영화의 가장 뭉클한 장면 중 하나다. 강인한 그녀에게도 체온이 필요했다. 처음 장면부터 그녀는 이 점을 분명히 한다. 따뜻한 봄까지 섹스를 미루자는 그 말은 코믹하지만 뼈가 있는 말이다. 그녀는 돈도 명예도 그 어떤 것도 필요치 않는다. 그녀의 생존력은 강하다. 그녀에게 필요한 것은 삶을 따뜻하게 해줄 체온이었다. 그 체온이 있어야 섹스든 뭐든 할 수 있고, 고독하지 않게 살아갈 힘을 얻는다. 한솔을 배신자라 말한 이유도 그것 때문이다. 동반자란 누가 누구를 위해 희생하는 게 아니라 같이 걸어가는 사람이란 뜻이다. 한솔은 남녀가 같이 있는 것만이 능사가 아니라고 주장하며 돈 벌러 떠나는 것을 합리화시키기 위해 "옆에 있다구 (좋을 게 뭐야)"라고 말하고 있지만, 화면은 그다음 대사를 들려주거나 보여주지 않는다. 그건 남자의 위선이고 힘든 여자를 더 힘들게 만드는 거란 걸 감독은 강조하고 싶었다. 그런 점에서 내일을 기약하며 한솔이 길을 떠나는 걸 미소는 이해하지 못한다. 가난해도 같이 있어 주는 것이 돈보다도 더 큰 힘이 되어준다는 걸 또한 남자들은 이해하지 못한다. 물질의 노예보다 하루의 위안이 더 낫다. 그래서 그녀는 서민들의 스트레스를 가장 값싼 가격에 풀어버리는 담배와 그 값으로 최고의 부르주아적인 정신적 여유를 즐기는 고급 위스키를 선택했을지도 모른다. 아무도 그 속을 알 수는 없다. 하지만 미소가 제안하는 것은 지금까지 한국의 그 어떤 지식인도 제시하지 않았음직한 신선하고도 주체적인 명제임이 분명하다. 더구나 여성의 시각에서 발칙하며 향기

롭다. 그 명제가 한국 사회가 그간 근대 백 년 간 정신없이 질주하며 물질의 바닷속에 빠뜨려버린 진주 같은 인간의 가치임을 <소공녀>는 애써 역설한다.

5. 우리는 어디로 가고 있는가

이 영화에 의하면 우리 사회는 두 가지 이분법으로 구조화되어 있고, 그건 사회적 통념이 인물에 의해 형상화된 알레고리 구조라 볼 수 있다. 각박/인정, 물질/정신, 관습/일탈, 정착/유목, 획일/개성, 노예/주인, 세상/나, 변함/불변, 과거/현재, 현실/꿈, 남성/여성, 가정/독신, 속박/자유. 이 왼쪽 항에 여섯 명의 인물이 포진하고 있고, 반대 항에 미소의 가치가 위치한다. 그녀의 독특한 매력인 담배와 비싼 위스키는 바로 이 이분법의 자유롭고 개성적이며 탈 관습적이고 주체적이고 자주적인 정신에 해당할 것이다. 또한 여섯 명의 인물은 우리 사회가 사람을 가두고 옥죄고 고통스럽게 하는 삶의 조건들에 각각 동일시될 것이다.

최문영, 베이스. 쉬는 시간에 영양제를 맞는다. 그만큼 악랄하게 성공을 향해 뛰고 있다. 같이 잠을 못 잔다는 핑계로 미소를 거절한다. 그녀는 회사에서 성공하려는 생각에 미소를 지울 수밖에 없었다. 미소가 보고 싶었다고 하자 문영은 "여전하네"라고 답한다. 그녀의 간단한 말속에는 성공을 위해 그녀가 구겨버린 그들의 복잡한 과거가 숨겨져 있다.

정현정, 키보드. 가난한 집으로 시집갔고 능력 없는 남편 밑에서 주부의 일에 찌들어 산다. 여성을 인정해 주지 않는 전형적인 가부장제 가정. 자신을 도와주지 않는 남편으로 인해 가사에만 치어서 아예 꿈을 꿀 시간조차 없이 사는 주부.

한 대용, 드럼. 물질을 결혼과 행복의 조건으로 알고 있다가 스스로 묶여버린 존재. 190만 원을 월급으로 받지만 100만 원씩 20년을 집 대출금으로 갚아야 한다. 스스로 선택한 물질의 굴레 속에 갇혀 있는 슬픈 청춘.

김록이, 보컬. 그는 미소를 여자가 아닌 집안의 구성물로, 부모를 위한 효도상품쯤으로 생각하는 마초의 전형. 역시 자신만의 생각이고 여자를 그 생각에 맞추는 식이다. 여성을 주체적으로 인정하지 않는다. 한국 사회에 존재하는 가장 오래된 전통과 관습의 벽이다. 세상이 아무리 변해도 이 벽을 허물기란 정말 힘들다. 여성을 도구나 소모품으로 생각하는 (남성 중심, 권위 중심의) '행복한 우리 집'에 미소는 편입되길 거부한다. 우리 사회가 이런 방향으로 나아간다면 여성이 사회에서 아무리 성공한다 해도 여성에게 불리한 게 사실이다. 미소는 일방적으로 말하는 선배에게 말한다. "집이 없어도 내게 생각과 취향이 있다는 걸 알아 달라."

최정미, 기타. 가난한 가족을 먹여 살리기 위해 희생하고 부잣집으로 시집간 케이스. 사랑이라곤 없다. 부를 대물림하기 위해 자식 부양을 최고의 가치로 생각하는 재벌가에 숨죽여 지낼 뿐이다. 부를 놓칠 수 없어 노예처럼 사는 여자. 정미는 가난을 극복하는 것은 부자가 되는 것이라고 복수하듯 살아가며, 미소를 자신의 인생관에 견주어 염치없는 인간이라고 나무란다.

민지. 자신의 불행이 자신의 탓이라고 믿는 여자. 자신이 헤프고 원하지 않는 임신을 하고, 그렇게 벌을 받는 것으로 생각한다. 미소는 헤픈 것이 무슨 문제인가라며 그녀를 위로해준다. 민지는 죄의식에 사로잡혀 있다. 그건 자신이 돈을 버는 수단이 부끄럽고 최하의 조건이라고 생각하기 때문이다. 그녀도 대학을 나왔고 몸 파는 일이 정당하다고 생각하지 않는다. 미소는 청소하다가 파묻혀 있던 민지의 대학 졸업 사진을 우연히 발견하곤 먼지를 털어 세워놓는다. 이 장면은 이미지로만 전개되는 영화적 서사의 전형이다. 대학 졸업장이 이 땅의 여자로서 불리한 삶의 조건을 변화시켜주는 요소로 작용하는 않는다는 절망의 언어로 전달된다. 여자로서 그 이상의 다른 수단과 방법도 없는 입장에서 생존을 위해 취할 수 있는 행동을 미소는 긍정한다. 누구나 그런 상황에선 그렇게 죄를 지을 수밖에 없다고 생각한다. 특별히 민지만이 죄의식을 가질 필요는 없단 뜻이다. 그건 예수가 간음한 여인을 용서해 준 논리와 같다. 이 영화는 전체적인 구조에서 예수의 행적을 모방한다.

자신의 소신과 생각을 말하면서 미소는 어느덧 예수의 말과 행동처럼 변해 간다. 미소는 민지의 헐벗은 다리에 자신의 옷을 벗어 따뜻하게 덮어준다. 밥을 먹었느냐는 미소의 말에 민지는 감동의 울음을 터트린다. '가라. 가서 다시는 죄를 짓지 마라'는 예수의 말 한마디에 감동한 창녀[4]의 느낌과 하나도 다르지 않다. 이러한 설정이 감독의 의식

영화 〈소공녀〉 포스터

이든 아니든 상관없다. 이 부분은 그렇게 읽히고 그래서 감동적이다. 서울의 한복판 현재 시점에도 예수가 살아 걸어 다닌다는 것을 영화 속에서 만난다. 분명 놀라운 메시지다. 예수는 이 세상에 하늘의 메시지를 가져왔고, 감독은 오늘 다시 다른 방식으로 전달한다. 그건 산상수훈의 메시지다. '심령이 가난한 자는 복이 있나니 하늘나라가 저의 것임이요.'[5] 예수는 길만 돌다가 죽었다. 미소도 길을 전전하다 혼자 남겨진다. 그 둘은 다 집이 없다. 집, 그게 문제다, 보통의 인간들에겐. 버지니아 울프는 방만 있어도 된다고 했는데[6] 사람들은 분에 넘치게도 집만을 원한다. 그런 점에서 이 영화는 자기만의 방을 스스로 만들어나간 한 여자의 이야기다.

4　요한복음, 7:53 8:11

5　마태복음, 3-5

6　버지니아 울프, 『자기 만의 방』. 여성 해방을 자기만의 방으로 비유했다.

6. 집, 최소의 조건

<소공녀>의 영문 제목 'microhabitat' 는 '미소(微少) 서식지(棲息地)'를 말한다. 최소한으로 살아간다는 뜻이다. 미소는 그 렇게 살아간다. 그녀 이름 미소는 그래서 'smile'도 되지만 'micro'도 된다. 미소, 미 세, 최소 다 된다. 오히려 '적정'이 맞을 것이 다. 법정 스님이 말한 무소유. 소유하지 않 는 게 아니라 적게 소유하는 것. 최소한만

소설 〈월든〉

소유하는 것. 인간은 집에다 뭔가를 많이 갖다 놓거나 장식하지 말아 야 한다고 했다. 그 물건들로 인해 정이 들고, 그 정으로 인해 번뇌가 발생한다는 것이다. 헨리 데이비드 소로의 얘기를 불교적으로 풀어 서 나름대로 이해하고 정리한 말이다. 적게 먹고 남기지 말고 재물을 쌓아두지 말라고 했다. 그게 무소유 정신이다. 무소유 정신을 실천한 다면 이 세상의 부정부패가 없어질 것이다. 정치가가 이런 무소유 덕 목으로 정치를 한다면 세상은 밝아지고 빈부와 불평등도 없어질 것 이다. 데이비드 소로가 월든 호숫가에 통나무집 짓고 자경 자급하면 서 살던 관념. 자급 경제다. 그가 한 말 중에 집과 관련하여 기억나는 구절이 있다. 집은 인간의 편안함을 위해 처음엔 존재하지만, 나중엔 인간이 그 집에 구속되어 불편함을 느끼게 된다는 취지의 말이다.[7]

---

7   헨리 데이빗 소로우, 『월든』

그런 이들에게 맞는 미래는 공유 경제일 것이다.

그래서 미소는 친한 사람들, 과거 낙원에서 같이 살던 사람들을 찾아 공유의 손을 내밀었던 거다. 미소는 그들이 하나같이 타락해서 더 이상 낙원 생활 같은 것은 그리워하지 않는다는 걸 알게 됐고, 불행해진 그들을 구원해줄 메시지를 하나씩 남기고 세상을 떠나 홀로 살게 된다. 그들의 과거 밴드는 이상향이다. <골든 슬럼버>(Golden Slumber, 한국 2017, 일본 2010)에서도 밴드가 등장한다. 그건 잃어버린 이상향이다. 미소가 주장하는 바는 꿈을 잃어버린 인간은 살 의미가 없다는 것과 같다. 그들이 모이는 곳이 장례식장인 것은 그런 점에서 의미 있다. 그들은 현재 꿈을 잃어버렸으므로 죽어 있다. 그 죽음의 장소인 장례식장은 그런 점에서 감독의 시선으로 슬기롭다. 의도 했음직도 아니었을 수도 있을 이 장면은 어쨌든 꿈을 잃어버린 젊은 열정이 식어버린 잿더미를 연상시킨다. 그들은 푸석푸석한 검은 재들이다. 그 장소에 유일하게 없는 멤버 한 명인 미소는 어딘가에 존재하나 이미 다른 차원의 세계를 사는 존재다. 이제 영화는 본격적으로 예수의 서사를 닮아 가는데 미소는 이미 그들을 구원하기 위해 이 세상에 왔었고, 그들과 멀리 떨어져 있으나 항상 그들의 마음속에 살아남아 있다. 이 흥미로운 예수 이야기는 남성 예수로서가 아닌 여성 예수다. 이갈리아판 예수의 구원 서사다.

7. 이갈리아판 예수의 구원 서사

그녀는 옛날이 그리워 집에서 나온 이후 친구들의 집을 전전한

다. 집에 얹혀 지내는 것을 유람이라고 표현한다. 한국 고전 영화에 비슷한 서사구조가 있었다. 대표적으로 <와룡선생 상경기>(김용덕, 1962)다. 시골에 사는 초등학교 은사 와룡선생이 서울에서 출세해 사는 제자들을 방문한다. 하지만 결말은 못난 제자들의 비뚤어진 모습을 보면서 다시 시골로 내려간다는 얘기다. 그것은 오즈 야스지로의 <동경이야기>(東京物語, 1953)에서 연유한다. 시골에 있는 부모가 동경에 사는 자식 집에 와 있지만 불편해하는 자식들 때문에 다시 시골로 내려간다는 씁쓸한 이야기다. 오즈는 이미 <외아들>(一人息子, 1936)이라는 초기작에서부터 서울로 와서 살기 어려운 상황에 관심을 표명한 바 있다. 하지만 단지 서사가 아니라 주제의 측면에서는 파졸리니의 <테오레마>(Theorem, 1968)나 그것을 모방한 하길종의 <화분>(1972), 모리타 요시미츠의 <가족게임>(家族ゲ-ム, 1983) 등이 유사하게 느껴진다. 그들의 공통분모는 메시아주의며 구원의식이다. 가정교사가 가정에 들어와서 그 가정의 물질적 삶을 정신적인 가치관으로 변화시키고 떠나간다. 남의 집이란 이 세상이고 가정교사는 물질 자본주의 세상에 들어온 예수를 은유한다. 이 영화들은 예수의 구원 모티프를 근거로 하고 있다. 인류는 타락했고 예수는 인간을 구원하기 위해 지상에 왔고 박해를 받다 죽고 부활한다는 서사이다. 예수는 죽음으로써 인간의 죄를 대신 속죄하는 행위를 하였으며 자신을 통해 사람들을 하느님의 세계로 인도하는 역할을 했다.

미소는 처음부터 인류를 위해 희생을 계획했던 예수가 아니다. 하지만 미소는 자신의 착한 심성과 세상의 몰이해로 말미암아 예수 서사의 주인공과 결과적으로 일치하게 된다. 그녀는 본의 아니게 예수의 길을 걷게 된다. 그녀는 타락한 세상에 물든 동료들의 고통을 보면서 하나하나 그들을 위로하고 결국 자신도 냉혹한 자본주의 사회를 힘들게 살아가는 처지에 놓이게 된다. 친구에게 받아온 쌀이 들고 오면서 봉투에 난 구멍으로 다 땅에 떨어진다. 비둘기들이 주워 먹는다. 그건 마치 같이 먹고살자는 의미처럼 들린다. 자신도 모르게 쌀이 빠져나가 비둘기를 먹여 살리는 일이 미소의 운명인 것처럼 보인다. 그래서인지 미소는 남을 먼저 걱정해 준다. 아침에 일찍 일어나 주부인 현정을 위해 반찬을 만들어 주고 떠난다. 그녀는 어느 곳에도 갈 곳이 없지만, 항상 갈 곳이 많다고 상대를 안심시킨다. 그녀가 마지막에 도달한 곳은 자기만의 공간이다. 그곳은 죽은 예수가 부활하여 도달한 하느님의 공간이고, 그녀 자신이 곧 하느님이었다. 동학(東學)의 인내천(人乃天), 즉 하늘이 사람이라는 이치를 깨닫게 된다.

그녀의 삶은 행복하지만, 물질적으로는 희생적인 삶을 살게 된 것이다. 그녀는 몸 파는 여성 민지를 보면서 이렇게 말한다. "자신이 좋아하는 일을 하면서 사는 사람을 보면 저는 기뻐요." 미소는 남의 행복을 기꺼이 즐거워해주는 사람이다. 그녀의 삶의 방식은 좋아하는 일을 추구하면서 동시에 남을 위해 자신을 내던지는 삶이다.

그녀가 집을 순례하면서 사 들고 가는 계란의 상징성은 무엇일까? 계란은 마치 그녀의 복음처럼 느껴진다. 메시지다. 그녀는 천국의 메시지를 갖고 지상에 내려온 것이다. 각 집안마다 메시지를 전달한다. 그들은 계란을 먹으며 자신들을 위로해주고 떠난 예수, 미소를 떠올린다. 민지는 계란과 같은 의미의 닭백숙을 먹으며 미소가 만든 최후의 만찬을 즐긴다. 한솔과 헤어질 때도 스케치북을 선물한다. 그건 한솔의 잃어버린 꿈이다. 미소는 누구에게든 희망을 선사하며 그걸 포기하지 말라고 말한다.

　미소는 일곱 명의 사람들과 만난다. 그건 성경의 창세기에 나오는 일주일과 같은 구조다. 월요일에서 토요일까지 일하고 일요일 하루를 쉰다. 마지막 안식일처럼 안배되는 것이 애인 한솔이다. 민지는 그 직전에 그녀의 일자리가 끊어지는 최후의 만찬에 동참하고, 마지막 만나는 한솔마저 2년이라는 긴 세월을 남기며 떠남으로써 그녀는 자신의 모든 여정을 '완성한다.' 그녀는 혼자만의 고독 속에 남겨진다. 상징적 죽음인 것이다. 십자가에 못 박힌 예수가 고개를 숙이며 '다 이루었다'고 한 대목이 그곳일 것이다. 미소는 그것을 운명으로 받아들인다. 홀로 카페에서 눈을 맞이한다. 눈은 하늘이 그녀에게 내리는 황홀한 보답이다. 그녀의 흰머리는 하늘에서 내리는 눈의 흰색과 일치한다. 그녀의 영광스러운 죽음이다. 하늘에서 예수에게 보낸 하느님의 음성. "너는 내가 사랑하고 기뻐하는 나의 아들이다."[8] 영화에서 남성적 성경 서사 전통은 여성 서사로 바뀌어 이갈리아판[9]이 된다. 어머니 하느님이 말한다. '너는 내가 사랑하고 기뻐하는 나의 딸이다.'

소설 〈이갈리아의 딸들〉

8　누가복음, 3:22

9　소설 『이갈리아의 딸들』. 남성의 지배 권력은 여성 중심으로 거꾸로 서술되어 있다.

그녀는 그 순간에도 자신을 박대하고 슬프게 했던 사랑하는 형제들을 생각한다. 그리고 영화의 마지막에 그녀는 도시의 유혹적인 불빛을 뒤로 한 채 한 개의 불빛으로 타오르는 고독하면서도 옹골찬 모습으로 '부활한다.' 어느 시점에서부터인지 감독은 미소의 존재를 보여주지 않는다. 장례식에 모인 다섯 명의 제자들(?). 장례식(생명의 소멸)에서 청첩장(생명의 잉태)이 오가고, 죽음과 부활의 이치는 인간의 도심 숲속을 배회한다. 미소가 항상 계란을 사갔던 의미는 어쩌면 생명과 그 부활을 믿게 하려는 신비한 섭리였는지도 모른다. 모든 것은 알에서 시작하니까. 그들은 오지 않고 보이지 않는 미소라는 스승(?)에 관해 이야기하며 참회하고 반성한다. 그들은 자신들 스스로 각자가 그들의 스승을 버렸다는 사실을 잘 알고 있고 통절히 반성하는 중이다. 미소는 그들에게 더 이상 임재하지 않는다. 그녀는 그들에게 참되게 살아갈 희망을 안겨주고 영원히 사라졌다. 마치 이천 년 전의 예수처럼. 그녀는 실체 없는 담론과 유령 같은 존재로, 부활하여 도시 속을 떠돌아다닌다. 그녀는 백발이 되었고 얼굴은 보이지 않은 채 위스키 한 잔 값이 1200원에서 4000원으로 오를 때까지의 긴 시간을 살아 있다. 그녀의 모습은 황량한 사막 같은 아파트 단지 한쪽 한강 둔치에 타오르는 빛으로 존재한다. 우리들 마음속 한 점 성령의 빛처럼. 언젠가 바닥에 떨어진 쌀을 주워 먹던 비둘기의 존재들처럼. 미소가 떨어트린 쌀들을 주워 먹던. 그렇게 공생의 이치를 깨닫게 하며. 공생의 신비한 관계를.

제3부

관계와 환경

8장
관계의 본질, 개인의 욕망과 정치적인 것의 사이 공간을 떠돌다 — <더 랍스터>론

남유랑

* 영화 〈더 랍스터〉 스틸컷 제공: 콘텐츠게이트

관습화의 굴레에서 놓여 영화의 추체험이 공급해주는

생생한 감각적 인식에 가닿게 될 때,

비로소 더 나은 삶으로의 걸음을 한 발이나마 떼놓을 수 있게 된다.

1. "시론: 사귐의 정치성에 대하여"

영화 〈더 랍스터〉 포스터

여기 케케묵은 믿음이 하나 있다. 어느 한 존재와 다른 존재 사이의 관계 맺음에 관해 오래도록 유지돼온 이 확신은, 사실 어느덧 그 위로 켜켜이 쌓여버린 두꺼운 먼지 탓에, 이제는 그게 정말로 진실한지 그렇지 않은 것인지를 따지려는 시도조차도 전혀 무익한 일이 되어버린 다분히 불투명한 성격의 믿음이다. 어쩌면 좀 더 구체적인 해설이 필요할는지도 모르겠다. 가령 그 믿음이란 이런 것이다. 이를테면 어느 두 사람이 '설피게 마주 잡은 저들의 양손을 울타리로 삼고서 그 경계 이편의 사적 공간과 저편의 외부 세계를 아무럼 불가침의 가름막이라도 세운 양 확실하게 구획하는 일이 가능하리라고 판단했다는 사실' 정도랄까? 하지만 만일 이 아름답기만 해 보이는 낭만적 공상이 결과적으로 존재자들을 저 스스로가 찢기고 뭉그러뜨려지는 '수동적' 방향을 향하도록 내어 몰뿐이라면, 다시 말해 인간으로서 마땅히 가질 본질적 역량이나 존재론적 함량을 저하시키는 방향으로 그들을 이끌어갈 따름이라면, 더 나아가서는 정녕히 맹신이나 광신이라는 이름으로밖에는 달리 호명될 수 없을법한 성질의 것이라면, 결코 문제는 가볍지 않다고 할 테다.[1] 그렇다면 즈음해서 한 번 진지하게

---

1 본문에서 사용된 수동적이라는 말은 단순히 '행위를 당함'이라는 뜻을 갖기보다는, 존재의 본질적인 속성과 그 고유한 역량이 약화되는 국면으로 접어들게 된다는 이른바 스피노자 사유에서의 수동성의 의미를 반영한 표현이다. 더 상세한 내용에 대해서는 그의 저서 『에티카』, 특히 제3부를 참조할 수 있다.

질문을 던져보는 편이 좋을 성싶다. 과연 사귐 내지는 관계라는 게 순전히 '개별적이며 사적인 영역'에 속하는 것이라고 말할 수 있을까?

많은 이들이 긍정적으로 대답할 테다. 크고 작게 주억거리는 고갯짓에 담긴 의미는 저마다 조금씩은 다를지라도 말이다. 개중에서도 혹자들은 사귐의 직접적인 주체들 그리고 그들이 만들어가는 완전한 접속과 연합의 순간에만 오롯이 시선을 드리울 것이다. 마치 세상에 다른 이들이라곤 존재하지 않는 양, 어쩌면 자신들이 진공상태의 우주 내지는 기하학적인 순수세계 속에 외따로 구별된 독립적인 존재들이라도 되는 듯 말이다. 또, 어떤 사람들은 조금은 더 입체적인 사고를 보여주기도 할 터인데, 이들의 인식판단 근저에는 기본적으로 낱낱의 개별자들이 다분히 고유하고 이질적인 존재감을 머금고 있으리라는 통찰이 전제돼있는 듯하다. 말하자면 서로 다른 두 개별자들이 공명과 불화 사이를 오가며 격렬하게 부대끼는 동안 그들 각각의 존재영역들이 어느 정도씩 이지러지고 파열되는 것은 당연하며, 바로 이 뭉개진 공백의 자리를 비로소 곁에 선 타자가 들어올 장소로 삼게 된다는 뜻일 것이다. 좀 달리 번역하자면 공동의 영역을 서로에게 비집어 틈입시키는 일이야말로 관계 맺음의 본질임을 주장하는 것이다. 확실히 전자에 비한다면야 상대적으로 확장된 인식임은 분명하지만, 그럼에도 역시 두 사람만의 사적 영역의 차원 그 바깥으로 한 걸음 더 나아가진 못한다는 점이 다소 아쉽다. 오로지 관계 맺음의 직접적인 주체들만으로 구성된 모종의 배타 공간을 상정하는 믿음에 여전히 머무른단 뜻이다.

하지만 앞서 언급한 소박한 바람들과는 달리 만일 어떤 두 사람이 만들어내는 공동공간의 틈새에 전혀 예상하지 못했던 요소들이 이미 바깥으로부터 침습하여 잠복하고 있다면 어떨까? 게다가 그 이물질의 은밀한 암약이란 게 결코 가볍게 치부해버릴 수 없을 만한 수준의 것이라면 말이다. 실제로 두 존재의 사이 공간에서 스멀스멀 흘러나오는 불쾌의 감각은 경우에 따라선 사귐의 성격 그 자체를 완전히 다르게 채색해버릴 만큼 강렬한 호소력과 장악력을 갖는다. 이는 전혀 어려운 이야기가 아닌데, 때때로 사귐의 주체들마저 전혀 의식적인 통제가 불가능한 방향으로 그들의 관계가 움직이기도 한다는 점은 이 '숨은 신'의 존재를 확인하는 한 가지 반증이 되어주기도 할 테다.[2]

　물론 성급한 단순화는 피해야만 하겠다. 낱낱의 관계 맺음을 규정하는 일차적 근거가 되는 건 확실히 그 사귐에 참여하는 개별자들의 '욕망의 교향곡'임에 틀림없다. 욕망이 욕망을 부른다. 개개의 욕망이 저마다의 필요를 요청하면서 하나의 위상공간 속에서 아울러 엮어질 때, 비로소 관계가 정립된단 명제는 분명 타당하다. 한층 더 상세한 주를 달아볼 수도 있겠다. 상호 간에 적극적으로 부합하는, 혹은 점근선을 향하여 내달리는 쌍곡선들처럼 최소한 어느 정도 이해할만한 수준의 타협 여지를 가진 두 욕망의 덩어리가 만나 이마를 맞대는 바로 그 자리에, 비로소 관계라는 언어가 피어올라 제 형상을

2　본문에서 사용된 숨은 신이라는 표현은 본디 발생론적 구조주의로 유명한 루시앙 골드만의 개념이자, 주저의 제목(원제: Le dieu cach)이기도 하다. 이는 본디 현출되어야 할 것으로서의 세계관을 지시하는 개념이지만, 본문에서는 은밀히 존재자들에게 개입하여 부지중에 영향력을 행사하고 있는 보이지 않는 현실 세계의 힘의 원리들을 지칭하기 위한 표현으로 다소 수사학적인 맥락에서 전유하였다.

갖추게 된단 뜻이다. 마치 수분과 열기가 만나 연결 접속하는 장소로부터 들끓는 거품의 대지가 피어오르는 형세와도 같이 말이다.

하지만 순전히 존재자들에게 속한 줄로만 알았던 저들의 욕망이 이미-항상 외부 조건의 스밈과 짜임에 따라 일정 부분 방향 지어져 있는 것이라면 꽤 이야기가 달라진다. 굳이 까다로운 인문학적 수사를 동원한다면 '코나투스(conatus) 속엔 항상 아비투스(habitus)가 겹쳐 쓰기' 돼 있단 말을 뇌까려볼 수도 있겠지만, 사실 그리 난해하게 접근할 까닭이란 것도 없다.[3] 실험실의 조건에서와는 달리, 현실 속에선 늘 물속에 침전된 불순물들이 열기의 전달을 훼방하여 100 법칙을 어긋나게 만들고 있다는 사실을 떠올려보는 것만으로도 충분하리라. 말하자면 존재자들이 발 딛고 선 현사실적 세계의 상황적 진실이 그네들의 욕망 지형도를 일정 부분 틀 잡고 있단 뜻이다. 한 마디로, 정치적이다. 정치적인 것이 영향력을 행사하는 무대의 지면 위에 개별 주체들의 욕망이 발 딛고 있고, 그 낱낱의 욕망을 준거로 삼아 마침내 존재자들 간의 사귐이 이루어진다면, 이 관계 맺음이란 것 또한 부인할 수 없이 정치성의 침습에 의해 어느 정도 채색돼있을 것임엔 틀림없다. 정작 당사자들은 감지하지 못한다고 할지라도 말이다. 역설적이게도 철저히 낭만에 붙들린 것만 같은 사귐이란 말과 정

3 코나투스(conatus)는 존재의 현행적인 본질 또는 존재의 근본 동력을 지시하는 스피노자의 개념이다. 아비투스(habitus)는 코나투스와는 달리 생래적인 게 아니며, 후천적인 삶의 환경과 맥락 속에서 개별 존재자들에게 기입되고 내면화된 여러 요인이 촘촘하게 어우러져 빚어낸, 이를테면 한 존재의 성향의 총체와 같은 것이다. 보다 더 상세한 내용을 알고 싶다면 부르디외의 주저 중 하나인 『구별짓기』나 그의 사상이 집약적으로 정리되어 있는 책인 『실천이성』을 참조하는 편이 도움이 될 것이다.

치라는 차가운 언어가 기실은 뫼비우스 띠의 양극과 같이 긴밀히 엮어진 채 존재한다는 해설이다. 사적 영역이란 환상에 덕지덕지 들러붙은 먼지들 탓에 진실을 갈파하는 게 꽤 어렵게 돼버렸지만 말이다.

2. "차마 간단히는 헤아릴 수 없을, 어둡고 두터운 퇴적층"

지금 즈음이면 필자는 한 가지 불만에 직면케 되는지도 모르겠다. 그건 아마 구태여 상당한 지면을 할애하여 '영화와 무관한 이야기'를 뇌까린 연유에 대해 적절히 소명하란 요구일 테다. 어쩌면 영화는 복잡한 관념의 말이 아니라 장면의 언어로 발화하는 게 아니냐는 힐난이 덧붙기도 하리라. 자기변호의 차원에서 간단히 일러두자면 일련의 진술들은 영화 텍스트와 전연 무관하지 않다. 더 구체적으로 말해본다면, 혹 필자의 노파심이라 정리해두는 편이 어떨까? 만약 관계의 문제를 개별자들 간의 자유로운 사귐의 층위에서만 따져보려는 얄팍한 인식 수준에 머문다면, 텍스트의 행간을 능동적으로 읽어내는 데 성공하기는커녕 부단히 속삭여오는 영화의 목소리를 제대로 느끼고 청취해내는 일조차 불가능하게 되리라는 점을 염두에 두어야 하겠다. 바로 이 점을 기억해야만 한다. 수면 위를 미끄러지듯 유영하는 물새의 평화롭고 아름다운 춤사위 아래엔 그것을 지탱하는 아주 맹렬한 몸놀림이 뒷받침되고 있다. 그러나 예리하게 벼려진 비평적 감식안을 십분 활용하지 않는다면, 그만한 진실을 간파해내는 건 결코 만만치 않은 일이 될 테다. 이를테면 간단한 도식이 <더 랍스터>(The Lobster, 2015)에 내포된 복잡한 의미의 굴곡과 능선들을 숨기는 데

일조하게 되리란 뜻이다. 생각한 것 그 이상으로 영화의 내적 지형이 꽤 촘촘하기 때문이다.

표피적인 층위의 이해를 따라간다면 수감자들(마치 죄수들처럼 이름을 박탈당한 채 번호로 호명되고 있다는 점에서)을 갱생시키는 데 복무하는 호텔은 개별 존재자들을 힘으로 제한하고 억압하려는 거대한 집단적 폭력의 공간으로 해설될 수가 있을 테다. 물론, 틀린 말은 아니다. 하지만 그것만이 전부는 아니라는 게 또 문제다. 개별적인 것과 집단적인 것을 간단히 가름하여 편리한 대결 구도 속에 박제해버리려는 사유는, 실상 문제적 진실이 갖는 깊이 감각을 온전히 감지하지 못하도록, 범박한 이원론의 늪지와 수렁으로 존재자들을 끌어들이게 된단 뜻이다.[4] 하지만 가시권에 미처 현상되지 않은 그림자 영역을 들여다볼 수 없다면, 결과적으론 많은 부분을 놓치게 될 따름이다. 먼저는 가까스로 호텔에서 도주하여 숲으로 숨어든 이들의 투쟁이 어째서 무용한 결과로 귀착하고 말았는지를 헤아릴 수 없으리라. 더 나아가서는 이처럼 두 번에 걸친 쓰라린 상처를 딛고서 마침내 숲마저 빠져나오게 된 이들이, 어찌하여 이제는 반드시 얻을 수 있으리라 예상했던 행복한 결말을 끝끝내 맞이할 수 없게 돼버린 것인지 역시도 소명해낼 수 없게 될 테다. 그러니 문제라는 것이다.

---

4 사실 이분법 내지는 이원론이 그 자체로 나쁘다는 말을 하고자 하는 건 아니다. 이원체계는 세계를 구조적 질서 하에서 이해하는 데에 크나큰 기여를 하였다. 더 중요한 것은 이원구도만으로 미처 설명되지 않는 미진한 부분들이 또는 감추어진 진실들이 얼마든지 존재할 수 있음을 인정하는 것이다.

3. "도시, 아리아드네의 실을 좇다 보면
맞닥뜨리게 되는 것"

거듭 강조하자면 영화 텍스트 속엔 자칫 간과하기 쉬운 중요한 무엇인가가 제 몸을 깊숙이 은닉하고 있다. 강렬한 서스펜스를 촉발하는 호텔과 숲 사이의 팽팽한 갈등 구도에 몰입하다 보면 어느덧 잊거나 또 경시하게 돼버리는 그 존재는 텍스트 속에서 도시라는 이름을 부여받고 있다. 그렇다면 혹여나 이를 놓칠세라 촉각을 바짝 곤두세울 필요 역시 마땅히 요청된다고 하겠다. 만약 이 도시의 존재를 스크린과 접촉하는 의식의 궤도 선상에서 잃어버리게 된다면, 그건 아마도 대단히 치밀한 언어조직을 가진 문장에서 그 중추이자 남은 부분들에 마중물을 공급하는 동사를 별안간 제거해버린 형국이 될 테니까 말이다.

도시라는 바깥의 세계(안쪽의 세계 곧 영화의 주 무대인 숲과 호텔은 도시로부터 철저히 분리된 장소에 소재한다)는 소위 정상성이라는 이데올로기가 지배하는 공간이다. 이 세계로의 출입을 승인받을 수 있는 유일한 자격조건이란 곧 정상임을 승인받는 것, 달리 번역하자면 완벽한 자신의 '짝'을 만드는 것이다. 그렇담 단독자로서 그곳에 발을 들여놓는 일이란 게 좀체 불가능하리라는 결론 역시 자연스레 뒤따라 나온다. 누군가와의 사귐이 없인 가능하지 않단 뜻이다. 더하여 영화적 맥락에서 이 정상 내지는 완벽이란 표현은 동일성이란 말로 무리 없이 번역될 수가 있다. 하지만 완벽한 또는 동일한

짝이라는 게, 정말 존재할 수 있을까?[5] 외견상 감지되는 신체적 조건의 친연성이 존재의 동일성을 담보할 수 있으리라는 추론은 가능하지 않다. 형태상의 유사성을 만족한다고 한들 낱낱의 성격 형질이라든지 인지와 정서의 구조 그리고 욕망의 지형도가 그 구체적인 모습을 달리할 것이기 때문이다. 그뿐만 아니라, 애당초 불변하는 확실성의 주체형식을 가정하는 것부터가 다소간 부당하다. 어제의 나와 오늘의 내가 정확히 같다고 말할 순 없지 않겠는가? 그러니 만에 하나 모든 측면에서 서로 부합하는 동일자들을 상정하는 일이 설령 가능하다고 할지라도, 아마도 그건 도플갱어처럼 정태적인 조건으로 정식화 가능한 차원의 것이 아니라, 되레 두 존재가 우연하게도 잠정적인 일치와 평형상태를 이루게 된 경우라고 보는 편이 한층 더 옳을 터이다. 물론 잠시 잠깐 후엔 다시금 틀어지게 되리라는 뜻이 되기도 할 테다. 요컨대 도시에 의해 강요된 문법이란 오로지 상상력에 그 토대를 두고 있다고 할 만큼이나 지극히 허위적인 산물에 불과하단 뜻이다.

그러나 텍스트 세계 속에서 도시의 연금술적인 환상은 고스란히 현실 속에 실체화된다. 그건 일반적인 진리 규범으로 공인됨으로써 정상과 비정상을 가름하는 튼실한 원리로 정초된다. 따라서 만일 혹자가 도시의 문법으로부터 탈구된 사실이 입증된다면 그/녀는 바로

---

5 이러한 질문에 대한 현대정신분석진영의 입장은 명확하다고 할 수 있겠다. 주체의 자기동일성 내지는 자기관계적인 동일성을 일종의 도착증적인 상상의 문제로 진단하는 한에서, 하나의 주체와 다른 주체 사이의 완전한 일치를 구상한다는 건 사실상 가능하지 않은 기획일 터이다.

호텔이라는 갱생시설로 보내진다. 호텔을 롱 쇼트로 촬영한 일련의
장면들 속에서 화면의 심도가 빚어내는 아득한 거리감은 그것과 그
바깥의 세계를 가름하는 불가침의 간극을 효과적으로 형상화해준다.
그리고 이렇게 이송된 이들은 소위 (재)정상화라는 과정을 강제적으
로 밟아나가게 된다. 숲과 호텔을 오가며 전개되는 흥분과 서스펜스
의 리듬 가운데서도 결코 도시의 존재감을 잊어선 안 되는 이유가 바
로 여기에 있다. 바꿔 말하자면 그것이야말로 모든 부정의 기원이자
원천이 되는 까닭이다. 도시의 공상적 기획에 실마리를 둔 정상과 비
정상의 구획은 호텔을 있게 한, 나아가서는 그 대척점으로서의 숲을
존재하게 한 사실상의 동일 근원으로 작용하고 있다. 그렇담 모든 상
황을 초래한 시원으로서 도시가 갖는 영향력이 그 낱낱의 상황들 속
에서 표류하는 존재자들의 내면성 깊이에까지 모종의 흔적을 새겨놓
았으리라는 추측 역시 어느 정도는 유효하다고 하겠다. 아래에서 다
시 다루게 되겠지만 궁극적으로 남녀 중심인물이 비극적 결말을 향
해 치닫게 되는 이유란 것도 기실은 도시와의 관계 속에서 사유 될

때야 비로소 그 적실성을 담보할 수 있게 될 테다.

4. "호텔과 동물들, 그리고 숲과 외톨이들"

호텔은 도시적인 삶 양식에서 탈구된 존재들을 격리하고 훈육하는 공간이다. 바로 조금 위에선 여기에다 정상화라는 무거운 표현을 얹어본 바 있지만, 실제로 그 정상을 향해가는 노정이란 건 너무나도 작위적이며, 그뿐만 아니라 다분히 '절차적'인 경로를 따른다. 절차적이라니? 이는 그 메커니즘을 구성하는 낱낱의 세부과정들이 대상 존재들을 위한 일에, 더 정확하게는 그들의 처지를 확실하게 개선하고자 하는 데엔 전혀 관심을 두고 있지 않음을 지시한다. 오히려 방점은 철저히 집단적 관리 시스템 자체의 행정적인 효율성을 높이는 데 찍혀있다고 보는 편이 옳을 테다. 마치 정상이라는 말이 곧바로 비정상이라는 말로 번역될 수 있음을 스스로 시인하기라도 하듯 말

이다. 따라서 소위 '공직자의 친절함'이라 표현할 법한 수준의 편의들이 수용자들에게 주어지기도 하지만, 시혜는 정확히 거기까지다. 단 한 걸음도 앞으로 더 나아가지 않는다. 환대란 없다.[6] 이는 지극히 당연한 일인데, 목적에 부합하는 편의에 봉사할 뿐 개별 존재로서 수용자들의 인격이나 개성 따윈 처음부터 고려 대상이 아니었던 까닭이다. 그러니 절차를 무리 없이 이행하기 위한 수준 그 이상도 이하도 제공될 필요가 없는 셈이다. 더하여 만일 수용자들이 그 구획된 틀거지와 경계선을 언감생심 넘어서기를 꾀한다면 즉각적으로 가차 없는 형벌이 집행될 따름이다. 소모적인 후속 조치를 취할 수밖에 없게 한 것에 대한 대가지불이다.

호텔에 입소하는 최초의 순간부터 모두는 같은 장소에서 예외 없이 헐벗겨질 비극적 운명에 처한다. 남녀 및 젊은이와 늙은이의 구분 따위란 없다. 오히려 혹자가 다른 누군가의 나신을 보고서 우연히 성적 매력을 느끼게 된다면, 그야말로 수용소 측에서 바라는 일이 될 테다. 모든 초점은 수용자들이 짝을 만나 정상화되는 것(커플이 되는 것)에 있기 때문이다. 계기란 어찌 되었건 상관없다. 아직 짝을 찾지 못한 이들에겐 동일한 색상의 상의와 하의, 반 치수의 차이마저 허락하지 않는 철저히 규격화된 사이즈의 신발이 공급된다. 그리곤 짝을 찾기까진 매일 하루도 거르지 않고 파시즘적 선동에 가까운 세뇌

---

6 본문에서 환대는 타자에 대한 무조건적 반김의 의미로 사용되었지만, 환대의 가능성/불가능성에 대한 논의는 인문학 전반에서 상당히 뜨겁게 다루어진 논쟁적 테제다. 이웃과 환대에 대한 저술들을 찾아보는 편이 이해의 확장에 도움을 줄 것이다. 개중에서도 슬라보예 지젝 외 2명이 함께 쓴 『이웃』, 자크 데리다의 『환대에 대하여』 및 『아듀 레비나스』가 국내에도 번역돼 소개된 대표적인 저술들이다.

교육이 이루어진다. 특히 교육현장을 외화면 처리한 쇼트들은 철저히 박탈된 수동적인 주체성을 여실히 드러낸다. 시선이 가닿는 곳에서 그 밖의 다른 무엇이 상연되든지 실상 전혀 중요치 않음을 의미하기 때문이다. 목적에 합당하다면 무엇이든 강요될 따름이다. 그뿐만 아니라 성적 욕구를 가능한 극대화해 연애(욕구 분출)의 대상을 갈구

토록 유도하기 위한 목적에서 수음 행위는 철저히 금지된다. 반면 최대한 성애를 향한 갈증을 돋우도록 매일 아침 호텔 직원에 의한 성기 마찰 의식이 진행된다. 물론 자칫 배설에 이르게 되어 리비도의 풍랑이 잠재워져선 안 되는 까닭에 성기의 말초신경에 혈류가 몰리고 발정하는 순간에 이르면 조치는 곧 중단된다. 무엇 하나 예외 없이 수단화된 절차들만이 쳇바퀴 돌 듯 매일 반복된다.

다른 모든 종류의 기획들과 마찬가지로 호텔의 갱생 작업 역시 '완결'의 지점을 상정해 둔 채 진행된다. 다만 여하의 것들과 분명한 차이를 보이는 지점이 하나 있다면, 그 끝에 이르러 성취의 수준과 질을 자세히 따져 묻기보단 차라리 처음부터 결과의 선택지들이 엄격히 틀지어져 있다는 사실일 테다. 기약된 45일의 시간이 마무리되는 시점에 다다르면 그 끝은 마침내 두 갈래 길로 대별된다. 존재자들의 처우는 오직 정상화의 도달 여부, 곧 짝을 얻었느냐는 단일한 기준에 따라 판가름 된다. 마침내 갱생에 성공해 도시로의 귀환을 승낙받게 되든지, 내지는 비정상의 낙인을 부여받게 되는 경우라고 할 수 있겠다. 물론 이들 사이에 도망자 사냥에 수여된 상급(평가지연)을 위치시키지 않을 수 없을 테지만, 사실 그 본질은 전혀 특별한 게 아니다. 그건 단지 종말의 때를 잠시 잠깐 뒤로 미루어두는 유예에 불과하단 사실을 기억해야 할 테다. 딱히 새로운 제3의 선택지는 아니라는 뜻이다. 설령 체류 기간을 연장받은 이라고 할지라도, 결국엔 잠시 유보됐던 두 갈래 길을 향해 다시금 달음질해야 한다는 입장은 틀림없이 동일하다.

또한 주어진 두 갈래 길 가운에서도 도시로의 회귀라는 한 편은 너무도 명쾌하기 때문에, 남은 한쪽에 공력을 들여 집중해볼 필요가 있다고 하겠다. 요컨대 낙인이 찍히게 되는 경우 말이다. 이른바 동물 되기랄까? 물론 이에 대해선 논의가 분분할 수 있다. 데이비드 (콜린 파렐)와 그의 수용소 친구들의 대화 속에선 끝내 정상화에 실패한 이들의 혈액과 장기가 몰래 다른 곳으로 이송되더라는 이야기가 새어 나온다. 나아가 거짓말을 들킨 데이비드가 (잠시 짝으로 삼았던) 비정한 여인을 동물 전환실(transformation)로 끌고 간 바로 직후에 시급히 수용소를 떠났다는 점 역시 의미심장하다. 혹자는 두려움 때문이라며 눙치려 들 수도 있겠지만, 후일 숲에서 만난 연인에게 끝까지 그녀를 어떤 동물로 전환했는지 발설치 않았다는 점을 들추어 본다면 문제는 좀 복잡해진다. 어쩌면 동물 이야기가 그저 기만적 허구일지도 모른다는 추론에 가닿게 될 수도 있단 뜻이다. 재활용에조차 실패한 이들을 정상인들을 위한 양분으로 취급하겠다는 말이랄까? 물론 그와 정반대의 해설도 가능하다. 돼지와 개와 토끼가 같

은 장소에 머물고, 심지어는 사막에나 있을 법한 쌍봉낙타가 호텔 주변을 어슬렁거린다는 꽤 당혹스러운 지점을 고려한다면, 소위 동물 되기라는 게 아주 허무맹랑한 이야기만은 아닐는지도 모른다는 결론 역시 유효해진다. 물론 도시의 정상인들을 위해 혈액과 장기를 끄집어낸 후, 그 흔적을 말소코자 수용자들이 입소 당시 남긴 기록에 근거해 이들을 대체할만한 새로운 동물을 몰래 들여놓았다고 보는 편이 좀 더 현실성 있는 대답일 테지만, 실상 이편저편을 따지는 게 그리 중요한 건 또 아니다.

　그중 어느 편이 되었든 낙인찍기의 본질이 변하지 않는다는 사실만은 틀림없는 까닭이다. 그러니 정말로 눈여겨보아야 할 지점은 낙인의 의미 자체에 놓여있다고 보는 편이 더 옳겠다. 그 개략은 다음과 같다. 존재자들을 멋대로 동물로 전환하겠다는 말이든 혹 저들의 동의 없이 신체를 임의로 찢고 훼손하겠다는 결정이든 그 판단의 근저에는 동일한 인식이 매설돼 있다. 적어도 그들이 더는 (정상) 인간이 아님이, 또한 앞으로도 그리될 수가 없음이 선언됨으로써만 비로소 일련의 조치들이 취해질 수 있으리란 점 말이다. 요컨대 비정상의 낙인찍기란 곧 비인간 선언, 좀 더 정확히는 더 이상 존재하지 않는 유령으로서의 위치를 부여받게 되는 일과도 같다. 판결이 떨어지는 바로 그 순간부터 즉시로 '실존하되 존재하지 않는 비존재'가 돼버리는 것이다. 따라서 그것만은 극구 피하고자 수용자들은 주어진 한정된 시간 동안을 한시바삐 움직인다. 뜨거운 욕정이라든지 애틋한 감정 따위가 동하지 않음에도 연애를 걸 대상을 찾아 헤매는 것은 물론, 때론 누군가를 유혹하고자 과잉된 섹스어필을 시도하기도 한다. 심지어 동일한 종류의 결함을 공통분모로 분유(分有)하고 있지 않음에도 불구하고, 규율 위반에 따르는 처벌을 무릅쓴 채 그/녀와 거짓된 연인 관계로 발전하려는 계략을 주저 없이 밀어붙이기도 한다. 이는 관계 맺음이 거짓으로 밝혀질 경우든 끝내 짝을 만들지 못하게 되는 경우든 꼭 같은 결론에 귀착하게 될 것이 분명한 까닭일 테다. 애당초 강요에서 출발한 관계들인 이상 사실 수용소에서의 사귐이란 건 대개는 호텔로부터의 낙인을 피하기 위한 조작된 관계 맺음에 불과하다고 보는 편이 옳을 테다. 낱낱 존재자들의 욕망은 순전히 그들 소유의 것이라기보다는 많은 부분 강제된 소욕에 따른다.

반면 호텔의 종용 앞에서 어떤 선택지도 취하길 거부하고 다만 탈주의 길에 오른 이들이 곧 숲의 외톨이들이다. 그렇담 판단의 가늠자를 거머쥔 호텔의 입장에선 숲이란 대단히 불쾌한 공간일 수밖엔 없을 테다. 정상도 아니면서 그렇다고 비정상의 판결을 선고받기조차 거부하는, 이른바 예외상태에 놓인 자들만으로 그득한 세계이기 때문이다. 호텔은 스스로의 구분 체계가 흔들리는 걸 용납할 수 없다. 외톨이들이 그의 손에 의해 사냥의 대상으로 전락해버린 것 역시 바로 이런 이유에서다. 도시에 의해 입헌된 견고한 문법 질서를 훼방하고 교란하며, 더 나아가 불안정의 감각을 이 세계 속에 틈입시키려는 이물질을 속히 제거해버려야 할 당위란 충분했다.[7] 모든 걸 정상과 비정상의 단순구조 속에 다시금 포섭해 들이기 위해서 말이다.

그러나 호텔은 물론이거니와 그곳에서의 탈주를 꿈꾸는 이들마저도 하나 같이 헤아리지 못한 게 하나 있다. 아무리 저항의 공간이라 할지라도 기존 세계의 문법으로부터 완전히 자유로울 순 없으리란 점 말이다. 대단히 슬프게도 호텔을 떠나 마침내 숲으로 도망친 이들이 발견하게 된 세계 역시 거의 동일한 문법에 의해 지배되고 있다. 유비컨대 그 차이란 단지 '곰'과 '문' 두 단어 사이에서 찾아볼 수 있음 직한 수평적인 거울상의 다름 정도에 불과하다. 실상 꼭 같은 폭력이 정확히 전도된 형태로 현상되고 있음이 더할 나위 없이 분명하단 뜻이다. 달리 번역하자면 '개별성을 허락하지 않는 집단성'을 거부한 끝에 도달하게 된 장소로부터 그들이 끝끝내 마주할 수 있었던 건, 역설적이게도 '개별성만을 허락하겠다는 집단성'이라고 할 만한 것이었다. 그뿐만 아니라, 준칙을 어기는 이들에게 허용되는 건 여전히 가열한 폭력의 세례일 따름이란 사실마저 동일했다. 오직 강제

---

7 주디스 버틀러에 따른다면 취약함과 불안정성이야말로 질서 이전의 본래 조건이며, 윤리학이 출발하여야 할 정당한 장소가 된다. 삶의 근본적인 불확실성, 정당하거나 그렇지 않은 애도의 방식들, 또 윤리학의 문제를 다루고 있는 버틀러의 저작 『불확실한 삶』이 많은 통찰을 안겨 줄 수 있을 것이다.

력을 행사하는 방향만 다를 뿐이다. 호텔이 '욕망을 강제하는' 방향으로 힘을 행사하는 반면 숲은 '욕망을 억제하는' 방향으로 존재들을 내몰 뿐이니 말이다.

요컨대 도망자들에겐 단독성이야말로 존재의 정상성에 대한 적실한 번역어가 된다. 그렇기에 그들에게선 혼자인 게 자연스러운 것이

며, 짝지어 살아가는 모습이야말로 지극히 부자연스럽고 비정상적인 삶의 양식이 된다. 그런 이유로 이들은 위험을 무릅쓰고서 (호텔의 사냥에 상응할 법한) '작전'을 행한다. 야음을 틈타 호텔에 잠입해 소위 정상화의 경로를 성공리에 밟아간다고 간주되는 관계들 사이에 불신의 씨앗을 심는다거나, 또는 은밀히 감추어 놓았던 연인의 거짓과 기만을 상대에게 폭로하는 행동에 매진한다. 하지만 그들의 믿음과는 달리, 소위 해방과 자유의 행위들이란 것 역시도 꽤나 문제적이다. 설령 애당초 두려움에서 탈피하기 위한 목적에서 시작된 사귐이라 할지라도, 관계의 밀도를 켜켜이 높여가는 여로에서 형성된 서로에 대한 감정과 욕망마저 완전히 그릇되다 부인할 순 없는 까닭이다. 바꿔 말하자면 딱 잘라서 어디까지가 진실하며 나머진 거짓되다고 말하는 게 좀처럼 가능하지 않단 뜻이다. 한결 근본적인 성찰에 돌입해보자면, 본시 관계의 핵심이란 꼭 진화의 본질처럼 '우연에서 필연으로의 자리 옮김'에 해당하는 것 아닌가?[8] 그러니 감정과 욕망을 강제하는 것만큼이나 그것을 허구로 진단하며 박멸하려는 시도 또한 문제적이다. 확실히 호텔과 숲 양측 모두는 어느 쪽으로든 개별자들의 욕망을, 그러한 욕망에 근거한 존재자들의 사귐을, 집단적 억압에 의해 간단히 통제하고 관리할 수 있으리라는 확신에 차 있다는 점에서만큼은 동일하다. 그렇담 혹 양측 모두에게서부터 벗어나 자유로

---

8 분자생물학의 도래는 적자생존에 근거한 다윈 진화론 모델을 크게 수정했다. 변화된 인간 이해에 대한 탁월한 성찰을 담고 있는 책 가운데 국내에 이미 번역돼 소개된 자크 모노의 『우연과 필연』이 있다. 미시적 우연성이 어떻게 새로운 양태로 보편의 운동을 견인할 수 있는지에 대한 흥미로운 통찰을 담고 있다.

이 도피할 수만 있다면 정말로 모든 문제가 자연스레 해결될 수 있는 것일까?

5. "증상으로 매개된, 고통스러운 실재의 나타남"

숲의 리더에 의해 데이비드의 연인은 눈을 잃는다. 기회를 따라 그녀에게 복수를 감행한 후 데이비드는 연인과 함께 사실상 호텔의 그림자 영역과 같았던 환멸의 숲을 떠나가고자 한다. 그리하여 이들은 마침내 도시로 향하게 된다. 역설적이게도 도시라니? 모든 일의 최종 흑막이라 말할 수 있을 법한 도시를 도리어 안전하다고 여긴 건, 아마도 짝만 곁에 있다면 그리 어렵지 않게 몸을 숨길 수 있으리라는 판단 때문일 테다. 말하자면 어두운 등잔 밑을 파고들 심산이었던 셈이다. 혹 그녀의 선글라스만 벗겨지지 않는다면 번거로운 일도 생기지 않을 터였다. 하지만 안이한 믿음의 결과가 드러나기까진 그리 오랜 시간을 필요로 하지 않았다.

도시에 들어와 처음으로 몸을 숨겨 든 식당에서부터 이들의 행복한 미래는 끝끝내 그 향방을 찾을 수 없는 곳을 향하여 흘러가 버리고야 만다. 어째서인가? 만일 그가 구태여 그녀를 따라 제 눈을 멀게 해야만 하겠다는 강박적 판단 앞에 자신을 몰아치지만 않았더라도, 둘 사이에 다른 특별한 문제란 생겨나지 않았을 것이며, 나름대로 썩 괜찮은 삶을 이어갈 수 있었을는지도 모를 일이다. 하지만 그녀와의 신체적 차이로부터 빚어진 간극과 현저한 거리감을 도저히 견뎌내지 못하고, 데이비드는 마침내 내면의 충동에 오롯이 사로잡힌 채 나이프를 들고 화장실로 향한다. 물론 그렇다 해서 자신의 눈을 찌르는 게 결코 쉬운 일이 아닐 것은 명확했다. 그는 이러지도 저러지도 못하는 가운데 흔들리고, 둘 사일 잇는 교량 역시 마구 흔들린다.

충분한 시간이 지났음에도 데이비드는 좀처럼 돌아오지 않는다. 식당 종업원이 그녀의 메말라버린 잔에 다시금 물을 가득 채워줄 때까지도 그의 소식은 묘연하다. 어쩌면 중압감에 도망간 것인지, 혹은 거울 앞에서 영구히 망설이고 있는 것인지, 도무지 알 길이 없다. 화면 속의 그녀와 화면 밖의 그 사이에 침전하는 건 불안과 정적 또 이미 금이 가버린 신뢰뿐이다. 그러니 결국 그가 그녀 곁으로 되돌아온다고 한들 더 이상 기대만큼 행복할 수만은 없을 테다. 두 사람 사이를 찢고 틈입한 어둠이 시나브로 제 몸피를 키워가며 마침내 그들의 관계를 홀연히 집어삼키게 되는지도 모를 일이니 말이다. 하지만 어째서 이런 비극에 가닿지 않으면 안 된단 말인가?

　질문의 궤를 좀 수정해보는 것도 가능하리라. 어찌하여 구태여 눈
을 멀게 해야겠다는 강박관념에 사로잡혔던 것일까, 그건 도대체 무
엇으로부터 유래한 것인가? 아마 두 사람의 내면성에 각인된 현실원
리가 문제를 촉발하는 근본 동력으로 작용했다고 말한다면 옳을 테
다. 그리고 그건 일찍이 호텔로의 격리가 있기 그 훨씬 이전부터 이
미 저들의 삶의 기원이자 토대였던 도시로부터 옮아온 것임이 틀림
없다. 바꿔 말하자면 도시가 그들의 내밀한 존재 영역에 기입해뒀던
원형적인 정치성의 힘이 두 사람에게 여전히 영향력을 선명하게 행
사하고 있었던 셈이다. 어쩌면 여전하다는 표현마저도 조금은 불충
분할 테다. 얼굴과 분간할 수 없을 만치 오래 묵어 눌어붙어버린 가
면을 기어이 분리하고 떼어내는 게 쉽지 않은 일이듯, 마치 본연히
내속적인 것이라도 되는 양 존재의 가장 깊은 곳 심부에까지 완연히
습합되고 동기화돼버렸다는 해석이 차라리 더 옳을 터이다. 말하자
면 도시에서 호텔로, 호텔에서 숲으로, 숲에서 다시 도시로 삶의 반

경을 옮아가는 동안에도 한결같이, 심지어 저항의 자세를 취하는 바로 그 순간조차도, 실은 뇌간에 똬리를 튼 기식 동물에게 중추를 사로잡힌 숙주의 꼴을 하고 있었다는 뜻이다. 혹 시간을 거슬러 올라가 추적해본다면 그 정황들은 꽤 분명하다. 두 사람이 연인으로 발전할 수 있었던 최초의 계기란 분명 그들 모두 고도근시를 앓고 있다는 동일성의 감각이었다. 안경을 낀 데이비드를 처음 본 순간부터 내밀한 욕망의 솟구침에 사로잡혔다는 그녀의 술회를 떠올려 볼 수 있을 테다. 물론 그 역시 그녀가 근시임을 확인한 시점에서 연애 감정을 급속도로 발전시켜 나갔다. 근시가 아닌 남자라면 결코 자신의 사랑을 가로막는 장해요인이 될 수 없으리라고 굳게 믿은 점에서부터 미루어본다면, 이미 그의 욕망의 심부에 기식하면서 데이비드를 사로잡아 추동하고 있었던 힘의 근원이 무엇인지 떠올려보는 작업이란 건 전혀 어려운 일이 아니다. 나아가 이 둘 사이에 균열의 근거가 맹아의 형태로나마 틈타게 된 최초의 시점 역시도 의심의 여지 없이 명확하다고 하겠다. 그건 그녀가 아주 시력을 잃게 된 순간, 달리 번역하자면 더 이상 근시가 아니게 돼버린 바로 그 시점에서부터였다.

요컨대 서로가 만나서 사랑하고 갈등하고 흔들리기까지 그 구슬픈 선율을 빚어낸 지휘자는 사실상 제 모습을 비가시적인 장막 뒤로 은밀히 숨긴 내재화된 도시의 문법구조였던 셈이다. 그런데도 이들은 서로를 향한 애정과 믿음에 기대어 문제를 극복할 수 있으리라는 대단히 천진난만한(naive) 믿음을 가지고서 함께 도시로 옮아왔다. 하지만 첫 관문에서부터 그네들에게 들이닥친 문제처럼, 어찌할 수 없는 한계란 건 너무나도 분명했다. 두 사람의 사귐은 그 처음부터가 온전히 그네들의 손에 달린 게 아니었으니 말이다. 무엇보다도 뜨겁고 순수하다 믿었던 자신들의 욕망부터가 이미 상당 부분 외부 개입에 의해 어지러이 채색된 것인 이상, 좀처럼 아물지 않는 상처를 자력으로 완전히 봉합할 여지란 건 존재하지 않는다고 보는 편이 확실히 옳을 터였다.

6. "과장된 표현, 현실의 교차, 그리고 영화의 말 걸기"

물론 <더 랍스터>의 영화적 표현은 꽤 과장되었다. 그러나 이(異) 공간이라든지 평행세계에서나 벌어질 법한 전혀 사실무근의 망상을 그려내고 있다고 보기도 좀 어렵다. 실상 이는 우리가 발 딛고 살아가는 실존적 무대로부터 그리 멀지만은 않은 이야기인 까닭이다. 굳이 연인이란 좁은 맥락에만 국한하지 않는다고 해도 삶의 실제 현실 속에서 우리가 맺고 있는 여러 가지 관계들은, 그리고 그 관계 정립의 토대가 되는 낱낱 존재자들의 욕망의 지형은, 알고 보면 지배소적 영향력을 행사하는 객관세계의 현사실적인 조건들 속에서 상당 부분 이미-항상 결정지어져 있다. 대개는 가장 내밀한 관계로 간주되곤하는 사랑의 사귐마저도 전혀 예외 없이 마주하게 되는 이 비참의 현장이란 건, 단지 억압의 무게감을 좀 더 효과적으로 증언하는 수단으로 훌륭하게 복무하고 있을 따름이다. 그러나 그 실상이 어떠하건 간에 진실을 예민하게 지각하고 또 잘 벼려진 비평적 감식안의 날을 세워 경계하는 일이란 게 그리 쉽지만은 않다고 하겠다. 영화가 과장법을 도입하는 이유도 바로 여기에 있다고 할 테다. 그렇담 영화가 동원하는 과장의 전략이란 가능한 한 충분한 정동을 이끌어내고자 함에 그 목적이 있다고 하겠다.[9] 켜켜이 쌓인 먼지 더미에 짓눌려버린 사고 관념과 그 아래에서 생기를 잃고서 단단히 굳어버린 영혼의 살점을 능히 다시금 생동케 할 수 있도록 말이다. 어떻게 그런 일이 가능하단 말인가? 예술로서의 영화는 사변의 말을 거부하며, 체험적인 논리 내지는 논리적인 체험을 경유한 생생한 간접화법의 언어로 말을 걸어온다. 눅진한 추체험의 공간으로 관객들을 호명하고 초청해 들이는 영화의 힘은, 쉽사리 관념화되지 않을뿐더러 단편적이고 찰나적인 경험에 근거하지도 않는 역동적 인식의 장소에 능히 그들이 발 디딜 수 있게 하며, 마침내 이 인식의 돌파력에 기대어 삶에 실질적 변화를 요청하는 자리로까지 존재자들을 추동하고 견인해간다.

작금의 우리네 상황을 한 번 돌아보라. 가임기 여성지도라든지 싱글세라든지 하는 당혹스러운 언사들이 불거져 나온 게 불과 얼마 지나지 않은 시점의 이야기다. 물론 뻔히 들여다보이는 수작질에 결국 다중의 뭇매를 맞고선 다소의 해프닝을 남긴 채 수그러지고 말았지만, 존재자들의 삶과 관계 맺음의 양식들을 억압하며 일정한 틀거지

---

9 정동(affect)은 21세기 인문학 지형을 뒤흔들어놓은 가장 중요한 개념 중 하나이다. 대체로 정서(emotion)와 달리 고정/서사화 되지 않는 (정확히는 틀거지를 넘어서는 과잉의) 감정으로, 또는 신체와 정신에 동시적으로 작용하면서 그 나름 강도와 세기의 표현 값을 취하는 자극의 효과로 번역되곤 하는 정동은 사실 아직도 엄밀하게 합의된 개념은 아니다. 정동으로의 전회(the affective turn)를 외치는 대표적인 영미 이론가들의 주장과는 달리, 사실 그들이 사상적 연원으로 꼽는 스피노자의 전체적인 사상지도를 펴 놓고 살펴본다면, 놀랍게도 본시 이 정동은 적절하게 통제돼야 마땅한 것이었다.

속으로 구획하려는 부정(不正)의 원리들이 지금도 곳곳에서 현격히 촉수를 드리우고 있다는 사실만은 명석판명하다. 분명 더욱더 은밀한 방식을 동원하면서 말이다. 더하여서, 만일 인과관계를 한 번 뒤집어 생각해본다고 해도 여전히 동일한 결론에 다다르게 된다는 점 역시도 꽤나 의미심장하다. 동시대인들이 한층 다급해진 만큼이나 보다 천박해진 폭력의 기술에 노출될 정도로, 과거보다 긴밀한 관계맺음의 형식들을 적극적으로 거부하고 있다는 게 과연 무엇을 의미하겠는가? 이는 아마도 존재자들 간의 사귐이란 게 단지 당사자들만의 순수한 연합의 문제가 아님을, 되레 여러 가지 까다로운 맥락들이 동시적으로 간여하고 있음을 본능적으로나마 느끼고 있기 때문일 테다.

그렇다면 도대체 현실이 개별 존재자들의 욕망 및 그 적극적인 표현양식으로서의 관계 맺음의 양상들마저 오롯이 통제하려 드는 이유란 건 과연 무엇일까. 결국엔 질적인 그리고 양적인 측면에서 일정한 수준과 고르기를 갖춘 사회를 영구히 운영하기 위함일 테다. 다시 말해 이는 빠르진 않을지언정 지속적인 속력으로나마 다람쥐 쳇바퀴를 계속해서 돌릴 수 있도록 하기 위함일 테며, 더 쉽게 번역한다면 적시 적소에 공급할 교환 가능한 부품들을 쉴 새 없이 생산하라는 요구라고도 말할 수 있을 터이다. 하지만, 그렇게까지 함으로써 일정한 수준과 규모를 유지해야만 할 당위가 있는가?[10] 실상은 전혀 없다고 하겠다. 그건 오로지 안팎으로 난 다수의 경계선들이 여지 없이 허물어지고 있는 작금의 시점에서도, 상대적인 유연함을 갖추기 위해 애쓰기는커녕, 여전히 단일사회(국가)라는 아버지-대타자 내지는 다분히 공상적인 공동체 형태를 견고하게 붙들어내기 위한 집착에 불과하다. 단지 텅 빈 기표에 대한 욕망, 또는 도착적이고 강박증적인 믿음 외에 혹 다른 근거란 존재하지 않는 듯하다. 영화 속의 '도시'가 너무나도 잘 보여주고 있는 것처럼 말이다.

그렇다고 해서 대안 없는 아나키즘 따위로 경사 하잔 말은 아님을

10 미셸 푸코라면 규율 권력의 메커니즘을 내장한 생명(관리)권력의 테크놀로지라는 개념을 통해서 설명해낼 것이다. 죽게 하거나 살게 버려두는 고전적 권력의 이념 대신, 살게 하거나 죽게 내버려 두는, 더 나아가선 계속해서 살게 (허락)하는 현대적인 권력의 작용방식은 일정한 수준의 생산성을 항상 이끌어내는 것을 제 목적으로 삼는다. 특히 생명(관리)권력의 단계에 이르면 낱낱 존재들이 아니라 인구의 층위에까지 그 적용의 수준이 확장된다. 여기서 최소한의 의료보장이나 교육제도를 마련해두는 것은 생산성을 지속해서 확보하기 위한 안전장치로 해설된다. 물론 그러한 최소의 규약 안에 포섭되기를 거부하고, 사회적 차원의 질적-양적 생산성을 저하시키는 행위를 이행할 경우 '비정상인'으로 간주되어 결국엔 모든 것을 망실해버리게 될 수도 있다. 생명(관리)권력 속엔 비단 규율 권력뿐만 아니라 '죽게 하는' 고전적인 주권 권력의 개념까지도 모두 은밀히 내장돼 있기 때문이다. 푸코의 콜레주드 프랑스 강의록 중에서도 『사회를 보호해야 한다』를 읽는 편이 보다 상세한 이해에 도움을 줄 것이다.

먼저 확실히 해두고자 한다. 다만 영화가 제기하는 문제처럼 사회의 본질이 무엇인지 차근차근 되짚어봐야만 하리란 뜻이다. 단도직입적으로 논한다면, 재론의 여지없이 사회란 철저한 시민적 합의의 산물이다. 가령 사회의 공인된 권력 집단으로서 국가의 (물론 국가를 권력 기계로 지목하는 데에서 그치는 지극히 단순한 해석은 알튀세르의 장치들, 더 소급해 오른다면 그람시의 헤게모니 이후로 사실상 무효한 일이 되었음이 분명하지만) 구성요건은 영토 그리고 국민과 주권이다. 그중에서 오로지 첫 번째만이 구성원들에 앞서서 존재하는 객관적이며 물질적인 선험 토대라고 할 수 있다. 그리고 이 일정한 영역 위에 모인 일정한 수의 존재자들이 서로 합의에 기대어 자신의 시민다움(주권)을 밝히 선포할 때에야, 그제야 비로소 산출되는 것이 이른바 (권력의) '효과'로서의 국가 그리고 더 확장된 맥락에서의 사회다. 곧 시민과 사회 그리고 개인과 집단의 존재론을 발생론적인 논리관계를 통해 소명해내는 구성주의의 견해다.

　말하자면 사회가 개인에 우선하는 게 아니라 도리어 개인이 사회에 우선하며, 더 나아가선 그 사회를 형성하는 필연적인 동력원이자 존립 조건이 된단 뜻이다.[11] 사실이 그러하다면 존재자들의 삶과 욕망에 적극적으로 개입하고 또 관계 맺음의 형식들마저 손아귀에 넣고서 쥐락펴락하겠다는 사회의 의지란 건 이미 그 자체만으로도 충

---

11 논리적인 선후관계를 말하는 것이며 개인이 반드시 공동체에 비해 우선하는 권위를 갖는다는 뜻은 아니다. 자유는 평등하게 주어져야 하며 평등은 자유를 호명하기 위한 전제가 되어야한다는 것이 곧 평등-자유명제의 이상이다. 개중 어느 한 쪽이 심각하게 기울어질 때 사회-개인의 관계도 어긋난다.

분히 문제적이다. 더 나아가서, 만일 개인에 대한 억압의 준거가 이를테면 '평등-자유명제'의 추구와도 같이 진정한 의미에서의 공공선을 지향하는 데 있다기보다는 되레 병리적인 망상에 뿌리내리고 있는 것이라면, 마땅히 미더운 안목과 팔의 실천력을 동원하여 그 메커니즘을 자세히 해부하고 또 남김없이 갈파해 낼 수 있어야만 할 테다. 겉으로 밝히 현상되지 않는 사회의 집단 무의식까지 들여다보는 작업이란 분명 까다로운 일일 테지만 이것 없이는 충분한 변화를 기대하긴 어렵다. 특별히 여기에서 무게를 두고자 하는 건 과연 '영화의 실천'이 취하는 방식은 어떠하냐는 것이다. 모든 것엔 그 나름의 방식으로 자신의 진리를 형상화하고 전달하는 독특한 언어 체계가 있다.[12] 나아가 예술은 사회과학 교과서가 아니기에, 관념적인 명제들의 진술이 아니라 고유한 실행체계(technique)를 통해서 제 뜻을 개진한다. 주로 프랑스에서 활동한 어느 미국인 영화학자의 말을 빌린다면, 영화는 그 주제 곧 문제의식마저도, 낱낱의 쇼트 그리고 장면들의 연결 접속이 어울러내는 몽타주의 이른바 역동성 넘치는 세부번역이라 할 수 있음직한 '고도의 데쿠파주'를 통해 현출(現出)해 낸다.[13] 이것이 곧 영화의 언어가 역사하는 방식이다.

12 벤야민의 언어개념을 빌려온 것이다. 예술을 위시한 모든 것에는 언어가 있고, 무엇의 언어는 그것의 진리를 전달하는 매개일 뿐 아니라 자기 스스로가 진리를 구성하는 요소이기도 한다. 따라서 언어가 진리를 전달한다는 말을 곧 언어가 스스로를 전달한다는 말로 번역하는 것도 가능하다. 그의 논고인「언어 일반과 인간의 언어에 대하여」를 참조한다면 더욱 더 깊은 이해에 가닿을 수 있을 것이다.

13 이해를 돕기 위하여 노엘 버치의『영화의 실천』, 특히 제1부와 제4부를 함께 참조할 수 있다.

이미 앞서 언급한 영화의 말미와 어우러져 공명을 만들어내는 지점으로써, 상당히 낯선 지각 경험을 촉발하는 영화의 인트로 장면을 눈여겨볼 필요가 있다고 하겠다. 먼저 좌측면을 향해 달리는 자동차의 내부를 다소 긴 호흡의 테이크로 근사하게 끌어가는 쇼트는 상당히 독특한 촬영 기법을 따르고 있다. 여기에선 물이 아래에서 위로 흐르기라도 하듯, 마치 사건들 사이를 역주행하며 시간의 흐름을 거슬러 오르는 듯한 독특한 감각이 환기된다. 이는 빠르게 달리는 차체의 움직임에 따라 차창에 틈새 프레이밍 된 후경이 끊임없이 변하는 것과는 달리, 클로즈업으로 잡아낸 인물의 위치를 차내의 단일 지점에 초점화해 고정함으로써 시공 감각의 지속적인 왜곡 효과(간격 형성)를 연출해낸 결과이다. 이윽고 차가 멈추자 운전석에서 내린 여성은 성큼성큼 걸어가 총으로 짐승을 쏘아 죽인다. 앞서 살핀 바와도 같이 영화 속에서 동물은 정상에서 벗어난 자, 좀 더 정확하게는 이미 죽어버린 자(인간이 아닌 것으로 선언된 자)의 표식이다. 그렇다면 동물을 쏜다는 것이 가지는 의미는 무엇이며, 특별히 물리적 조건을 거슬러 올라가는 듯한 연출을 그에 앞에 구태여 매설해 둔 이유란 또 무엇이란 말인가? 한 가지 가능한 해답을 떠올려 볼 수도 있을 테다. 그건 '죽음 자체에 가해진 죽음'이란 해석이다. 좀 더 쉽게 풀어본다면 비정상적인 절차에 준거해서 정상과 비정상을 또한 삶과 죽음을 가름하는 질서 그 자체에 사형을 선고하겠다는 뜻이다. 그렇담 여인이 이러한 종류의 적극적 수행성을 발휘할 수 있도록 매개해 준 동력은 과연 무엇일까? 쉬이 대답하기 어렵다. 하지만 적어도 확실한 것 한 가지는 그 힘이 최소한 낙인의 의미를 읽어낼 수 있는 이에게만 허용될법한 힘이란 점이다. 존재의 밀실 영역이 외부 개입에 의해 어떻게 채색될 수 있는지, 그것을 채색하려는 시도가 얼마나 허망한 것인지를 읽어낼 수 있는 이에게만 주어질 수 있는 그런 실천력이란 뜻이다. 영화가 쇼트들의 변증법을 통해 우리의 물화된 감각을 일깨우려는 것도 바로 이 힘에 가닿도록 돕기 위해서다.

　그 처음과 마지막 장면을 논외로 하더라도 영화 텍스트는 좀처럼 해독의 여지를 허락해주지 않는 이질적인(grotesque) 장면들로 충만하다. 과연 이 점을 어떻게 소명해낼 수 있을까? 어쩌면 다음과 같은 유비를 떠올려보는 편이 도움이 되는지도 모르겠다. 가령 먹어도 쉽사리 소화되지 않은 채로 남아 위벽을 간질이는 '잔여물'의 존재가 아니라면, 우리에겐 위장의 위치라든지 그 모양새를 가늠하는 일조차도 상당히 까다로운 일이 될 테다. 익숙함과 자연스러움은 많은 경우 둔감함으로 변질되어 번역되기가 쉬운 까닭이다. 하지만 익숙한 길을 오가는 단순 통행자에서 다시금 소요자로의 존재론적 전회를 경험하게 될 때, 지각없이 오가는 무리로부터 탈주하여 여행자의 눈을 예민하게 되살리게 될 때, 세계 감각은 새로워지고 그전엔 보이지 않았던 사물들의 행간이 비로소 열리기 시작한다.[14] 영화가 관객들에게 요구하는 지점이 바로 이것이라고 할 테다. 너무나 손쉽게 자연성을 표방하는 일상적인 삶의 흐름에서 이탈해 나와, 일부러 한 걸음을 뒤로 물러서서, 그 속에 감춘 진실의 꿈틀거림을 조용히 지각해보란 것이다. 나의 욕망 그리고 그 욕망의 가장 기본적인 표현마저 오롯이

---

14 산보자, 소요자, 여행자의 이미지 형상은 벤야민과 들뢰즈 그리고 프랑스의 영화비평가 세르쥬 다네의 글에서 착안했다.

내게 속한 것이 아닐 수 있음을 발견해보란 뜻일 테다. 관습화의 굴레에서 놓여 영화의 추체험이 공급해주는 생생한 감각적 인식에 가닿게 될 때, 비로소 더 나은 삶으로의 걸음을 한 발이나마 떼놓을 수 있게 되리라.

9장
그녀와 그녀가 만나는 시간
─ <미씽: 사라진 여자>, <허스토리>

이수향

* 영화 〈허스토리〉 스틸컷 제공: 수필름

"자아의 경계가 당신이 느끼는 것에 의해 정해진다면,

자신을 느낄 수 없는 사람들은 그들의 경계 안에서 수축할 것이다.

반면에 다른 이의 것까지 느끼는 이들은 확장할 것이며,

모든 존재에 공감하는 이들의 경계는 아예 없다고 할 수 있다."[1]

1   리베카 솔닛, 김현우(역), 『멀고도 가까운』, 반비, 2017, 158~159쪽.

1. 타자(여성)에게 '말 걸기'

근대적 사유의 중심에는 '나'라는 존재의 주체성이 있다. 고대의 신 혹은 마술과도 같은 것들의 제의적 형상을 벗어나 데카르트적 '코기토(Cogito)' 앞에 서게 된 인간은 이제 이성과 사고의 차원에서 홀가분할 것처럼 보였다. 그러나 현대의 인간은 회오하는 주체가 되었고 그를 이끌어가는 것은 내면에의 침잠이나 끊임없는 자기 성찰이 아니다. '나'와 '나'가 아닌 존재와의 조우, '타자'의 타자성에 대한 인식만이 '나'라는 동일자의 가능태를 이룬다. 그런 의미에서 '관계(relationship)'는 자아의 단독적인 현존에 비해 많은 실험과 고행이 필요하다. 타자와 관계를 맺는다는 것은 근본적으로 '나' 아닌 타자를 견디는 것을 의미한다. 때로 자신을 아웃사이더적인 존재로 규정하고 타자와의 관계 맺음에 주저하는 경우라 하더라도, 근본적으로 타자의 형태라는 것이 어렴풋하게나마 인지가 된 후에야 그 관계로부터의 외부라는 개념도 형성된다는 점에서 여전히 우리는 관계라는 그물망에서 놓여나기는 힘들다. "'개체화'가 만연한 우리 세계에서 관계들은 혼란스러운 축복이다."[2]라고 바우만이 말했듯이 관계는 그 자체로 정동적 흐름에 내맡겨져 있어 쉽게 길을 바꾸거나 사라지기도 하다는 점에서 여전히 모호하게 느껴진다.

영화의 서사적 갈등과 구성을 이뤄가는 핵심도 결국 인물의 자기됨의 형성 과정과 그 과정에서 타인과 부딪힘에서 촉발된 감정들의

2　지그문트 바우만, 권태우 · 조형준(역), 『리퀴드 러브』, 새물결, 2013, 19, 24쪽.

전면화라고 할 수 있는 것이다. 그런데 나-타자의 연결고리가 혈연과 같은 강력한 매개에 놓여있거나 특정 공간이나 시기에 묶여 있어야 하는 직장 동료나 학교 친구와 같은 존재들은 비교적 그 관계성이 직관적인 의무에 가까운 것이라고 할 수 있다. 특히 가족 관계라면 한국의 경우는 거의 본능이라고 치부할 만큼 정언 명령적인 관계의 거미줄 속에 포박된다. 그러나 처한 환경이나 사회적 계급, 민족적 차이가 두드러지는 상황에서의 관계란 상당히 큰 노력을 필요로 하는 것이 된다. 요컨대 '나'와 직간접적인 사회적 연결고리가 없는 상황에서의 관계 맺기란 상당히 어려운 것이다. 관계는 굳이 의식하지 않는다면 이루어지기가 힘들며 정신적, 물질적 노력이라는 다소간의 수고로움을 감당해야 할 수도 있다. 그러나 우리가 때로 그러한 노력에 힘을 기울일 때 의지적 수행성들이 각별하게 만들어내는 섬광들은 비의지적 관계보다 좀 더 '관계'라는 말에 적합한 행위라고 할 수 있을 것이다.

영화에서는 서로 연결될 것 같지 않은 계급과 층위에 있는 사람들의 유대를 강조하거나 때로는 사회적 통념에서 벗어난 급진적인 관계의 양상들을 그려내기도 한다. 이는 '영화 고유의 가능성'[3] 즉, 현실의 분신을 영화로 만들되 그 분신이 있는 그대로의 현실을 상기하지는 않도록 만들어야 한다는 태도와 일치한다. 요컨대 영화와 현실은 서로 맞닿아 있다는 점에서 매우 구체적인 현실의 상황에 영향을 받지만, 현실 그대로의 모사를 넘어서는 의미를 창출해야 한다는 것

---

3 장 루이 뢰트라, 김경은 · 오일환(역), 『영화의 환상성』, 동문선, 2002, 66~67쪽.

이다. 최근 우리 사회에서는 '타자'의 문제, 가령 남성 주도의 담론과 공적 이데올로기의 일방성에서 벗어난 '여성'이라든가, 인종과 문화가 다른 '난민' 등의 '외국인', 나아가 '종교'나 '지역' 등의 차원에서 '나'의 바깥의 존재들에 대한 태도가 중요한 논의의 대상이 되고 있고 영화의 주제론적 층위에서 다뤄지고 있다. 이 글에서는 그중 특히 여성 주인공들이 극을 이끌어가는 영화들에서 '타자'를 어떤 식으로 우리라는 관계망 안으로 끌어들이는지, 그 과정에서 어떤 방식으로 여성 주체들이 재현되고 있는지를 확인해 볼 것이다.

버틀러는 '자기 자신을 설명하기(giving an account of oneself)'라는 것은 언제나 타자에 대한 '말 걸기(address)'를 통해서만 가능하다고 말한다.[4] 우리가 자기 자신을 완전히 설명하기란 늘 실패하고 마는데 이는 자신을 설명하는데 사용되는 규범적인 것들이 이미 타자를 정초하지 않고는 얻기 어려운 것이기 때문이다. 그런 의미에서 여성주의적 시선을 견지하는 최근의 영화들은 '여성' 주체를 말하기 위해 그 여성의 바깥에 있는 계급과 민족이 다른 '여성'들과의 관계에 주목한다. 이 글은 그러한 방향성을 보여주는 두 작품 <미씽: 사라진 여자>(이언희, 2016)와 <허스토리>(민규동, 2018)를 통해 이러한 여성들 간의 관계와 연대에 대해 살펴보고자 한다.

---

4   주디스 버틀러, 양효실(역), 『윤리적 폭력비판』, 인간사랑, 2013, 22~28쪽.

2. 사라진 아이와 모성 불안 - <미씽: 사라진 여자>

2016년에는 <캐롤>, <아가씨>, <비밀은 없다>와 같은 여성주의 시선을 지닌 영화들이 많이 개봉되었다. <미씽: 사라진 여자>(2016)는 그 맥을 잇는 작품으로 연출을 맡은 이언희 감독은 <ing…>(2003)나 <어깨너머의 연인>(2007) 등 로맨스 장르에 강하고 인물 간의 감정적 결을 잘 살려내는 것으로 알려져 있다. 그러나 <미씽: 사라진 여자>(이하, <미씽>으로 표기)는 기본적으로 미스터리 스릴러의 공식에 충실한 작품이다.

지선(엄지원)은 이혼 후, 아직 어린 아기인 다은을 데리고 살아가는데 직장 때문에 육아를 위해 조선족 보모 한매(공효진)를 집에 들인다. 그런데 어느 날 갑자기 보모 한매가 아기를 데리고 사라져버린다. 지선은 아이를 찾기 위해 한매의 행적을 뒤쫓다가 그녀에게 숨겨진 과거가 있으며, 자신이 미처 알지 못했지만 그녀와 자신이 악연이 있음을 알게 된다. 이 영화는 아이를 잃어버린 모성의 절절함과 한매의 비밀스러운 과거가 미스터리한 구성으로 잘 엮어져 있다. 카메라의 움직임, 조명 등에서 섬세한 화면 구성 연출이 돋보이며 전체적으로 서사적 공백이나 개연성의 문제도 두드러지지 않는다. 다만, 아이를 잃어버린 날짜 이후의 요일로 서사가 진행되거나 플래시백으로 과거가 재구성되는 방식 등이 미스터리 스릴러의 기시감을 넘어서지 못하고 장르 컨벤션에 충실한 전개가 이어지면서 특기할 만한 새로운 시도가 적은 점이 아쉽다. 서사의 연결이 시종일관 지선의 돌출된 행동으로 진행되는 점이나 음향에 지나치게 의존한 부분도 한계로 작용한다. 그럼에도 불구하고 문제의식과 서사적 구성이 작금의 한국 주류 상업 영화에서 보기 드물게 여성의 구체적 현실에 드리워져 있다는 점에서 이 영화는 좀 더 숙고될 지점이 있다.

이 영화에서 지선은 일하는 직장 여성이자 엄마이다. 이혼으로 아내의 자리에서는 내려왔으나 아이 다은이와 연결되었기 때문에 (전)남편과 (전)시어머니와의 관계는 지속하고 있다. 친정 식구들이나 다른 친구들이 등장하지 않고 있어서 이 영화에서 지선은 고립무원 상태라고 볼 수 있다. 홀로 경제적인 문제를 해결하고 아이를 돌봐야 하는 그녀의 상황은 전통적인 가족 구성원의 형태로 보호받고 있지 못하는 것이다.

드라마 제작사의 홍보담당인 그녀는 자신의 커리어를 가지고 있는 인물이며 일과 아이 양육이라는 양 측면을 모두 해내기 위해 말 그대로 '고군분투'한다. 하지만 이 영화 속에서 누구도 그녀의 처지에 지지를 보내는 사람은 없다. 전남편은 아기가 네 얼굴은 알아보냐고 빈정대고, 회사대표는 돈을 줘가며 '지새끼들' 사정까지 봐줘야 하는 거냐며 노골적으로 비난한다. 보모를 구하는 과정에서도, 그렇게 까다롭게 굴다간 사람 구하기 어렵다는 핀잔을 듣는다. 양육권 소송을 맡은 그녀의 변호사(조달환)마저도 그녀가 아기를 빼돌린 게 아니냐고 의심하고, 경찰도 그녀의 진술보다는 불안한 정신 상태에 대해 먼저 묻기도 한다. 하지만 이 영화는 이러한 여성을 보여주면서도 현대를 살아가는 워킹맘 혹은 이혼이라는 고립된 상태에 놓인 여성의 고통에 대해 일차원적인 공감을 불러일으키는 데에만 머무르고 있지 않다.

이 영화는 열심히 살아가던 한 여성이 아이가 없어진 후, 비로소 자신의 상황과 한계에 대해 자각하는 과정을 다루고 있다. 그런 의미에서 이 영화는 사건이 벌어진 후에 이에 대응하는 주인공의 반응과 행위에 집중되고 있는 심리 중심의 영화라고 볼 수 있다.

영화의 첫 장면은 퇴근하고 급하게 집으로 들어오는 지선으로부터 시작한다. 지선은 집에 오자마자 방으로 들어가서 새로 시작할 드라마에 관한 보도자료를 쓰고 있다. 이때 살짝 열린 방문으로 누군가가 지선의 등을 엿보는 듯한 쇼트가 연결된다. 이어 방문의 아랫부분으로 카메라가 틸트다운 되면 끼익 문 여는 소리와 함께 아기 다은의 손 한쪽이 바닥을 짚는다. 곧 다은은 지선 쪽으로 기어가 엄마를 붙잡고 이에 지선은 깜짝 놀란다. 지선은 "다은아, 잠깐만, 엄마 이것 좀 하고"라고 말하며 급하게 한매를 부른다. 한매가 아이를 데리고 나가고, 일을 끝내고 나서야 그녀는 비로소 아이를 찾는다. 그러나 다은은 이미 한매의 품에 잠이 들어 있다. 문가에 서서 방에 들어가 보지도 못한 채 잠이 든 아이를 바라보는 지선의 표정이 복잡해진다.

이러한 쇼트의 연결은 단순히 지선의 상황에 대한 내러티브적 설명을 위한 것이 아니다. 이것은 지선의 모성 불안을 보여주기 위한 구성이다. 첫 장면에서 여주인공을 옭아매는 것은 직장 상사의 업무 재촉만이 아니라 어느새 다가와 불쑥 놀라게 하는 아이의 존재이다. 영화 속에서 드물게 아이가 엄마를 바라보는 이 시점 쇼트가 마치 엿보는 것처럼 처리되고, 문이 끼익 열리며 아이가 내딛기 직전 순간이 마치 스릴러처럼 연출되는 부분은 의미심장하다. 영화 중반부에

지선이 다은을 찾아다니던 장면 역시 마찬가지이다. 새벽녘 사진관을 찾은 지선은 어디선가 아이가 자신을 부르는 듯한 소리가 들리자 그쪽으로 향한다. 안개 속에서 자신을 냉대한 남편과 시어머니, 등을 돌린 한매 등의 장면이 천천히 오버랩 되다가 점점 쇼트가 빠르게 쌓인다. 극심한 혼란 속에서 마지막에 등장한 장면은 피에 젖은 자신의 얼굴이고, 이에 지선은 깜짝 놀라 잠에서 깨어난다.

이 영화는 워킹맘의 애환을 보여주는 것만이 아니라 엄마로서의 정체성에 대해 여전히 두려워하고 공포를 느끼는 불안한 모성애를 보여준다. 지선이 애쓰고 있으나 여전히 깨닫지 못하고 있었던 것은 현실적으로 아이를 제대로 돌보기 어려운 상황에서 자신이 모성이라는 절대적인 책임감에만 매몰되어 있었다는 사실이다. 아이가 사라진 후에야 극심한 고통 속에서 그녀는 비로소 생계에 대한 책임감으로 방기했던 자신의 불안한 내면에 대해 자각한다.

영화의 초반부에는 출근 배웅을 하던 중 다은이 콧물을 흘리자 한매가 입으로 빨아주고 이를 보고 지선이 놀라는 장면이 있다. 영화의 후반부에 이 장면은 다시 반복되는데 콧물을 빨아주는 한매와 그녀를 '엄마'라고 부르던 다은을 보며 짧은 순간 지선이 낯섦을 느낀 장면이 새롭게 추가된다. 거실 안의 한매와 아이는 현관을 사이에 두고 지선에게 분리되어 있었다. 그녀는 다은에게 늘 급하게 뛰어나가 버리고 일에 몰두하는 존재였다. 마지막 장면에 이르러서야 그녀는 무릎을 꿇고 아이와 눈을 맞춘다. 얼핏 그것은 소극적이고 대중적인 봉합으로 보일 수도 있지만, 그것은 엄마의 역할에 대한 낭만적인 환상으로 회귀하려는 것은 아니다. 도리어 자신의 내면을 응시하게 된 성장하는 주체에 대한 서사로 볼 수 있을 것이다. 그러므로 이 영화는 지선의 성장 서사라고도 볼 수 있을 것이다.

3. 하위주체로서의 여성과 고군분투하는 엄마들의 연대

김연(한매의 본명)의 경우는 사정이 좀 더 복잡하다. 김연은 피해자이자 가해자이기도 하다는 점에서 행위와 심리 양쪽이 모두 강조되고 비밀을 쥐고 있다는 점에서 지선보다 입체적인 캐릭터로 그려진다. 한편, 김연의 경우는 더 넓은 범위의 사회 계층 문제, 결혼 이주 여성 문제, 젠더적 하위 주체의 문제 등과도 연결된다.

김연은 결혼 이주 여성으로 시어머니의 말에 의하면 '장군 같은 아들'을 낳기 위해 '비싸게 사온' 존재이며 한국말을 잘하지 못하고 국적도 불안정하다는 점에서 사회적으로 '예외상태'인 최하층의 계

층에 있음을 알 수 있다. 시어머니와 남편 사이에서 학대당하는 그녀의 모습은 매매혼(purchasing marriage)의 가장 추악한 일면을 보여주고 있다.

그런데 이러한 한매의 처지는 우리 사회가 발전 도상에서 하위주체(subaltern)로서의 약자들을 억압하고 희생시켰던 권력의 상하 문제를 상기시킨다. 특히 1970년대 산업화 시대에 도시로 이주한 젊고 교육 수준이 낮은 여성들이 주변화된 노동에 포섭되어 식모, 공장 혹은 서비스 노동자, 식당 종업원, 버스 안내양, 골프장 캐디 등의 직업으로 이향되었던 상황과 대비해 볼 수 있다. 당시의 대중 잡지에서 그려내는 여성상은 '현모양처', '포르노 배우', '억척녀'로서 단순화되기도 했다.[5] 이러한 이미지상은 현재에도 여전히 지속적으로 요구되고 있다. 김연과의 결혼을 통해 그 남편의 집안에서 얻으려던 것은

---

5 권보드래 외, 『1970 박정희 모더니즘』, 천년의상상, 2015, 257쪽.

저 세 가지 이미지가 갖고 있는 욕망의 어디쯤에 얽혀 있을 것이다. 이제 한국에서 하위 주체로서 여성의 계급 분화는 더욱 하향된 형태를 띠게 되었고 '성과 인종의 초국적 프롤레타리아화'[6]로 진행되고 있다. 특히 현재 여성 이주 노동자와 '결혼 이주자'는 인종과 계층 이중의 억압 굴레에 직면하게 되었다. 이진경에 따르면, 여성 이주 노동자와 결혼 이주자라는 두 집단의 여성들은 한국 남성 노동자나 배우자로부터 자주 비슷한 종류의 차별과 폭력을 경험하며, 한국 남자들은 그들 여성에게 자신의 젠더적, 인종적, 계급적 권력을 행사한다.[7] 그러니까 민족적, 경제적, 성적 하위 계층으로서의 이주민 여성은 자본주의 체제 아래의 한국에서 약육강식의 최하층을 담당하고 있다.

한매는 가정 안의 폭력과 억압을 피해 아픈 아기(재인)와 탈출하지만, 그녀의 삶은 여전히 '한국인 남편'에 예속된 존재이다. 이를 보다 못한 현익이 남편을 때리려 하지만, 아기를 입원시키기 위해서는 남편의 입원 동의가 필요하다면서 이를 간절히 말리는 모습은 가정을 떠나와서도 여전히 국적/남성이라는 강력한 억압의 기제 아래 놓여 있는 이주민 여성들의 삶을 단적으로 보여주는 장면이다. 결국 이러한 상황에서 경제적으로 궁핍한 결혼이주여성들은 70년대의 식모의 층위와 비슷한 아이 도우미 등의 일에 종사하게 된다. 더욱 하향되면 주변화된 노동인 매춘에 종사하게 되거나 신체를 절단하여 팔아야 하는 처지로 전락하게 되는데, 김연 역시 극단적인 상황에서 결

---

6 이진경, 나병철(역), 『서비스 이코노미』, 소명출판, 2015, 82쪽.

7 위의 책, 393쪽.

국 그 길을 걸을 수밖에 없게 된다.

돈을 벌기 위해 매춘에 뛰어들었던 김연이 재인의 입원비를 위해 자신의 장기마저 떼어 팔게 되면서 "무섭지 않다, 살 수 있다. 재인이 가 살 수 있다. 재인이랑 같이 행복하게 살 수 있다…"라고 읊조리며 수술대 위에 눕는 장면은 가슴을 먹먹하게 한다. 그녀가 바라는 행복은 자기 자식과 함께 살고 싶다는, 보편적이고 소박한 욕망이었다. 그러나 아기가 병상 밖으로 밀려나 차게 식어갈 때 그녀는 비로소 깨닫게 되었다. 자신을 누르던 억압의 근원이 일차적으로는 남편이지만, 그 너머 더 크고 위압적인 모습으로 생명과 성, 육체를 환금화시키는 자본주의 체제와 그 대리인들이 존재한다는 것을 말이다.

이 영화의 제목은 <미씽: 사라진 여자>이다. 그러나 다른 측면으로 이 영화에서 사라진 사람들은 남자들이기도 하다. 지선과 김연의 남편들은 아이에 대해 무책임하고, 결혼 후에도 모친의 영향 아래에 있다는 점에서 미성숙한 남자들이다. 김연의 남편이 틱장애를 가진 가난하고 무지한 시골 남자라면 지선의 남편은 대형 병원의 의사라는 점에서 계층적 차이가 발생하지만 그들의 인식은 별반 차이가 없다. 특히 마지막 장면에서 아이를 구하기 위해 경찰 병력을 뚫고 배로 뛰어드는 지선과는 반대로 남편이 어느새 슬그머니 손을 빼고 뒤로 물러나는 장면은 언제나 양육에 대해 한 발 떨어져 수동적으로 머무르고 싶어 하는 태도를 상징적으로 보여준다.

지선과 김연의 시어머니들은 가부장제의 성실한 수호자이자 이들의 억압을 더욱 심화시키는 존재라는 점에서 동일한 태도를 보여준다. 지선의 시어머니는 미혼 경찰에게 자신들의 처지를 하소연하며

"여자 잘 만나야 돼요"라고 충고한다. 김연의 시어머니는 경찰서로 와서 "여자 하나 잘못 들이면 집안이 망한다더니. 아유, 그 근본 없는 년 때문에…"라고 고함을 지른다. 남편도, 변호사도, 의사도, 경찰도 문제를 해결해 주지 못하는 사이 두 여성은 각자 자신의 아이를 지키기 위해 고통을 감내한다. 국적도 사회 경제적 계층도 완전히 다른 두 여성이지만, 가부장제의 이데올로기와 모성 신화의 결합 사이에서 추궁당하고 내몰리고 있다는 점에서 공통된 처지라고 볼 수 있는 것이다.

이 영화의 주된 서사는 아기를 잃어버린 엄마와 복수를 꿈꾸는 엄마의 갈등이다. 그러나 이들의 갈등은 그들 자신의 실수에서 기인한 것이 아니라 그들을 둘러싸고 있는 환경의 적대성 때문이었다. 영화는 단순히 서로 다른 계층과 환경의 불행한 두 여성을 병치시켜 보여주는 것에 만족하지 않는다. 약자끼리 서로서로 비난하며 '불행 배틀'을 하는 것에 그치지도 않는다. 지선이 소파를 강박적으로 뜯는 것을 본 업소 사장은 목련(김연이 쓴 가명)도 처음 업소에 왔을 때 두려움에 떨며 소파를 뜯었었다고 얘기해 준다. 매춘으로 내몰린 여자와 아이를 잃은 여자가 매춘 업소의 소파에서 겹쳐지는 이 장면은 화해하기 어려운 상황의 두 사람을 서사적으로 만나게 하는 장면이라고 할 수 있다.

여성에게 강력한 억압기제로 작용하던 남자들이 사라진 자리에 고군분투하는 여성들만이 남는다. 자신의 아이에게 위해를 가하고 죽음을 택한 김연에게 달려들어 손을 내미는 지선을 통해 이 영화는 윤리적 연대마저 감당하려 한다. 각자도생이 정언명령이 되어버린 우리의 현실에서 이는 여성의 연대에 대한 낭만적인 결론일 수도 있다. 또한 인물의 미스터리한 반전이 밝혀지는 순간의 놀라움이 최종심급이 되는 장르적 쾌감을 위반한 것이기도 하다. 그런데도 이러한 결론에 이른 것은 이 영화에서 던져진 질문들에 대한 고민이 깊었기 때문이었을 것이다.

솔닛은 감정이입(empathy)이란 자신의 범위를 확장하는 것을 의미하며, 진정으로 타인의 현실적 존재를 알아보는 일을 통해 감정이입을 탄생시키는 상상적 도약을 구성한다고 할 수 있다고 보았다.[8] 김연에게 손 내밀어 주지 못한다면, 개인의 불행에 대한 사적 복수의 실패담에 그치게 되었을 것이다. 그러므로 <미씽>은 여성으로서의 실존을 확인하기 위해 타자인 다른 여성과의 관계를 통해 '말 걸기'를 실천하고 있는 과정을 보여주고 있다고 볼 수 있을 것이다. 그런 의미에서 이 영화는 작금의 한국 영화에서 드물게 여성이 처한 현실과 여성적 주체를 섬세하게 그려내고 있다는 점에서 인상적인 영화라고 볼 수 있다.

4. 그녀가 중심이 된 그녀의 이야기 - <허스토리>

일본군 위안부 피해자를 다룬 영화들은 그것이 전면화되든지 부분적으로 처리되든지 간에 민족적 공분을 추동시키는 측면이 있다. 이는 그 자체가 피해/가해의 메커니즘에서 벗어날 수 없는 사건이기

---

8   리베카 솔닛, 앞의 책, 286쪽.

때문이기도 하고, 여전히 제대로 사과받지 못한 고통이 피해자들에게 계속되고 있기 때문이기도 할 것이다. 변영주 감독의 <낮은 목소리>(1995) 시리즈처럼 이러한 소재는 초창기에 르포르타주(reportage) 같은 고발성 다큐멘터리영화로 다루어졌는데 실재의 인물과 당시 상황에 대한 정확한 사실 전달이라는 목표가 늘 영화라는 장르에 초

영화 <허스토리> 포스터

과하여 있었다. 하지만 당시 일본군 위안부 피해자들에 대해 최소한의 사실에 입각한 정보와 사회적 관심 모두가 부족했던 상황에서 분명 의미를 지닌 것이었다.

이후 점차 피해 인물들을 극화시켜서 당시 상황을 재현해 내는 영화 <마지막 위안부>(임선, 2014), <귀향>(조정래, 2015), <눈길>(이나정, 2015) 등이 등장한다. <귀향>은 이러한 소재의 영화가 가진 낮은 대중적 호응도에 대한 예상을 뒤엎고 350만 이상의 흥행 스코어를 기록했으며 위안부의 문제를 일본군 성노예 문제로 재인식하게 하는 국민적 공감대를 모으기도 했으나 폭력적인 상황이 선정적으로 전시된다는 비판을 받기도 했다. 이후 개봉된 <눈길>은 "끔찍한 폭력의 순간을 '영화적 스펙터클'로 이용하지 않으려고 주의"했다는 감독의 인터뷰를 남길 만큼 잔혹한 상황 자체보다는 전쟁의 비극과 피해자의 아픔에 좀 더 주의를 기울인 영화였다. 하지만 여전히 '소녀'인 극 중 인물들을 순결 이데올로기라는 상징적 차원으로 묘사해 피해를 단일하게 이미지화하는 측면이 있었다. 작년에 개봉한 <아이

캔 스피크>(김현석, 2017)가 돌파한 지점은 피해자를 꺾인 꽃 같은 소녀의 이미지로 낭만화하는 데서 벗어났다는 점이다. 피해자 '옥분'을 살아남아 우리의 곁에서 같이 사는 노년의 여성으로 현실화하고 무엇보다 그녀에게 목소리를 부여해 울음과 회고의 소극적 태도를 넘어선 질책의 음성을 내게 했다.

이제 제법 레퍼런스가 쌓인 일본군 위안부 피해자 소재의 영화들은 만듦새의 차이는 있을지언정 문제의식과 영화적 재현의 차원에서 조금씩 나아가고 있는 것으로 보인다. 그런 의미에서 관부재판을 다룬 <허스토리>에 대해서는 거의 매해 나오고 있는 위안부 소재의 영화라는 점에서 기대치가 덜한 것도 사실이다. 그러나 이 영화는 또 다른 측면에서 같은 소재의 영화들을 넘어서는 지점이 있고 그 성취에 우리는 좀 더 주의를 기울일 필요가 있다.

영화 <허스토리>는 본 내용에 앞서 '관부재판'이 무엇인지를 알리는 애니메이션과 자막을 제시한다. 일본군 위안부와 근로정신대 피해자를 구분하고 각각 3명과 7명이 관부재판(關釜裁判)의 원고가 되었다는 실재의 사실을 제시함으로써 실화 기반인 영화라는 점을 분명히 한다. 이는 영화적 서사화의 한계에 명확히 선을 긋는 것인데, 주인공과 세세한 사건들에 상당 부분 극적 상상력이 적용되더라고 실제 재판의 과정이나 결과를 바꿀 수는 없다는 점, 그러므로 근본적으로 완전히 허구인 이야기들과는 달리 실재감이라는 측면에서의 신뢰성을 획득하게 한다.

1990년대 부산에서 여행업으로 성공한 사업가이자 부산여성경제인연합이라는 모임에도 참여하고 있는 문정숙(김희애) 사장은 고교

생 딸 혜수(이설)를 홀로 키우는 워킹맘이자 배포가 큰 인물이다. 가
사도우미 배정길 할머니(김해숙)는 늘 바쁘게 사는 그녀를 대신해서
집안일을 돌보고 반항심 많은 혜수도 잘 어우르며 친밀하게 지낸다.
어느 날 뉴스에서 일본군 위안부였던 김학순 할머니의 증언이 방송
되는데 문 사장은 그 할머니의 처지를 부정적으로 말하며 혜수를 힐
난한다. 이후 갑자기 배 할머니가 메모를 남긴 채 일을 그만둬 버리
고, 문 사장은 할머니의 집을 찾아가나 문전박대를 당한다. 한편 기
생관광 문제로 영업 정지를 당한 문 사장은 같은 모임의 후배 신 사
장(김선영)의 권유로 회사의 이미지 제고를 위해 '위안부 및 정신대
피해 신고 센터'를 사무실에 마련하고 신고 전화를 개통한다. 이곳
에 배 할머니가 찾아오고 문 사장은 그녀가 위안부 피해자라는 사실
에 매우 놀란다. 문 사장은 여직원 류선영(이유영)과 함께 피해를 본

할머니들을 찾아다니면서 참여를 독려하고, 박순녀(예수정), 서귀순(문숙), 이옥주(이용녀) 등의 할머니들이 모인다. 문 사장은 사재를 털고 재일교포 변호사 이상일(김준한)의 도움을 받아 일본 정부에 사죄를 받아내기 위한 재판을 시작하는데 이는 6년간 23차례나 이어지게 된다.

영화의 첫 장면은 부산여성경제인연합 회원들이 모여서 떠들썩하게 식사를 하는 것으로 시작된다. 문 사장은 성공을 늘 남성의 공로로 돌리는 회원들에게 여자들도 스스로 잘난 척을 좀 해야 한다고 주장하는데 여성들의 이야기에 귀를 기울이는 영화라는 여성주의적 정체성을 분명히 하는 장면이다. 같은 소재의 영화들에서 위안부 피해자인 주인공이 전면에 제시되는 만큼 고통을 겪어 온 그녀의 삶이 현재에도 어떤 식으로든 영향을 미치고 있다는 측면이 강조된다면, 이 영화는 피해자가 아닌 여성이 영화 전체를 이끌어 가며 그녀가 경제력을 지니고 적극적인 행동력마저 갖춘 주인공으로 등장하는 것이다. 이는 이러한 소재의 영화가 더 이상 개별적인 개인들의 과거사적인 불행에만 머무르지 않으며 현재를 살아가는 전혀 다른 상황과 처지에 놓인 여성들과도 서로 연결될 수 있다는 점을 보여준다고 할 수 있다. 스피박은 공식적인 역사에서 지워진 채 파편화된 대중의 기억에 목소리를 부여하는 '반기억(countermemory)'[9]의 전략을 강조하는데 공식적인 역사에 항거하여 그동안 망각되었던 타자의 목소리들을 복원하는 내용을 담고 있다. 즉, '시대적 아픔의 희생자' 정도의

---

9 김상구 외, 『타자의 타자성과 그 담론적 전략들』, 부산대학교출판부, 2004, 108~109쪽.

말로 그들을 타자화시키는 것이 아니라 현재를 같이 살아가는 사회의 일원이자 같은 여성으로서 그들의 삶에 공감하게 만드는 것이다.

관부재판을 이끌어가는 6년 동안 할머니들의 사연에 귀를 기울이고 경제적 도움을 베푼 사람들은 주로 여성들로 묘사된다. 특히 극 중 신 사장과의 워맨스가 아주 인상적이다. 그녀는 이재에 밝은 사업가답게 일본 사람들을 도외시하고는 장사가 되지 않는다고 불만을 토로하고 문 사장이 재판에 과도하게 몰두하는 것을 말리기도 하지만, 인지상정을 지닌 사람으로 할머니들의 처지를 동정하고 동료애로서 문 사장의 경제적 어려움을 돕는다. 유쾌한 성격의 그녀가 등장할 때마다 전체적으로 무거운 영화의 분위기도 환기되고, 문 사장의 자금줄에도 숨통을 트이게 된다. 결국 사재까지 털어가며 피해자 할머니들을 돕는 문 사장의 선의와 결단력이 재판을 이끌어가는 동력이라면, 그녀의 의지가 약해질 때마다 그녀에게 현실적인 도움의 손길을 내미는 것도 같은 여성인 신 사장과 경제인 모임의 후원금이라고 할 수 있다. 마지막 장면에서 기념관 사진을 찍기 위해 모인 할머니들을 바라보는 시선의 주체도 문 사장인데, 끝까지 이들의 편에 서고 있는 실존 인물을 모티프로 하여 만들어진 인물이므로 연대하고 나아가야 할 방향이 결국 허구가 아니라는 점을 보여줌으로써 더욱 의미를 지닌다.

5. 증언의 세대론적 전승

　기존에 위안부 피해자를 다룬 영화뿐 아니라 일제 강점기를 다룬 우리 영화의 대부분은 일본에 대한 민족적 분노를 전경에 깔고 갈 수밖에 없다. 그런데 <허스토리>에서는 가해자인 일본의 사죄하지 않음에 대해 분명한 비판을 제기하면서도 그 이유에 대해 정치적으로 결정된 한일관계의 여러 문제적 상황들이 있었음을 지적한다. 특히 문 사장이 위안부 신고센터를 열게 된 계기가 '기생 관광'으로 벌어진 위기의 타개책이었다는 점이 의미심장하다.

　패전 이후의 일본이 한국 전쟁으로 인한 군수 사업을 통해 경제적 회복을 이뤘듯이 박정희 정권 아래 이뤄진 굴욕적 한일 협정(1965년)은 경제적 부흥이라는 목적을 내세우며 일본과의 교류를 가능케 했고 일본 정부에 보상금을 받으면서 전쟁 책임을 면피하게 했다. 이러한 한일 교류에 의한 경제적 이익 창출에 '기생관광'으로 명명된 여성 성 노동 즉, '국가 주도 수출 지향적 성의 프롤레타리아화'[10] 문제가 관여되었다. 70년대 산업화의 '빛나는' 명성이라는 것 이면에는 남성 중심의 착취 구조인 '기생관광'이나 호스티스 등의 '서비스 노동(Service Economies)'[11]의 문제가 놓여 있었다. 극 중 위안부 피해자들이 국가의 이름으로 재판을 하지 못하고 개개인의 자격으로 임한 것은 이미 일본에 '보상'이라는 명분을 주었기 때문이다. 또한 이런 피해를 다룰만한 법적 근거가 없기 때문에 전범국의 식민지 피해 보상의 차원이 아니라 '도의적 국가의 책임'을 통해서만 재판이 가능했다. 한 인간이자 여성의 인권 문제로 재판을 돌파해 나갈 수밖에 없었던 사정이 여기에 있다.

나아가 이는 '아들'에 희생당한 딸들의 역사를 보여주는 것이기도 하다. 극 중 이옥주 할머니는 끌려가던 날의 아침을 회상하며 "내 고향 복사꽃이 유명한 도화마을. 끌려가던 날, 아부지가 꽃신을 사 오고는 대를 이으려면 머스마가 남아야 하지 않겠나. 미안타 했다"라고 증언한다. 하지만 그녀는 아버지를 비난하는 대신 "나는 꼴을 다 못 베고 가는 게 미안해서…"라고 회상할 뿐이다. 그녀는 결국 끌려갔고 돌아와 여전히 지속되는 고통에 정신적 문제를 겪고 있다. 이러한 사례가 전체를 아우를 수는 없겠지만 결국 일본이라는 절대적인

10 이진경, 앞의 책, 173쪽.

11 위의 책, 46쪽.

거악이라는 항 밑에는 젠더적 위계가 작동하고 있었음을 그런 의미에서 위안부 할머니들의 사연에 깊이 공감할 수 있는 대상에 그리고 현재도 이어지는 연대의 흐름에 여성을 놓게 되는 것이다.

극 중 노년의 할머니들-중년의 문 사장-젊은 세대인 여직원 류선영과 혜수반 교사(한지민)-10대인 혜수로 이어지는 세대 간의 공감대를 세심하게 고려한 부분도 지적되어야 한다. 할머니들의 증언을 일본의 재판부에 전달하기 위해 문 사장은 통역을 하는데 이때 실제 할머니들의 슬픔과 고통, 분노까지도 전달해 내려 애쓴다. 이 과정을 통해 할머니들의 증언은 문 사장의 입으로 재발화 된다. 류선영은 극 중 재판을 망설이는 할머니들에게 일상적으로 불편한 일을 당해도 늘 아무 말도 못 하고 소극적으로 사는 자신을 고백하며 할머니들의 용기를 북돋고, 수업 시간에 배 할머니의 강연을 소개하는 교사는 이러한 할머니들의 증언을 다음 세대에 전달할 의무를 수행한다. 배 할머니의 사연을 듣고 수요집회에 나가 'History'에 가려져 있던 'Herstory'의 필요성을 역설하는 혜수의 역할도 증언의 세대론적 전승과 기억이라는 측면에서 각각의 역할을 담당하고 있다고 할 수 있다.

6. 불가능한 것의 경험으로서의 윤리학

이 영화의 후반 재판 장면에서 가장 중요한 분기점은 배 할머니의 위증 문제이다. 이것은 재판의 유일한 전략이 할머니들의 증언에만 의존할 수밖에 없었던 상황에서도 큰 패착이며, 한결같이 할머니들의 주장을 거짓말로 몰아온 일본 측의 주장에 날개를 달아줬다는 점 그리고 무엇보다 그녀의 피해 사실에 공감하여 선의로 힘껏 도와온 문 사장에게 배신감을 안겨줬다는 점에서 문제적이다. 또한 같은 목적을 향해 달려온 그들의 관계에 균열을 가져오게 된다는 점에서 밀도 높은 긴장을 조성하는데 그간 피해자의 윤리적 완결성에 의심을 가하지 않았던 서사들과 차별화되는 부분이라고 할 수 있다.

위증 문제만이 아니라 같이 재판을 하는 할머니들 사이에서도 위안부였는지 근로 정신대였는지를 놓고 은근한 신경전을 벌이기도 한다. 또한 극 초반 문 사장이 찾아갔던 홍 여사(박정자)처럼 처음엔 위안부로 갔으나 나중엔 중간 포주 역할을 했던 존재도 있었음을 제시한다. 그러므로 피해자 할머니들이라고 하더라도 모두가 서로에 대한 완전한 합의와 이해를 이루고 있는 것이 아니다. 결국 배 할머니의 위증은 남다른 사연 때문이었음이 밝혀지긴 하지만, 이렇듯 피해자의 어떤 증언에 의구심이 생겨날 경우 가해지는 집단적 린치의 예를 우리는 현재의 성폭력 피해자들의 경우에서 무수히 보게 된다. 사건 전체와 맥락이 놓인 방향의 폭력적 피해 지점을 고찰하지 않고 개개인의 언술과 행동의 한 부분에 비판이 가해질 경우 피해자는 가해자와 도치되고 가해자를 단죄하던 목소리들은 피해자를 향해 더 극심한 폭력적 언술에 시달리게 하는 것이다.

한편, 재판을 이겨서 반드시 일본의 사죄를 받아내겠다는 문 사장의 의욕은 법정에서 다소 충격적인 방식으로 서귀순 할머니의 과거를 드러내게 한다. 이 변호사는 그녀의 목적 지향적인 태도가 가진 맹점을 지적하며 과정도 상처가 될 수 있음을 그리고 이긴다는 것에만 매달릴 때 승자였던 일본의 착취구조를 인정할 수밖에 없게 된다며 그녀를 비난한다. 이 과정에서 문 사장은 맹목적으로 달려온 자신을 되돌아보게 되고, 이미 요원한 그 목표를 향해 무리하게 일을 진행하는 것만이 능사가 아님을 깨닫는다. 이를 통해 '지는 싸움'을 계

속해야 할 당위를 얻게 된다는 점에서 인물의 각성이라는 성장 서사의 특징을 보여주고 있기도 하다.

배 할머니의 변화 역시 동일하게 성장 서사의 특징을 보여준다. 배 할머니는 위안부라는 과거 때문에 평생을 죄스러운 마음으로 살며 남편에게도 아들에게도 늘 당당하지 못한 채 살아왔다. 경제적으로 그녀에게 의탁하고 살면서 폭력을 행사하는 아들이지만 그의 뇌병변 장애마저도 자신의 탓인 양 미안해하며 그를 감싸 안는다. 이는 근본적으로 이 세대 여성들이 부계의 권위가 주는 사회적 울타리를 문제의식 없이 수긍하고 있는 탓도 있을 것이다. 그런데 재판 과정을 거치면서 억누르고 감춰두었던 과거를 발화하게 되면서 자신은 그저 살려고 했을 뿐, 잘못은 일본에 있는 것이라는 인식의 변화를 얻게 된다. 그러면서 그녀는 자신의 동의를 구하지 않고 일본이 준 위로금을 받으려는 아들에게 화를 내고 수령증을 찢어 버린다. 그간 아들의 폭력에도 두둔할 만큼 그에게 종속된 삶을 살던 배 할머니가 분노의 감정을 드러내고 자신의 의지를 주장할 수 있게 된 것은 엄청난 변화라고 할 수 있다. 결국 배 할머니도 남자의 얼굴을 한 전쟁과 그로 인해 배태된 남성 이데올로기의 피해자에 불과한 것임을 보여준다.

문 사장은 할머니들을 위해 무료로 변론하는 이 변호사에게 왜 이런 일을 하느냐고 묻는다. 그는 "차별과 불합리를 용서하기 싫다는 생각"을 가지고 있다고 말한다. 이러한 생각은 결국 배 할머니의 마지막 발언에서 "지금 기회를 줄게. 인간이 돼라"라고 말한 지점과 근본적으로 다르지 않다. 가해국인 일본의 적반하장적인 태도는 인간이라면 응당 가져야 할 최소한의 양심과 이성에도 미치지 못하는 수준에 불과하다는 인식인 것이다. 이 지점에 이르면 이 영화가 민족적 감정을 건드려 신파조의 눈물을 짜내지 않는 이유가 뚜렷해진다. 스피박은 "타자의 정치학은 재현이 빠뜨리거나 배제한 현실에 주목하여 권력의 담론 이분법적 논리를 통제할 뿐 아니라, 지배와 식민주의의 영향에 대한 주관적 경험과 지배당하고 주변화된 하위집단의 객관적 역사(즉 대항적 역사 counter-histories)를 통해 침묵 당한 타자의 역사를 복원한다"[12]고 설명했다. 이 영화는 위안부 피해자 할머니들을 연민과 공감의 연대를 통해 관계를 맺어야 할 '타자'에 위치시키고 이를 통해 침묵을 강요당한 그들의 역사를 다시 복원시켜야 한다는 문제의식과 맥이 닿아 있다고 볼 수 있다.

그런 의미에서 이 영화가 가진 미덕은 피해/가해의 이분법과 단순한 공분 차원이 아니라 젠더적 위계와 계급적 위계 속에 겹겹이 쌓인

---

12   김상구 외, 앞의 책, 110쪽.

피해자의 다양한 층위를 인정하고 복잡하게 놓인 문제들을 의식하고 있다는 데에 있다. 일본이 과거사를 사죄하지 않기 위해 끊임없이 주장하는 '이미 피해를 배상했다'-'우리도 피해자이다'-'증언이 일률적이지 않으므로 그들은 거짓을 말하고 있다'라는 논리적 흐름에는 이러한 피해와 가해의 윤리적 도치 혹은 주인과 노예의 변증법을 연상시키는 검증 가능성에 대한 함정이 놓여 있는 것이라 할 수 있다. 지더라도 싸움을 계속하며 이를 통해 끊임없이 자아의 반경을 넓혀 포기나 절망을 넘어서서 타자와의 관계를 도모하는 것이 나 아닌 타인과의 공감이 가능해지는 지점이자 '불가능한 것의 경험으로서의 윤리학'[13]의 차원인 것이다. <허스토리>가 각별한 지점은 위안부 피해자들에 관한 서사를 그러한 보편성의 차원에까지 끌어올리고 있다는 데에 있다.

　<미씽: 사라진 여자>와 <허스토리> 두 작품 속에 등장하는 여성들은 당면한 문제도, 사회에 놓여 있는 위치도, 세대까지도 모두 제각각이지만 여성이 다른 여성에게 타자를 향한 '말 걸기'라는 방법을 통해서 관계를 맺는다는 공통점이 있다. 각각의 작품에 등장하는 여성들은 서로 적대적 관계를 맺기도 하고 때로는 같은 목적을 위해 공모하기도 한다. '타자'와의 자기 정초적 '대화'의 시도는 고통스러운 것이므로 여성 인물들은 성장 서사의 궤적을 겪는다. 그러나 이러한 인물들의 관계 맺기의 과정은 결국 확실한 답을 찾는 데에 목적이 있는 것이 아니라, 오히려 "완전한 대답이나 최종적인 대답을 기대하

13　앞의 책, 78쪽.

지 않고 그 질문을 계속 제기"[14]하는 것에 있다고 볼 수 있을 것이다. 끊임없이 여성의 삶에 가해진 균열을 인식하고 관계 맺기의 지난한 여정을 감당하는 것은 결국 자기 주체를 온전히 인식하게 되는 길이 되는 것이기 때문이다.

14   앞의 책, 77쪽.

10장
가까움에 대한 열정과 멂에 대한 희원
— <롤러코스터>

이 호

* 영화 〈롤러코스터〉 스틸컷 제공: 판타지오픽쳐스

우리들이 놀이동산에 가서 롤러코스터를 탔을 때 느꼈던 긴장과 스릴,

'내가 왜 이것에 올라탔을까?'하는 모든 후회도

롤러코스터에서 내리면 그것으로 끝이다.

그때는 나름 절박했지만, 롤러코스터 안에서 느꼈던 감정과 불안과

추락에의 짜릿함도 금세 아무것도 아닌 것이 되고,

그 경험은 유희와 추억이 될 뿐이다.

이것이 이 영화의 제목이 롤러코스터인 이유이다.

1. 실패한 영화?

폭넓고 리얼한 연기로 각광을 받고 있는 배우 하정우가 만들어 관심을 끌었던 영화 <롤러코스터>(2013)가 막을 내렸다. 그것은 대체로 실패였다고 평가된다. 관객 수가 적었으며, 상영관에서 빨리 내려왔고, 관객들의 평이나 전문가들의 평점도 별로 좋지 않다. 그렇다고 영화가 실패인가? 대중적 흥행의 국면에서는 그럴 수도 있고, 영화 전문가

영화 <롤러코스터> 포스터

들에 의해서도 그런 것 같다. 하지만 작품의 의미를 타인들의 평가에만 내맡길 수 없는 노릇이다. 영화를 보기도 전에 이미 평점과 별표의 개수조차 공개되고 알려지는 세상이면서, 스포일러는 금지돼야 한다고 주장하는 세태.

관객 수라는 것은 대중성이나 흥행성의 척도와 관련되고, (문화) 상품 호응도와도 관계된다. 우리 시대의 사물들이 상품 형식을 벗어날 수는 없지만, 모든 것이 상품성과 소비의 측면에서 설명되지는 않는다. 흥행에 실패했다 하더라도, 작품성이 없다고 이구동성으로 입을 모아도, 누군가에게는 '내 인생의 영화'가 될 수 있다. 영화적 완성도를 관객 수라는 계량화된 수치로만 환원하는 것은 경험적으로나 논리적으로도 옳지 않다. '작품-텍스트'는 작가-감독의 손을 떠나는 순간 그 자체의 운명을 갖고 있으며, 그 영화를 수용하고 전유하는 사람들에게서 다시 태어나기도 한다.

이 영화를 감독한 배우 하정우는 <롤러코스터>를 그저 "농담 같은 영화일 뿐"이라고 어떤 인터뷰에서 말했다. 만일 감독이 영화 제작비를 들여, 많은 배우들과 한갓 농담일 뿐인 영화를 찍은 것이라면, 사회적 조크를 던지기 위해 몇 달 동안 배우들과 대본 리딩을 한 것이라면, 우리도 <롤러코스터>에 대한 농담 같은 해석학적 에세이를 만들어도 되리라.[1] 이제 영화 <롤러코스터>를 통해 우리 시대의 환경과 인간관계의 조건들을 생각해 볼 수 있을 듯하다. 이 영화는 인간관계에 대한 영화이자, 인간들 사이의 '거리'에 관한 영화다. 비행기 안에서 벌어지는 한편의 소동극을 통해 새삼 우리 삶의 조건으로서의 인간관계를 재발견하게 된다고 주장하고 싶다.

영화의 주인공 '마준규'(정경호)는 한국은 물론 일본에서도 유명해진 연예인인데, 이른바 '육두문자맨'으로 알려져 있다. 그는 하네다 공항으로 가는 택시 안에서 매니저와 대화를 나누고 있다. 영화의 오프닝, 뉴스에서는 육두문자맨 열풍에 대한 보도와 일기예보가 흘러나오고 있다. 택시 밖으로 펼쳐지는 일본 도심의 야간 풍경. 수많은 네온사인과 연예인들의 이미지 광고판들. 숨 가쁜 뉴스와 정보들이 소리와 이미지들로 전달된다. 그것은 분명히 이 시대의 많은 이들이 모여 살아가는 도시의 풍경이자 환경이다. 사람들은 광고에 노출되어 있고, 광고는 사람들의 시선과 감각을 사로잡기 위해 총력을 기

---

1 모든 작품에는 저자의 의도와 계산을 넘어서는 무엇인가 담기게 마련일 뿐만 아니라, 그것을 창조적으로 해석하는 것은 독자-수용자의 몫이다. 저자의 의도조차 넘어서는 해석은 도리어 권장되어야 할 일이지, 저자의 의도에 국한될 일이 아니다. 작품-이야기는 언제나 저자의 의도를 배반하고 넘어서는 '텍스트로서의 자율성'을 갖고 있다.

울인다. 낯선 타인들(광고의 무작위적 수신자들)에게 쉽고 빠르게 접근하기 위해서 연예인이라는, 대중(잠재적 소비자들)에게 널리 알려진 사람들을 이용한다. 그들은 언제나 우리에게 미소 짓고 고혹적인 표정으로 친숙한 눈길을 보내온다. 그들은 '나'를 모르지만, 우리는 그들을 잘 알고 있다(혹은 잘 알고 있는 것처럼 생각하게 된다). 이렇게 연예인들과 우리는 가상적으로 가깝다.

마준규는 매니저에게 불평을 늘어놓고, 그의 무능을 탓한다. 형뻘인 매니저에게 마준규는 반말로 나무라면서, "노력 많이 해야 돼" 하고는 그의 얼굴을 가볍게 때린다. 연예인과 매니저는 업무적 공생관계이지만 생활을 같이하는 가족 같은 사이로 알려져 있다. 연예인의 스케줄을 관리하고, 그의 일거수일투족에 동행할 뿐만 아니라 그의 감춰진 이면들도 알고 있는 사이. 연예인과 매니저라는 '사이-관계'는 아주 긴밀하고 가까운 관계이면서 한편으로는 업무적인 관계다. 그러나 생각해 보면 우리들도 게젤샤프트적인 인간관계들 속에 놓여 있었고, 오래전부터 그렇게 살고 있다.

그 사이에 그의 여자친구 '수영'이 올린 메시지 알림이 온다. 마준규의 스캔들에 분노해 내뱉는 욕설에 가까운 내용의 메시지는 '너는 개새끼'라는 것, 그것도 '발정 난 개'라는 내용이다. 그런데 그것은 마준규 개인에게 보내진 것이 아니라 소셜 미디어에 올린 자신의 멘션이다. 그것을 마준규가 보도록, 마준규가 볼 수 있다는 걸 알면서 올리는 형식의 소통 방식. "나는 이제 혼자입니다. 그토록 믿었던 개자식을 포기하렵니다. 어쩔 수 없이 개는 개인가 봅니다. 난 그동안 그 개자식을 사랑했습니다. 내가 병신이죠. 그 개자식 분양받으실 분은 연락 주세요. 쉬운 개입니다. 참고사항: 매일 발정 나는 개입니다. 단속 잘하셔야 함!" 이로써 이 영화의 모든 것이 암시되었다. 우리 시대의 환경과 사회적 조건들이 펼쳐졌다. 이를테면 사람들 사이의 단속적인 관계와 거리(소셜 네트워크), 인물들 간에 주고받는 욕설들(우리 시대의 언어 환경), 그리고 그것을 중개하는 미디어 환경 등이 이 영화를 읽게 되는 코드이다.

2. 무례 권하는 사회

마준규는 일본에서의 일정을 마치고, 한국으로 향하는 비행기에 탑승한다. 곧이어 승객들도 들어온다. 전혀 알지도 못하는 사람들이 하나의 교통수단에 탑승한다. 가장 빠른 속도로 멀리까지 데려다줄 수 있기 때문에 국경을 넘을 때 자주 이용되는 운송장치로서의 비행기. 자동차는 중간에 멈추기가 비교적 쉽고, 선박에는 구명보트라는 것이 있어서 탈출의 가능성이 있다. 그러나 비행기가 이륙하면 착륙

전 중간에 내리는 일은 거의 불가능하다. 게다가 비행기 사고가 나면 개인이 할 일은 별로 없다. 자신의 생사를 비행기에 맡겨야 하고, 운명에 맡겨야 한다. 비행기 사고가 확률적으로 적다고는 하나, 일단 발생하면 그 생존율은 매우 낮다. 그래서 비행에는 언제나 알 수 없는 긴장감이 따른다. 그 긴장감과 불안은 바로 자신의 생명을 타인(비행기 조종사)이나 비행-기계, 기상이나 예측 불가능한 조건들에 맡겨버릴 수밖에 없다는 상황의 발견에 연유한다.

비행기 탑승자들은 이렇게 공동의 운명에 처한다. 알든 모르든 비행기에 탑승하는 순간, 탑승객들은 하나의 공동 운명체가 된다. 이 영화에서 "우리 비행기"라는 표현이 여러 차례 등장하는 것도 그런 이유에서다.[2] 물론 비행기에 탑승했다는 하나의 사실로 공동체 구성 요건이 충족되지는 않는다고 생각할 수도 있겠다. 비행기 탑승 시간은 지속적인 공동체보다는 매우 한시적이며, 그들 자신도 공동체의 구성원이라고 인정하지 않을 가능성이 더 높다. 하지만 비행기에 탑승하는 순간, 그 비행기 안에 있는 사람들이 하나의 공동운명에 처해 있다는 사실을 발견하기란 그리 어렵지 않다.

비행기 안에서 느끼게 되는 정서는 죽음 가능성에 대한 의식에서 비롯되는 불안감이며, 그렇게 함께 묶여 있다는 것을 느끼게 되는 데서 오는 불편함이다. 비행기는 매우 좁다. 그 좁은 곳에서 사람들과

---

2 그들이 모두 같은 곳에서 일시에 죽음을 맞이한다고 하더라도 그것이 공동체 구성요건은 될 수 없다고 말해도, 사람들은 각자 홀로 죽음을 맞이할 뿐이라고 주장해도 그것의 공동체적 속성을 부정하지는 못한다. 어떤 공동체든 한시적이기는 마찬가지이며, 그 어떤 공동체든 사람은 각자 홀로 죽음을 맞이할 수밖에 없기 때문이다.

함께 앉아 있어야 한다는 것은 단지 신체적인 불편함의 문제만이 아니라 바로 사람들 간의 물리적 거리가 가깝게 놓여 있는 데서 오는 심리적인 문제다. 문제는 심리적 거리와 물리적 거리의 불균형에서 비롯된다. 먼 관계지만 가까이 놓인 관계, 낯선 타인이지만 하나로 결속되어 있는 관계 말이다.[3]

그것이 비행기 안에서 서로에게 느끼게 되는 불편함의 요체다. 완전히 낯모르며, 잠시 후면 뿔뿔이 흩어질 사람들과 함께 죽을 수도 있는 위험 속에서 하나로 합쳐져 있음. 그것은 기이한 거리감이다. 낯선 타인들이지만, 하나의 운명공동체에 속해 있고, 운명공동체라고 하기엔 너무나 낯선 사람들이 일시적으로 모인 이동장치로서의 비행기. 이런 역설적인 상황이 코미디가 벌어지기에 적합한 환경을 성립시킨다. 그렇게 <롤러코스터>는 비행기 안에서 진행되고 끝나는 한편의 시트콤이다.

낯선 이들이 어떤 교통수단에 탑승했다는 이유만으로 운명공동체

---

3 이런 주장에 대한 확인은 비행기는 아니었지만, 또 하나의 교통수단인 배, 즉 세월호 침몰과 그 이후의 전개 과정에서도 우리 사회는 이미 경험적으로 확인한 바 있다.

가 된다는 설정은 아이러니한 상황이 아닐 수 없다. 통상적으로 운명 공동체란 국가나 민족, 가족공동체나 지역공동체 등을 포함해 특수한 목적과 이해를 함께하는 집단들, 이를테면 군부대 집단이나 운동경기 팀, 회사 공동체나 학교 공동체 정도는 되어야 하는데, 비행기는 탑승했다는 이유 하나만으로 낯선 사람들을 공동의 운명체로 묶어 버린다. 그리고 이 영화에서 사람들이 서로에게 보여주는 무례함은 좁은 공간 안에서 하나의 덩어리로, 공동운명체로 묶여 있다는 데서 발생한다.

이 영화 속 인물들의 특징이자 공통점은 '무례'하다는 것, 즉 예의가 없다는 것이다. 그러기에 가장 빈번하게 등장하는 대사는 "미안합니다"와 "죄송합니다"라는 사실을 기억해야 한다. 그러나 아무도 진심으로 미안해하지는 않는 것 같다. "제 생각이 거기까지 미치질 못해서 제 소리가 거기까지 미쳐버리고 말았네. 미안하게 됐어요"라는 삼국통일 신문기자의 사과인지 뭔지 모를 답변이 이 영화 속 사람들의 태도이다. 미안할지도 모르지만, 나는 이것을 해야겠다는 태도, 진정성 없는 사과가 더 불쾌하게 느껴지는 상황. 그들은 각자의 방식대로, 자신만의 이유와 사정으로 조금씩, 그러나 어처구니없이 예의가 없다. 자기 딸이 팬이라며 "차복순, 널 갖고 싶어"라는 메시지를 사인해 달라는 아주머니-승객(사실은 자신의 이름이 차복순이다), 신혼부부라면서 브래지어 끈을 풀고 등에다 사인을 해달라고 했다가 이내 다른 사람들 앞에서 화해의 키스를 해대는 커플, 목탁을 두드리며 처음 보는 사람에게 육식하지 말라는 스님(살생 때문이 아니라 도살시 동물들이 받는 스트레스 때문에 육식해선 안 된다면서 계란 반숙을 하나 더 주문하는 스님), 자기가 배고프다고 자신 먼저 특별한 식사를 달라는 기자, 큰 회사의 회장이니 와서 인사를 하고 가라는 사람 등 모두 아무렇지도 않게 무례한 사람들이다.[4] 그들은 왜 그렇게 무례한가?

마준규의 옆자리에 앉은 신혼부부 커플을 보자. 함부로 엉덩이를 들이대며 사인을 요구하고, 둘이 싸우다 금세 화해하고 아무렇지도 않은 듯 다른 사람들 앞에서 서로 키스를 해댄다. 이처럼 과도한 애정표현과 안면을 몰수하는 행위들은 단지 타인의 기분과 수용에 대한 배려적 상상력이 부족해서가 아니다. 그것은 우리들의 사이가 가까워졌기 때문이다. 소위 층간 소음이라는 것도 우리들이 서로 아주 가까이 살기 때문에 발생하는 것이다. 아이들은 동서고금을 막론하고 언제나 뛰놀게 마련이다(그래도 아이들이 뛰게 마련이라는 말은 아래층 사람이 해야지 위층 사람이 해선 안 되는 것이 예절이다). 우리 시대의 고통은 먼 사람들이 너무 가까이 거주하고 있다는 데에 있

---

4 이러한 언급에 대한 사회적 확인도 우리는 소위 '땅콩녀 회항' 사건이나 그와 연관된 폭로로 이미 경험한 바 있다.

다. 거리가 가까우면 예의가 실종될 수밖에 없다는, 혹은 예의란 적절한 거리를 유지하는 것이라는 메시지가 상황을 통해 발견된다.

마준규를 보자마자 다가와 사인을 요청하는 사람들. 사인을 해주겠다는 마준규의 표정에는 억지 친절로 가득하다.[5] 사람들에게 널리 알려진 사람은 타인의 눈길에 노출되게 마련이다. 그것은 인기의 척도일 수 있지만, 개인으로서 편안하게 휴식을 취할 시간은 줄어든다. 늘 언제 어디서나 낯선 사람들이 불쑥 다가와 팬이라며 어떤 요구를 해도 화를 내거나 불친절하기 어려운 것이 연예인이다. 그들은 마준규를 처음 보았고, 처음 만났음에도 불구하고, 대뜸 말을 건네며 과도한 요구를 일삼는다. 그것은 그들이 연예인 마준규를 아주 잘 알고 있기 때문이다. 그들의 앎은 상호적 관계 맺음의 앎이 아니라, 일방적인 인지, 여러 매체를 통해 연예인을 가깝게 느끼고 있기 때문에 생긴다. 그래서 반가운 것이고, 그래서 쉽게 말을 걸게 된다. 널리 알려졌다는 것이 다른 이들이 자기 멋대로 대해도 좋다는 표식은 아니지만 바로 이 일방적인 친숙함이 그들로 하여금 무례를 범하게 만든다.

그래서 이 비행기 안의 사람들은 과도하게 가깝다. 이 영화 속 인물들의 관계들을 보라. 기장과 부기장의 관계-사이, 기장과 관제사 사이, 승무원들 간의 사이, 회장과 비서 사이, 기자와 마준규 사이, 연예인과 팬들 사이, 연예인과 매니저 사이, 마준규와 승무원들 간의 사

---

5 이런 것들도 감정 노동의 일종일 터인바, 감정 노동이란 결국 친절이 업무적으로 강요되었을 뿐, 도리어 가짜 친절은 당사자들 간의 관계에 있어 진정한 소통과 만남의 가능성을 차단하고, 서로를 소외시키는 예의이며, 감정 노동이란 사회적 관계 양상이 형식적으로 전락해버린 우리 시대의 관계 양식을 일컫는 다른 이름이다.

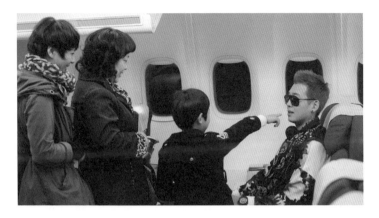

이 등등을 생각해 보자. 이들의 예의 없음은 그들의 가정교육이 나빠서 그런 것이 아니다. 굳이 말하자면 '사회교육' 때문에 그렇게 된 것이다. 많은 것들이 노출되고, 현시되고, 표현되며, 소통되고 또 그것이 되돌아온다. 그 속에서 사람들의 '사이-거리'는 아주 가까워진다.

비행기 안에 사람들이 모여 있듯이, 우리들 역시 비슷한 공간 안에, 네트워크 안에 오밀조밀하게 모여 있고, 미디어는 그 거리를 더욱 좁혀 놓는다. 서로가 서로를 알고 (있다고 느끼게 하고) 서로가 서로와 알지만 실제로 알지는 못하는 그런 관계들. 사실 그 '가까움'은 진정한 의미의 친밀도와 일치하지 않는다. 어쩌면 사람과 사람의 거리는 가깝다고 해서 반드시 좋은 것이 아니며, 적절한 거리야말로 도리어 예의와 배려의 거리일 수 있다. 그러나 네트워크의 세상에서 우리는 서로 연결되어 있고, 사람들 간의 거리는 좀 더 좁아지고, 좀 더 가까워졌다. 그런데도 고독감은 쉽사리 가시질 않는다. 바빠서 외로울 틈조차 없는데, 아니 없을수록 더 외로워지는 역설. 그것이 연예인 마준규가 수영에게 집착하는 이유다.

이들의 '가까움'에는 시간성을 필요로 하는 '길듦'은 없고, 물리적 근접성만이 있을 뿐이다. 그 가까움은 상호 인정이 아니라 불균형한 과다 노출과 음침한 응시가 있으며, 상호 보여짐이 아니라 꾸며지고 가공된 일방적 현시가 있을 뿐이다. 나와 너의 관계가 아니라 나와 그들의 관계. 그렇게 익명적 타인들과 오래도록 가깝게 지내는 사람들의 피곤함이 이 영화에서는 무례하고 기이한 캐릭터들로 나타난다. 그런 사람들을 보며 관객들은 웃음을 터뜨리지만, 곰곰이 생각해 보면 그 웃음에는 씁쓸한 뒷맛이 감돈다. 이처럼 강제된 가까움은 사실 대단히 폭력적이기 때문이다. 우리는 스스로 소셜 미디어를 택한 것이 아니라, 사회 환경 안에서 그것을 하지 않을 수 없게 되어 버린 것이다.

미디어가 발달해 우리가 직접 가보지 않은 곳도 매우 익숙한 풍경이 되었고, 만날 수도 없고 알지도 못하는 사람들의 소식을 접하고 그들의 얼굴을 본다. 네트워크 환경과 소셜 미디어들은 사람들을 연결시켜 놓을 뿐만 아니라 우리를 아주 가깝게 만든다. 소셜 미디어에 가입만 해도, 수십 년 전 기억조차 가물가물한 친구들을 눈앞으로 불러다 준다. 헤어진 연인을 몰래 훔쳐보는 일은 언제든 가능해졌다. 그렇게 사람들 사이의 거리는 가까워졌다. 우리가 서로를 인지하고, 들여다보고, 서로에게 의존하는 심리적인 네트워크의 거리 말이다.

그 거리와 친밀도의 거리가 반드시 일치하는 것은 아니다.[6]

미디어와 네트워크는 우리를 가까이 불러 모아 놓고 붙여 놓는다. 그러나 우린 아직 사이좋게 지내는 법을 잘 익히지 못했다. 그걸 배우는 데는 또 다른 시간과 노력이 필요하기 때문이다. 그래서 영화 속의 무례한 탑승객들은 그들이 놓인 사회적 환경 속에서 거리 조절의 능력을 잃어버렸기 때문이고, 이 거리의 상실이야말로 매체들이 우리를 연결하여 놓은 탓에 모든 것을 매우 가깝고 또 친숙하게 느끼는 착각 때문에 발생하는 것이다. 모든 것이 좁아지다 보니, 거리가 가까워지고, 그런 탓에 사람들은 거리를 조절하고 사회적으로 적당한 거리를 취하는 법을 잃어가고 있다는 것이 이 영화가 새삼 생각하게 해주는 우리 시대와 사람들의 특성인 듯하다.

---

6   이러한 거리는 일종의 상호감시체제를 형성한다. 우리 시대의 판옵티콘은 수많은 CCTV와 대기업의 빅데이터 수집에만 있는 것이 아니라, 서로가 서로의 언급과 사고방식을 열람할 수 있고, 그것에 대해 소셜 미디어적으로 심판과 처벌을 할 수 있다는 데도 있다.

3. 예의와 욕설 사이

이 영화를 이해할 수 있는 또 하나의 코드는 '욕'이다. 주인공이 '육두문자맨'이라는 것도 놓쳐서는 안 되지만, 영화 속 사람들은 제 각기 나름의 방식으로 욕을 구사한다. 욕이란 넓은 의미의 상스러운 언어다. 그것은 비속어로 분류된 상스러운 언어를 발화하는 것이다. 점잖은 자리나 공식적인 자리에서는 발화되지 말아야 하고, 들려오 지 말아야 하는 언설들이다. 그런 언어를 남들 있는 자리에서 발화해 선 안 된다는 것이 우리가 욕에 대해 사회적으로 배운 관습이다.

험담 역시 마찬가지다. 험담이란 속칭 뒷담화, 그가 없는 자리에 서 그에 대한 비방이나 불평을 늘어놓는 것을 뜻한다. 그런데 이 모 든 것이 이 영화에서는 아무렇지도 않게 주고받아지고, 발화되며 소 통된다. 그러나 욕이 허용되는 사회적 관계도 있다. 그것은 매우 친 밀한 사이이다. 욕이 그 자체로 바람직하지는 않아도, 그것이 소통될 수 있는 관계에서는 가까움과 친밀함의 표현일 수 있다. 욕은 특별한 관계의 친밀성 하에서는 통용될 수 있는 언어이기도 하다. 욕해도 되

는 사이인 줄 알고 "병신, 그걸 믿냐?"라고 부기장이 말하자 승무원은 정색하며 "얻다 대고 욕지거리에요?"라고 항변한다. 욕의 허용은 가까운 사이라는 증거다.

그것이 마준규로부터 "씨발년"이라는 욕을 들은 여자 승무원이 불쾌해하기는커녕 도리어 좋아하면서 미나모토에게 그 욕의 함의를 해석해주는 장면에 담긴 뜻이다. "욕은 욕인데, 두 가지 의미가 있어. 다른 하나는 한국식으로 해서 정말 사랑하는 사람한테만 표현하는 로맨틱한 사랑 표현이야." 욕은 특별하게 친밀한 사이에서만 가능하기 때문에 전혀 틀린 말은 아니다. 여자 승무원은 마준규와 자신의 사이가 가깝다고, 욕을 할 만한 사이라고 해석해 버리고는 좋아한다. 가까움에 대한 열망. 그 이야기를 들은 미나모토 역시 마준규로부터 욕 듣기를 원하고 욕을 듣자 좋아한다. 이런 점이 바로 이 영화의 웃음 코드임을 새삼 설명해 무엇 하랴.

많은 영화들 속에서 욕이 빈번하게 사용되는 이유는 여러 가지지만, 욕설이 사용되면 대체로 심리적 카타르시스가 일어나기 쉽다는 점 때문이 아닐까? 평소에 마음대로 발설하지 못하는 언어를 스크린 속의 인물들이 대신해서 감정적 해소를 일으켜주며, 극한의 감정 표출을 해주기 때문이다. 비행기가 심하게 흔들리며 위험한 상황이 되자 마준규는 폭발하고, 회장의 비서인 임춘녀도 폭발한다. 둘 다 욕을 심하게 사용하는데, 그것은 그들이 참고 있었고, 감추고 있었으며, 억누르고 있었던 자신 밑바닥의 정서, 솔직한 감정의 직접적 노출이다. 그들의 욕설은 극한 상황 속에서 자신의 바닥을 드러내 보이게 되는, 마치 사회적으로 벌거벗어서는 안 되는 언어의 속살 같은 것들이다.

욕을 함으로써 상대를 무시하고 자신이 비천함을 폭로하여 사람들에게 혐오감을 주겠다는 언어폭력의 경우까지 포함하여 욕은 대체로 예의-없음이다. 그런데 이 영화에서는 그러한 욕이 자주 빗나간다. 가깝기 때문에 주고받아지는 욕(그것은 주로 승무원들 사이에서 주고받아진다)과 더불어 그 가까움을 견디지 못해 폭발하는 마준규에 의해 발작적으로 일어난다. 비행기 안에서 그것이 발설되어서는 안 된다. 비행기는 공공장소이며 탑승객들끼리는 예의를 지켜야 하는 타인들이기 때문이다. 그런 것이 마구 들려오면 사람들은 언짢아진다. 마준규의 욕설을 듣게 되는 짜사이 회장님이 불쾌해하는 이유도 자신이 무시당한 것 같기 때문이다. 점잖은 자리, 낯선 이들이 모인 자리에서 욕을 사용해서는 안 된다는 것이 사회성이고, 예절이(라고 우리는 배웠)다. 이것은 다른 이들에 대한 예의이고 그들과의 거리를 존중한다는 뜻이다. 예의란 상대방에 대한 존중이자 동시에 적절한 거리를 유지하(려)는 사회적 관습이다. 이 거리를 상대의 동의 없이 좁히려 하면 무례가 된다. 그런데 이 영화 속 인물들에게는 그런 것들이 없다.

그렇지만 욕설을 퍼부을 수 있는 관계란 역설적으로 매우 가깝고 친밀한 사이가 아닌가. 반대로 언제나 공식적이고 인정되는 발화만 사용하는 것은 그들에게 어떤 '거리'가 있다는 것을 의미한다. 그래서 언제나 적당한 거리만을 유지하는 사람들에게서 우리는 서운함을 느끼게 될 수도 있다. 시간이 흘러도 언제나 거리만 지키는 사람, 자주 마주쳐서 친숙해질 법도 한데 언제나 깍듯한 사람은 도리어 무례한 사람이기도 하다. 거리를 좁히지 않으려는 것이기 때문이다. 거리는 유지되어야 할 뿐만 아니라 때로는 적당한 시점에 이르러 적절하게 가까워져야 한다는 어려움도 내포하고 있다. 그것을 잘 보여주는 장면이 이 영화에서는 승무원들의 친절과 공식적인 태도이다.

비행기 승무원들의 미소는 멋지고 아름답지만, 그것은 훈련된 세련됨과 거리감을 유지하는 업무적 친절함이지, 친밀성에서 오는 진짜 친절은 아니다. 그들에게 진짜 친절을 기대한다면 그것은 '거리감의 상실'이다. "편안한 여행 되십시오"라고 기계처럼 되풀이하는 영화 속의 강신추 사무장은 친절이 아니라 사무적으로 대하는 거리의 현존을 지시한다. 편안한 여행이 되라는 말은 듣기 좋은 말이지만, 진심이 확보되지 않은, 이른바 '텅 빈 제스처'라 할 수 있다. 그렇다고 해서 그들을 탓할 수는 없다. 그런 텅 빈 발화야말로 그가 손님들을 정중하고 깍듯하게 대하고 있다는 예의의 증거 형식이기 때문이다. 진심이 담겼다면 더 좋겠지만, 그렇지 못한 경우라도 '나는 당신에게 호의를 가지고 있으며, 나쁜 관계를 만들고 싶지 않다'는 사인이다. 그들은 사람들에게 미소를 보내며, 평정심을 유지하며 이용객들을 친절하게 대한다. 그런데 이 영화 속에 승무원들은 사람들을 웃는 낯으로 대하면서 그 좁은 공간 안에서, 그 짧은 틈을 이용해 자신들끼리는 승객들을 욕하고, 야유하고, 강한 농담을 아무렇지도 않게 주고받는다. 아주 능숙하고 재빠른 솜씨로 말이다.

이것은 비행기 승무원들을 비롯해 모든 서비스 업계가 보여주는 업무적 친절함에 대한 불편함(이상한 거리감에 대한 불편함)에 대한 조롱이 담긴 연출이다. 친절하지만 가깝지 않고, 가까워지기엔 거리

를 유지하게 만드는 사회적 몸짓으로서의 친절. 이에 반해 욕설은 정반대의 모습을 갖는다. 욕설은 그보다 멀거나 훨씬 가깝다. 폭력이거나 관계의 단절이면서도 친밀성의 증거. 그러니까, 육두문자맨이라는 캐릭터는 욕설을 구사하여, 사람들에게 가까움과 친밀함을 형성하게 해주는 캐릭터인 셈이고, 사람들이 그 역할을 수행하고 있는 배우 마준규에게 다가와 말을 건네는 것도 무리는 아니다. 어떤 면에서 마준규가 비행기 안에서 자신도 모르게 자꾸 욕설해대고, 일반석 커튼을 열고 욕설과 울분을 터뜨리는 것도 일종의 '가까움에의 열정'으로 볼 수 있다. 물론 그의 실제 인격이 그 간격을 견딜힘을 잃고 있더라도 말이다. 어쩌면 자기 통제력이 상실될수록 더욱 그의 본심이 나타나고 있는 것일지도 모른다.

욕은 관계를 청산하게 하는 힘도 있다. 김포 공항에 도착해서 마준규에게 내뱉는 매니저의 마지막 욕설을 기억해 보자. 마준규가 매니저에게 극도로 화를 내자 이번에는 매니저가 폭발한다. 마준규에게 매니저로서 그간 쌓여왔던 모든 감정을 욕설로 대신하며 먼저 차를 타고 떠난다. 욕설이 친한 사이에서만 소통 가능하다면, 이 경우의 욕설은 모든 관계를 끝내자는 신호로 기능한다. 마준규의 욕설과 화가 이번에는 한 사람에게 더는 참을 수 없는 모욕과 굴욕감을 안겨준 것이다. 그리고 그는 그 관계 종료의 선언을 무지막지한 욕설로 대신한다. 그들의 거리는 욕을 해도 되는 사이였지만, 그것은 마준규 편에서만 그랬던가 보다. 욕이 아니라 자신의 감정의 밑바닥의 생각과 기분을 털어내는 순간 그들의 관계는 막을 내린다.

상대를 비하하고 그를 상스럽게 저주하며 분노와 증오, 위협과 경멸의 파토스와 조롱의 제스처까지 가미한다면 욕은 더욱 빛을 발한다. 덤으로 그에 걸맞은 어조와 어투까지 가미한다면 욕은 더욱 완전해진다. J. L. 오스틴에 따르면 언어에는 발화수반행위(illocutionary act)와 발화효과행위(perlocutionary act)가 있다고 한다. 즉 말은 진술문(서술 행위)으로 그치는 것이 아니라 그것을 발화함으로써 특정한 행위를 불러일으키는 것이며, 그것이 이후의 어떤 효과를 낳게 되어있다는 것이다. '미안합니다'라는 것은 사실에 대한 진술이 아니라 어떤 기능들을 수행시키는 발화이다. 욕은 분명 진술문이 아니라 수행문이다. 욕이 수행문이라면 욕은 무엇을 수행하는가? 예의 없음이 상대를 부정하는 것이듯, 욕설 또한 상대방에 대한 부정이다.

사람들 사이의 적절한 거리와 막이 사라질 때 그것이 얼마만큼 끔찍할 수 있는지, 그것이 얼마나 무례하고 어처구니가 없는 일이 될 수 있는지를 이 영화는 생각하게 한다. 비행기 조종사들의 대화가 기내 방송으로 흘러나올 때 그것은 단순히 실수와 웃음이 아니라, 절대 드러나서는 안 되는, 점잖게 덮여야만 하는 것이 노출되는 사고, 혹은 무례함에 다름 아니게 된다.

욕을 해도 괜찮은가? 통용될 수 있는 관계에서는 그런 것 같다. 그러나 욕의 본질은 그렇지 않다. 욕의 본질은 그 자체가 상스러운 말이라기보다는 상대를 저주하는 언어를 퍼붓는 것이다. 이 영화의 욕은 진정한 저주가 아니라, 친근감의 표현이고 감정적 표출의 기능일 뿐 아무도 저주를 당하지는 않는다. 마준규에게 "마준규, 욕해봐 욕해봐"라고 손가락질을 하던 (아직 사회교육이 덜 된) 어린아이만이 예외다. 그는 마준규로부터 듣기 원했던 욕설을 듣고는 어린 마음에 상처를 입었는지 창밖을 바라보며 수심에 잠겨 든다. 이것이 욕-저주의 힘이다.[7]

우리는 왜 욕설을 하지 말고, 다른 이들에게 적절한 예의를 지켜야 하는가? 그것이 그저 예의이기 때문에 지켜야 한다는 칸트 식의 대답을 할 수밖에 없는가. 혹은 우리가 예의를 지킬 수 있기 때문에 예의를 지켜야 하는 것인가. 그것이 사회적 약속이고 공공의 질서와 안녕을 보장하는 길이라서? 그도 아니면 그것이 교양 있고 세련된,

---

7 마준규가 버릇없는 꼬마에게 하는 욕설 가운데 "씨발년아"라는 대목이 있다. 그것은 보자마자 반말로 욕해보라는 꼬마에 대한 불쾌감에서 비롯된, 요청에 대한 응답이자 일말의 진심이 담긴 욕이다. 그 꼬마는 남자 아이인데, 여성형 욕을 사용하는 것은 흥미롭다. 그 욕이야말로 정말 욕의 본질을 보여주는 욕이다. 욕이란 대상을 다른 실체와 연결해버리는 폭력성에 있다. 욕이 대체로 은유의 형국을 띠게 되는 이유도 거기에 있다. 그의 본질을 다른 것으로 바꾸어 부르는 것 그것이 욕이다. 대상의 본질-정체성을 부정하는 행위이기 때문이다. '이름 바꿔 부르기'의 일종인 별명이 친한 사이에서만 용납되는 것도 바로 이러한 이유에서다.

사회적으로 적절한 몸가짐이기 때문에? 욕이란 비속어이기 전에 상대방에 대한 부정이다. 상대가 아무것도 아니라는, 상대의 '존재'를 부정하는 언어-몸짓. 상대가 내겐 아무것도 아니라는 것은 멸시이자 근본적인 존재 부정이다. 그것이 무례함의 근본정신임을 우리는 보았다. 그러므로 무례란 상대방에 대한 부정이고 욕설이다. 예의를 지켜야 하는 이유는 그것이 나와 나뉘어 있는 타인들-존재들에 대한 긍정이기 때문이고, 욕-무례함은 우리가 함께 모여 살고 있다는 사실에 대한 몰각 혹은 부정이다.

4. 롤러코스터용 반성

그런데 우리의 주인공 마준규는 왜 그토록 민감하게 비행기 추락에 대한 불안과 공포로 몸을 떠는가? 그가 본래 간담이 약하고, 신경이 예민한 사람이기 때문일까? 악천후 속 관제사의 비협조 때문에 비행기는 김포 공항 착륙에 실패한다. 비행기는 위험에 처하고, 승객들은 긴장한다. 마준규는 그 어떤 승객보다 극심한 불안과 긴장감에 시달린다. 그가 정신적 안정감을 잃고 있기 때문으로 보인다. 유명 연예인으로서 늘 타인들의 시선 속에서 신경이 날카로운 그는 쉽게 화를 내고, 또 금세 피로를 느끼는 것으로 그려져 있다. 그는 비행 중 여러 번에 걸쳐 백일몽인지 환상인지, 꿈인지 모를 판타지를 경험하는데, 그 가운데 첫 번째 장면을 떠올려 보자.

마준규는 몽상(혹은 상상) 속에서 자신에게 열광하는 팬들(그에게는 낯선 타인들의 무리) 사이를 헤치고 자동차 안으로 들어가 애인 수영과 단둘이 오붓한 시간을 보낸다. 이것이 마준규가 처해 있는 상황이자, 그의 무의식적 소원-환상이다. 사람들은 나를 알고, 나를 좋아해서 나에게 말을 걸어오고 환호하지만 그들은 언제나 낯설고 때로는 무서운, 거리를 유지해야만 하는 익명의 집단-군중일 뿐이다. 자신이 연예인으로서 인기를 누릴수록 안온한 안정감을 줄 수 있는 관계를 희구하게 되는 것도 자연스러운 일일 것이다. 말하자면 그는 '가까움에의 열망'을 지니고 있으며, 그 '가까움' 속에서 안식을 취하고 싶은 것이다.

환상에서 깨어나 얼결에 뜨거운 물수건을 받고 놀라, 그는 자기도 모르게 "씨발년"이라고 승무원에게 욕을 한다. 그러고는 자신도 스스로 놀라, 말이 헛나왔다고, "영화 속 캐릭터 때문"이라고 황망히 사과한다. 영화 캐릭터를 연기하면서 배우가 현실의 자신과 혼동을 느끼는 고충에 대해서는 널리 알려져 있다. 그것은 페르소나와 본심 사이의 혼동이다. 페르소나란 사회적으로 적당한 몸가짐과 표정을 의미하며, 본심이란 가면에 의해 감춰진 혹은 감춰져야 하는 본래의 마음을 의미한다. 페르소나란 그가 맡은 극 중 인물의 성격만이 아니다. 일상적인 사회생활에서 페르소나란 극 중 캐릭터가 아니라 예의라는 가면을 쓰고 있는 상태를 의미한다. 마준규의 분노와 폭발은 바로 그 가면을 유지할 수 있는 자아가 더 이상 버틸 수 없을 때 드러나는 민얼굴이다.

여기서 그의 실제 인격과 극 중 페르소나의 혼동이 자리 잡는다. '육두문자맨' 때문에 자신도 모르게 욕을 했다고 사과를 건네지만, 그는 지금 현실 속의 상황과 자신의 극 중 캐릭터 사이의 구분을 조절할 수 있는 자제력을 잃고 있다. 페르소나란 하나의 가면을 쓴다는 것이고 예의란 자신의 진심을 적절히 가리고 감추며, 사회적으로 용인될 만한 언동을 방출하는 것을 의미한다. 그러므로 예의란 상대에 대한 배려이지만 동시에 적절한 가면을 쓴다는 것이다. 그러나 욕설을 사용하는 역할을 많이 한 마준규는 자신도 모르게 욕설을 내뱉게

된다.

거기서 그는 자신의 신앙 대상에게 기도를 해보지만, 불안은 좀처럼 가라앉지 않는다. 타인들과의 비-인격적인 관계가 너무 가까워 더 이상 견딜 수 없는 자의 피로함과 병리적 불안 증세는 아니었을까? 자신의 사생활이 노출되고, 어디서나 타인의 시선에 노출될까를 염려해야 하고, 그 노출로 생겨난 잡음들에 대해 걱정해야 하고, 여자 친구에게 변명해야 한다. 연예인이라는 자신의 실존적 조건(타인의 인지 속에서만 자신의 사회적 의미를 찾을 수 있는 직업) 속에서 그는 초조하고 불안하다. 한마디로 안식을 취할 수 없다는 것이다. 불-안정은 휴식-없음을 뜻한다. 몽상처럼 펼쳐지는 그의 태블릿 PC 화면은 그가 소망하고 희구하는 안식에의 꿈이다. 안식을 가져다줄 수 있는 관계를 갈망하고 있다.

그 위험감 속에서 마준규는 자신이 의지하는 신에게 기도한다. "우리 비행기를 무사히 착륙시켜 달라"는 내용의 기도 다음에는 자신의 잘못된 행동을 조용히 아뢰며 회개한다. 마준규의 기도(祈禱)는 신에게 의탁해 자신의 불안을 진정시키려는 처절한 기도(企圖)이다. 그러다가 기장이 긴장하여 기내방송 마이크를 붙잡고 털어놓은 수동 착륙 경험이 없다는 소리를 듣자 그는 참아왔던 모든 상황에 대해 폭발한다. 그간 참았던 모든 것의 분출. 마준규의 폭발이 이 영화의 정점이다. 자신을 더 이상 유지할 수 없는 사람의 광증, 모든 것에 대한 참을 수 없음, 모든 것을 던져버림. 그는 끝내 테이저건을 맞고 기절하여 오줌을 지린다. 그가 잠든 사이, 세 번의 실패 끝에 비행기는 제주 공항에 무사히 도착한다. 짜사이 회장이 심장마비로 숨진 것

말고는 모두 무사하다. 한 공동운명체 안에서 맞이하는 개인의 돌발
적 죽음. 그러나 비행기 안의 사람들은 애도하지도 놀라지도 않는다.
그들은 일시적으로 하나의 공동체였지만, 역시 그렇게 절친한 사이
들은 아니었던가 보다.

　비행기가 무사히 도착하자 마준규는 안도감과 함께 기분이 좋아
져서 주위 사람들에게 친절해지고, 사진도 찍고, 승무원에게도 사과
를 건넨다. 비행기 사고의 위험 안에서 그가 보여준 회심과 자기반성
은 진실이었던 것일까? 애석하게도 그렇지 못한 것 같다. 짐을 찾는
동안, 여자 친구 수영과의 전화 통화에서 그는 또 화를 내고, 매니저
를 다시 함부로 대한다. 그리고 짐을 잘못 찾아온 것 같다는 매니저
에게 다시 폭발한다. 비행기를 타기 전에 보여준 짜증으로 충전된 상
태와 하나도 다를 바가 없는 것이다. 그렇다면 비행기 안에서 보여준
그의 회심은? 그것은 유기체가 느끼는 생명 존속에의 불안감 앞에서

평정심을 찾기 위한 일시적인 장면에 지나지 않았다.

짧은 시간 비행기 안에서 겪었던 모든 일들은 아무런 반성도 사유도 낳지 않으며, 그래서 그의 삶에 아무런 변화도 일으키지 못했다. 우리들이 놀이동산에 가서 롤러코스터를 탔을 때 느꼈던 긴장과 스릴, '내가 왜 이것에 올라탔을까?'하는 모든 후회도 롤러코스터에서 내리면 그것으로 끝이다. 그때는 나름 절박했지만, 롤러코스터 안에서 느꼈던 감정과 불안과 추락에의 짜릿함도 금세 아무것도 아닌 것이 되고, 그 경험은 유희와 추억이 될 뿐이다. 이것이 이 영화의 제목이 롤러코스터인 이유이다. 마준규의 반성은 롤러코스터용 후회와 반성에 지나지 않는다. 그것은 한갓 놀이에 불과하다. 이 영화가 한갓 농담에 불과한 것처럼. 하나의 체험이 경험으로 승화되지 못하는 것, 그것이 우리가 사는 단속적이고 분산된 삶의 사회적 조건이다. 그것은 곧바로 추억 속의 한 장면이 되며, 자기 현시적 광고가 되어 블로그나 페이스북(얼굴책)의 한 장면을 차지할 뿐이다. 그것은 너무 빨리 추억으로 화석화된다. 우리 시대는 사람들이 가까울 뿐만 아니라 그만큼 빠르기도 하다.

영화의 끝 장면, 마준규는 김포공항 앞에서, 전화번호를 얻어내기 위해 꾸준히 노력했던 '미나모토'와 조우한다. 그는 다시 그녀에게 연락처를 얻어내려 한다. 추락에의 위험 속에서 그가 했던 기도와 결심, 회심은 모두 거짓이었던 것일까? 그는 또 다른 스캔들을 낳으려는 것일까. 수영에게 함부로 대했던 것을 회개한다는 그의 기도는 어디로 사라졌는가. 위험 앞에서의 회심은 그래서 거짓말일 수밖에 없는 것일까? 영화 첫 장면 수영이 보내왔던 문자처럼 마준규는 그저

"발정 난 개"일 뿐인가?

　하지만 마준규를 어쩌면 가까움에 대한 열정을 가진 사람이라고 말해 준다면, 속칭 '바람기'와 '작업질'에 대해 지나치게 후한 면죄부를 발부하는 일일까? 다시 말해 그는, 낯선 지인들(혹은 친숙한 타인들) 속에서 진정한 가까움이 가져다줄 수 있는, 안식을 주는 관계를 갈구하는지도 모른다. 그렇다면 그것은 앞서 보았듯 가까움에 대한 열정, 안식에의 희구이다. 그는 가까움과 멂, 앎과 모름 사이에서 갈팡질팡하는 젊은 청춘들의 형상인 것만 같다. 어쩌면 우리는 마준규처럼 가까움을 열망하지만 실상은 가깝게 멀어져 가고, 차라리 적당한 거리(멂)가 주는 안식을 희구하고 있는 것은 아닐까. 그도 아니라면 가까움과 멂 사이에서 어떤 자세와 태도를 취해야 하는지 몰라 갈팡질팡하고 있는지도 모른다.

제4부

메타 관계

11장
'구겨진' 영화를 '빳빳이' 펴는 힘:
'불한당원'이 증명한 영화 관객의 존재론
— <불한당>

송아름

* 영화 〈불한당〉 스틸컷 제공: 바른손

"형, 이렇게 사는 거 안 지겨워요?"

"이렇게 살려고 사는 게 아니야, 살려고 이렇게 사는 거지."

영화 〈불한당〉 중 재호와 현수의 대화

1. 어디에나 있고 어디에도 없다

2017년을 봄을 지나 2018년 봄에 당도했을 때, 우리는 예상치 못했던 곳에서 예상치 못한 방식으로 서로를 만났다. 지난 1년간 모두가 겪어냈던 무수한 일들 사이에서 다른 이들은 절대 알 수 없던 감정을 알아채고, 표출하고, 공유한 우리가 만들어낸 뜨거움은 또 다른 의미에서의 1년을 떠올리게 했다. 사실 우리가 만나 서로를 알아본다는 것, 이 돌발적이며 잦기까지 한 만남은 분명 불가능에 가까운 것이어야 했다. 관객 동원 90만 명을 간신히 넘긴 영화의 열렬한 지지자를 만난다는 것은, (여러 사이트의 평점을 고려했을 때 그럴 리없다는 것을 알면서도) 동원된 관객의 약 반 수인 45만 명이 이 영화를 좋게 봤다 치고, 말도 안 될 만큼 인심을 후하게 써서 그중 반이이 영화를 사랑한다 쳐도, 너무나 처참한 숫자 속에서 찾아 헤매어야만 한다는 것을 전제하기 때문이다. 그런데도 '어디에나 있고 어디에도 없다'는 이들과 만나는 것, 혹은 그들의 소식을 듣는 것은 산술적인 수치를 우습게 만들 만큼 어렵지 않았다. 그러니까, 맞다. 이 글은 작년과 올해 치러진 모든 영화 시상식에서 호명되었던 '이름을 가진' 관객들에 대한 이야기이다.

영화가 존재할 수 있는 이유의 중심에는 관객이 있지만, 영화에서의 관객은 늘 수치 속에 뭉개졌다. 흥행 여부를 가늠하기 위해 머릿수만 헤아려지는 사이 관객은 측정의 대상으로 전락했고, 그들의 개별성은 그리 중요하게 생각할 필요가 없는 것으로 치부되었다. 영화의 흥행 여부를 관객이 쥐고 있는 것처럼 호들갑을 떨면서도 관객들의 선호는 극장에서부터 박탈당한다는 사실을 슬그머니 감추고, 영화 자체보다 몇십만, 몇백만, 혹은 천 몇백만이라는 숫자놀음으로 쉽사리 관객의 마음을 측정하며 도무지 관객을 모르겠다는 엄살로 그들을 원망하는 프레임은 영화가 일방적으로 관객과 관계 맺어온 방식이었다. '불한당원'이 직구를 날린 곳은 바로 여기였다. 관객이 분명한 차이를 발견한 영화, 그런데도 극장에서 사라진 영화, 그렇기에 다시 살려야 하는 영화. 여기에 다다른 불한당원의 확신은 영화가 관객과 맺으려던 관계를 깨트리고 그 관계를 재조정하기 시작했다.

2010년대를 넘어서면서 등장했던 무수한 남성 영화들과 비슷한 외형을 하고 있지만, 분명히 달랐던 <불한당: 나쁜 놈들의 세상>(2017) (이하 <불한당>)을 알아본 이들은 이 영화를 체험하기 위해 극장을 빌렸고, 영화 속 장소들을 찾아다녔으며, 영화의 설정을 빌어 판을 벌이고 유희를 즐기는 데에까지 나아갔다. 이들의 열정적인 활동에 다시 살아난 <불한당>은 시상식이 끝날 때마다 '도대체 저 영화가 무엇이길래'라는 의문으로 '찾아보는' 영화가 되었고, 관련 잡지와 시나리오 콘티 북이 출시될 힘을 주었으며, 이 상황을 알리기에 바쁜 수많은 기사들을 쏟아냈다. 불한당원의 1년을 담은 다큐멘터리가 기획될 만큼 불한당원은 유쾌한 사고를 쳤고, 이제 영화계가 주목해야 하는 관객의 한 양상으로 자리 잡았다. 관객에게 다시금 눈을 돌리게 한 불한당원들의 열정은 과연 어떻게 설명할 수 있을까. 전무후무할 화력에 대한 관찰과 고민, 그리고 고백을 바탕으로 '치였던' 1년에 관해 이야기해보려고 한다.

2. 관객이 쓴 영화 밖 반전 드라마

　알다시피 한 영화에 대해 열렬히 찬사를 보낸 팬덤의 시작이 불한당원인 것은 아니다. 멀게는 <형사>(2005)를 지지하던 '형사중독낭, 도령들'에서 가깝게는 <아수라>(2016)의 '아수리언', <아가씨>(2016)의 '아갤러'들이 불한당원을 앞서 수많은 이야깃거리를 낳았다. 형사중독원들은 자신들의 영화가 제대로 평가받지 못했다는 것에 문제를 제기하며 영화 재상영 운동을 벌였고, 아수리언들은 2016년 말 국정농단사태를 규탄하기 위한 촛불집회에 '안남시민연대' 깃발을 들고 참여하여 실존하는 공동체로서 현실을 파고들었으며, 아갤러들은 특정 장면만 자른 파일이 공유되는 것을 막고 열거할 엄두도 내지 못할 만큼의 2차 창작의 우주를 창조했다. 영화에 대한 사랑이 낳은 이 파생 효과들은 엄숙하다고까지 칭할 수 있을 만큼의 진지함과 또 그만큼의 유희를 넘나들면서 새로운 세계를 열었고, 불한당원은 쉽게 이 연장선상에 놓여 이야기되었다.

　그러나 외부로는 잘 드러나지 않았던, 그러니까 공유하는 이들끼리의 유희가 도드라졌던 기존의 팬덤과 다르게 불한당원의 화력은 ('<불한당> 현상'이라고 칭할 수 있을 만큼) 이 영화를 모르는 이들에게까지 관심을 끌었다. '도대체 저 영화가 뭐길래 따로 관을 잡아 상영하는지', '도대체 저 배우가 어떤 연기를 했길래 이런 환호를 듣는 것인지', '도대체 이 사람들은 뭘 하는 작자들이길래 번번이 영화 예매 서버를 터트려버리는지'에 대한 궁금증은 <불한당>을 다시 보게 만들었고, 입당을 추동했으며, 기사들을 쏟아냈다. 결국 불한당원을 이전의 팬덤과 구분할 수 있는 것은 이 직접적이고도 가시적인 실체로 목격되는 '화력'에 있다는 점일 텐데, 재미있는 것은 이 화력이 그 어떠한 불씨도 지필 수 없을 것이라는 무관심에서부터 비롯되었다는 점이다.

잘라 말해 <불한당>은 2017년 개봉을 앞둔 영화들 사이에서 어떠한 주목도 받지 못한 작품이었다. <인정사정 볼 것 없다>(1999)로 독자적인 영화 미학을 증명했던 이명세 감독에 대한 기대와 '다모 페인'을 낳았던 TV 드라마 <다모>(2003) 직후의 하지원, <늑대의 유혹>(2004)으로 스타성을 인정받은 직후의 강동원 등 배우에 대한 호

영화 <불한당> 포스터

감은 <형사>에 대한 기대치를 한껏 높일 수 있었고, <아수라>는 김성수 감독의 귀환과 정우성, 주지훈, 황정민, 곽도원 등 내로라하는 배우를 한 영화에서 볼 수 있다는 것만으로도 한껏 흥분을 고조시킬 수 있었다. <아가씨> 역시 영화의 원작에 대한 흥미와 박찬욱 감독에 대한 믿음이 김민희, 하정우, 조진웅, 김태리 등의 배우를 향한 호응과 맞물리면서 영화에 대한 기대를 최고조로 끌어올렸다. 이 영화들의 팬덤 활동이 흥행성이나 특정 배우에 대한 옹호와 맞물린 것은

아니었지만, 적어도 이 영화들에 쏟아질 호응과 그 결과로서의 팬덤은 생각할 수 있는 범위 내에 있는 것이었다.

이런 상황에 기대어 본다면 <불한당>은 영화에 대한 기대는 둘째 치고 정체조차 짐작하기 힘들 만큼 영화에 대한 정보, 심지어 홍보도 찾아보기 힘들었다. 게다가 데뷔작으로 로맨틱 코미디를 연출했던 젊은 감독의 차기작, 흥행과 기대에서 멀어졌던 배우 설경구와 아직 영화로는 큰 두각을 나타내지 못했던 배우 임시완의 조합 역시 그다지 흥미를 유발한 만한 것이 아니었다. 여기에 어디선가 본 듯 어색하기만 한 부제가 따라붙은 제목, 남성 영화의 체취를 강하게 머금은 채 딱딱한 서체로 '믿음', '의리', '배신' 등의 글자를 쾅쾅 박아 넣었던 <불한당>의 예고편은 이 영화를 그렇고 그런, 지겹게 보아왔던 영화들 중 하나일 것이라 추측케 했을 뿐이다. 영화 개봉 즈음 <불한당>이 칸 영화제 미드나잇 스크리닝에 초청되었다는 호재가 들려왔지만 개봉 직후 감독의 발언이 구설수에 휩싸이면서 <불한당>의 예매 취소는 늘어났고, 관객은 줄었으며, 그렇게 <불한당>은 극장에서 사라졌다.

이 많은 악재들이 겹쳤던 <불한당>의 실패는 이 영화가 개봉했는지조차 모른 채 넘어가도 이상하지 않을 만큼 어쩌면 예견된 것이었다. 그러나 이 사이 정말 우연히 <불한당>을 보았을 몇 안 되는 관객들이 차츰 이 결과에 이의를 제기하면서 <불한당>의 판도는 바뀌기 시작한다. 이 소수의 관객들은 <불한당>은 잠입 경찰이 상대에게 "형, 나 경찰이야"라고 고백하는 단 한 장면(일명 '형,나,경' 장면)의 배치만으로도 단순한 언더커버 느와르로 칭할 수 없으며, 복도 신에서의 절묘한 조명과 짝짝이 대회 끝에 터져나가는 음악의 타이밍, 최선장 패거리를 급습하던 시퀀스의 액션과 음악, 창고 신에서 하나비 신으로 이어가는 편집의 애잔함만으로도 다시 살펴야 하는 작품이라는 데에 의견을 모았다. 또한 전에 본 적 없는 두 남자 주인공의 절절한 감성을 제대로 파악하지 못하는 굳건한 프레임에 분통을 터트리며 답답해하기도 했다. 중요한 것은 여기에 있다. 관객들이 알아본 이 새로운 영화가 메인 스트림에서 바닥을 쳤다는 것, 그렇기에 그것을 알아본 관객이 이 '잘된' 영화가 제대로 평가받을 수 있도록 만들어야 한다는 열망, 그리고 실천. 즉, 불한당원의 출현과 활동, 그리고 그 결과는 추락했던 <불한당>이라는 영화가 쉽게 폄하될 영화가 아니라는 관객들의 확신으로 쓴 '반전 드라마'인 것이다.

구겨지면 구겨질수록 빳빳이 폈을 때의 쾌감이 높아진다. <불한당>이 분명 기존의 영화들과 다르다는 믿음은 상영관을 찾게 했고, 이 영화가 담아내려던 감정을 설명이 필요 없을 정도로 묘사해 준 배우에게는 열성적인 응원이 쏟아졌다. <불한당> 이후 '지천명 아이돌'로 불리는 배우 설경구의 드라마틱한 서사적 전환은 관객들이 쓴 반전 드라마의 극점에 있다. 배우 설경구를 향한 전에 없던 지지에는 한재호라는 인물로 체형의 변화가 아닌 날카로움과 애절함을 무수히 교차시키며 상대를 대하는, 전과 다른 연기를 보여주었음에도 관심을 받지 못한 배우에게 보내는 동지애, 그러니까 남들은 모를지라도 우리는 분명하게 알고 있다는 위로와 이를 바탕으로 한 연대까지가 포함되는 것이었다. 그리고 이 배우가 <불한당>으로 긴 침묵을 깨고 수상했을 때, 관객들의 드라마는 절정에 올라섰다.

최근 뚜렷한 작품을 떠올릴 수 없었던 배우 설경구에 대한 엄청난

지지가 가장 많은 관심을 끌었지만, 사실 <불한당>에 등장한 배우들은 모두 자신이 가지고 있던 기존의 이미지를 완전하게 전환한 연기로 재평가받으며 반전에 일조했다. 배우 임시완은 유약한 외면에 강인한 내면을 가진 역할들을 맡아왔지만, 그것을 드러내는 방식은 늘 찬찬하고 세심한 결로 바른 이미지 속에 녹아드는 것이었다. 그가 출연했던 작품들에서는 흔들리지 않는 신념을 드러내는 데에 그의 올곧은 이미지가 최대한 활용되었고(<변호인>(2013), <오빠생각>(2016)), 능청스러운 연기도 결국엔 제자리를 찾듯 조심스레 기존의 단정함으로 되돌아오곤 했다(<원라인>(2017)). <불한당>에서의 임시완은 매끈하면서도 천진한 그의 외형을 반듯함에서 최대한 멀어질 수 있는 방향으로 터트려냈다. 돌아올 곳을 정하지 않은 듯 달려나가는 조현수의 모습은 배우 임시완이 이미지에 갇혀 있던 만큼의 속도로 그를 돌아보게 했다.

　김희원과 전혜진 역시 이와 같은 선상에 있다. 김희원은 강한 척하지만 실은 너무도 세심하고 수줍은 고병갑 역할을 코믹하면서도 애잔하게 풀어냈다. 그가 가지고 있던 악인의 이미지, 그리고 정반대편에 있던 순박한 시골 청년의 이미지는 <불한당>에서 적절히 만나 처연함을 일으켰다. 다수의 영화에서 전문직에 종사하는 인물로 등장했으면서도 그 명민함과 예리함을 주목받지 못했던 전혜진은 검거를 위해 물불 가리지 않는 모습을 냉철하게 표현하면서 완벽하게 천인숙이 되었다. 정확한 발성과 군더더기 없는 행동은 무수한 조직원들 앞에서 천인숙의 냉정함을 드러내는 데에 더 이상이 필요치 않다는 것을 보여주었다. <불한당>이 엄청난 흥행에 성공하며 많은 이들

의 지지를 받았던 영화들과 함께 후보에 오르고, 배우들이 수상하면
서 불한당원들은 구겨진 채 제 자리를 찾지 못했던 <불한당>을 빳빳
이 폈다는 연대로 뭉쳐졌다.

아마도 그럴 일은 없었겠지만, <불한당>이 흥행에 성공했다면 불
한당원의 출현, 혹은 그 화력이 어느 정도였을까를 종종 생각해보곤

한다. 억울함이 해소되었을 때, 해소를 넘어 상대를 제압할 수 있는 상황까지가 된다면 더욱 높아지는 희열은 악재들을 뒤집고 얻어낸 <불한당>에 대한 관심과 수상이라는 극복으로 완성됐다. 아무도 관심을 가지지 않았던 영화의 승리라 할 수 있는 이 반전 드라마는 불한당원들이 쓴 것이면서 그들의 화력을 높일 수 있는 중요한 발화점이 되었다. 불한당원이 앞으로도 등장할 수 없는 팬덤인 이유는 <불한당>처럼 이 모든 상황이 겹쳐 관객들이 쓸 수 있는 드라마의 기반이 주어질 확률이 제로에 가깝기 때문이다.

3. 변별점의 발견과 <불한당>의 동사화(動詞化)

두 남성이 중심에 놓인 예고편과 포스터를 보고 <불한당>이 그렇고 그런 영화일 것이라 예상했다면 그만큼 한국 영화계가 뻔한 장식들에 매달려있었다는 의미일 것이다. 남성들 사이의 권력욕, 그것을 쟁취하기 위한 배신, 의리라는 이름의 동행, 마스터 쇼트 없이 공간감을 무화시킨 채 어둠으로만 채운 장소들, 감옥이나 요정의 빈번한 등장, 헐벗은 여성들의 전시 등은 2010년을 넘어서면서 질릴 만큼 보아온 영화들의 공식이었다. 따지고 본다면 <불한당> 속 설정 역시 여기에서 크게 벗어나지는 않는다. 마약 밀수 조직에 잠입한 경찰, 감옥 내의 알력과 조직 내의 배신, 조직을 일망타진하려는 경찰과의 신경전 등은 사실 기존 남성 영화에서 그리 크게 벗어나 있지 않다. 그러나 이처럼 비슷해 보이는 <불한당>은 분명 어딘가 다르다는 인상을 풍겨댔다. 여타의 영화들에서 감옥이 빠져나가야 하는 장애물이라면 <불한당>에서의 감옥은 마치 한재호와 조현수의 놀이터, 혹은 그들만을 위한 공간인 것 같은 느낌을 주는 것에서부터 등장인물도, 공간도, 설정도 이 영화는 전혀 다른 방향을 가리키고 있다는 것을 직감케 했다. 특별한 차이는 없지만 명확히 다른 것. <불한당>은 이 지점에서 다시 관객과 만난다.

비슷한 시기 등장했던 영화들과 <불한당>이 전혀 다른 영화로 읽혔던 이유로는 <불한당>이 여타의 남성 영화들과 다르게 두 주인공 사이를 오가는 감정에 매우 집중하고 있다는 점을 먼저 꼽을 수 있을 것이다. 권력의 쟁취를 축으로 사건의 발생과 해결을 중심에 두었던 남성 영화들과 다르게 <불한당>은 한재호와 조현수의 감정이 오가는 것을 드러내는 데에 집중한다. 한재호와 조현수의 조명이 구분되고, 세심하게 음악을 배치하고, 한재호가 조현수를 쫓는 시선을 화면에 등장시키고야 마는 집요함은 분명 '의리'라는 이름으로 퉁친 채 흘려보내온 수많은 관계에 대해 다시 생각하게 했다. 또한 한재호를 맴돌고 있는 병갑의 설정이나 한재호를 물고 늘어지는 천 팀장은 기능적으로 소비되던 2인자, 혹은 민폐의 여성 경찰이 아닌 해석을 유도하는 인물로 그려지면서 그들의 현재뿐 아니라 과거와 미래까지도 궁금하게 했다. 이처럼 생동감 있는 관계들은 관객들과 영화가 더욱 탄력적인 관계를 형성할 수 있게 하면서, 살아 움직이는 인물들을 빚어내는 2차 창작을 불러들였다.

팬덤 안에서 인물의 재탄생과 같은 적극적인 행위들은 거의 '<불한당>하다'라는 동사화(動詞化)로까지 확장할 만큼 방대한 것이다. '<불한당>을 하는' 행위들은 2차 창작뿐 아니라 그 이상으로 뻗어

나가는데 여기에는 영화 <불한당>에서 보여준 재치 있는 설정들이 일조한다. 조폭이 등장하고 마약 밀거래가 등장하며, 경찰들이 작전을 짜고 역할을 나누는 동안 <불한당>에서는 단 한 번의 룸살롱 신도 등장하지 않는다. 마치 룸살롱이 아니면 남성들의 비밀 이야기 혹은 힘겨루기가 불가능한 것인가라는 의문이 들 만큼 지긋지긋하게 노출됐던 그 공간은 <불한당>에서 분식집으로, 툭툭 음식을 늘어놓아도 될 것 같은 평상이 깔린 식당으로, 오픈된 카페로 전환되었다. 재호와 병갑은 경찰이 들어서는 안 될 이야기를 하기 위해 여고생들이 북적대는 즉석 떡볶이 집을 찾았고, 대표가 바뀐 조직원들의 회식은 평상이 넓은 오리고기 집에서, 경찰들의 작전 모의는 많은 이들이 지나다니는 쇼핑몰의 카페에서 진행됐다. 그저 '재미있을 것 같아서' 감독이 선택했던 이 새로운 장소들은 관객과 흥미로운 방식으로 관계 맺었다.

불한당원이 2차 창작을 넘어선 '<불한당>하기'를 하며 스스로 즐길 거리를 찾아 나설 수 있었던 이유는 바로 이 일상적인 공간에 있다. 낭창한 분위기 속에서 여자들이 술을 따르고, 술을 나누며 서로 간을 보는 예의 그 흔한 장면들이 배제된 <불한당>은 영화 속 주인공들이 누비고 다녔던 일상적인 공간의 배치로 당원들이 현실과 영화의 경계를 넘나들 가능성을 열어주었다. 신림역에 위치한 즉석 떡볶이 집에는 병갑과 재호의 자리가 고스란히 남아 있고, 약간만 귀를 기울인다면 <불한당>에 대해 이야기하는 누군가를 만날 수 있다. 부산에 있던 오리고기 집 역시 영화 <불한당>의 흔적들을 떠올리기에 충분했다. 이 공간들을 점유하던 영화적 상상력은 관객을 통해 현실에서 영화와 조우할 수 있는 공간이 되었고, 관객들은 이곳을 찾는 그 자체에서부터 유희의 판을 벌이는 것이었다.

게다가 재호와 병갑, 고 회장(이경영)이 마약 밀매를 위해 위장기업으로 세웠던 오세안 무역의 독특함 역시 색다른 <불한당>하기의 조건들을 충족시켰다. <불한당> 속 남성들 세계에서 찾아볼 수 없는 것 중 하나는 힘을 빡 준, 서열과 위계가 분명한 군기 잡기의 행위들이었다. 현수 앞에서 힘자랑하려다 오히려 고 회장에게 뺨을 맞았던 병갑은 차에 숨어 훌쩍이다 놀림을 당하고, 재호는 후배들과 장난스레 캐치볼 수준의 야구를 즐긴다. 솔직한 감정을 드러내는 것에 주저함이 없고 적절히 풀어져 있는 오세안 무역의 분위기는 처음 병맛 수준의 광고로 갑작스레 존재를 알린 것에서부터 이미 그 성격을 짐작할 수 있다. 절대 무너지지 않을 것처럼 견고하고 폭력적인 그들만의 세상이 아닌 충분히 수용 가능한 분위기의 세계, 그것은 불한당원들이 자신들만의 방식으로 진입 가능한 곳이었다.

크루즈 선상 파티라는 불한당원들의 기획은 <불한당>의 이 특징들이 극대화된 영화적 실천의 한 방식이었다. '오세안 무역'이라는 업체명과 적절히 구분된 직위가 새겨진 명함을 나누고, 영화 속 장면들을 따라 하거나 그에 대한 이야기를 나누며, 영화의 장면들과 현실의 상황을 매치시키며 영화로의 상상적 진입을 꾀하는 것은 영화가 그려놓은 세계에 참여하는 방식이자 연대, 그리고 놀이였다. 이처럼 <불한당>은 여타의 남성 영화들과 분명하게 구분되는 매듭을 묶어 놓았고, 불한당원들은 이를 자신들만의 방식으로 풀어내며 즐기고 있었다. 분명 '겨냥'하지 않았을 감독의 설정들에 관객들은 오히려 '저격' 당하면서 행복해했고, 이 새로운 지점에 대한 동사화(動詞化)를 끊임없이 시도해나가고 있었다.

4. '알아챈' 감정 읽기로 수렴되는 해석의 확장

이 모든 것을 가능케 했던 것은 역시 <불한당>이라는 영화가 주는 독특한 미학에서 비롯된다. 최근의 한국 영화들, 게다가 무수히 등장한 남성 영화들 사이에서 미묘하게 교차하는 조명의 변화와 색감, 처절함을 걷어낸 환희 넘치는 액션, 완성도 높은 OST의 절묘한 흐름 등은 <불한당>에서 단연 도드라졌기 때문이다. 그러나 이러한 <불한당>의 미학에 관객들이 환호를 보내는 것은 단지 시청각적 차이에서의 변별에 있지 않다. 중요한 것은 <불한당>의 모든 미적 시도들이 이 영화가 애초에 밝혔던 두 남자의 감정을 드러내고 표현하는 데에 온 힘을 쏟고 있다는 점이며 바로 이 지점에 가까워지는 해석에 불한당원들은 집중하기 시작했다.

누군가는 '죄의식이 없'다고 생각할 만큼 잔인한 재호의 눈빛은 자신이 경찰이라 고백한 '걱정 되'는 '꼬마 새끼'를 끊임없이 쫓으며 찰나의 색감과 음악 속에 녹아들었다. 세상에 홀로 남은 순간 자신과 함께하자는 재호 앞에서 스스로 경찰이라 고백하는 현수의 눈은 눈물을 머금은 채 노랗게 흩어진 조명 속에서 붉게 부어올라 있었다. <불한당>의 미학이 녹아든 것은 바로 이 지점이었다. 두 인물의 감정이 만나고, 부딪히고, 흔들리며, 확인하는 순간에 <불한당>은 모든 것을 던져 넣고 있었다. 이에 대한 발견과 해석, 그리고 열광은 이를 알아챈 이들과 오롯하게 공명할 수 있었다.

<불한당>을 '멜로'로 규정하는 불한당원의 해석을 비약이나 어설픈 퀴어 코드의 탐닉으로 치부할 수 없는 것은 이 영화의 의도한 바

가 명확했기 때문이다. <불한당>의 제작보고회에서 배우 설경구는 <불한당>을 찍으며 임시완이라는 배우를 사랑했다고 이야기했고, 변성현 감독은 영화를 준비하며 멜로 영화를 더 많이 봤다고 밝히면서 이 영화가 두 남자의 감정을 중심에 두고 진행되었다는 것을 분명히 했다. 배우 김희원과 전혜진 역시 감독의 의도를 명확히 알고 있었으며, 병갑의 캐릭터 완성에 재호에 대한 감정이 고려되어 있었다는 점을 촘촘히 설명했다. 이는 관객들을 겨냥하면서 아슬아슬한 퀴어 요소를 뿌려놓고 종국에는 이를 희석하는 '브로맨스' 혹은 '남남케미' 등의 단어를 들이밀며 의도치 않았다는 말로 부정해버리는 상황들과 분명한 차이를 두는 것이었다.

최근 '퀴어 베이팅'이라는 용어로 불편함을 드러내는 이들이 늘어날 만큼 퀴어 코드는 일종의 소비 방식으로 활용되었다. 분명히 존재하는 감정을 뭉개며 '인간 대 인간'의 사랑이라는 두루뭉술한 말로 슬쩍 넘기려는 비겁함은 '오직 그 사람'이어야만 사랑할 수 있었던 수많은 존재를 부정했다. 퀴어 코드에 호감을 느낄 관객들을 겨냥했으면서도, 그 영화가 담고 있는 감정을 결국 부정하는 방식은 이제 너무도 예민하고 명민한, 그리고 자신의 의견을 표하는 것에 거침없는 관객들에게 더 이상 유효하지 않다. 역으로 영화를 관통하는 중심 감정을 선명히 밝혔을 때, 이를 가지고 '놀 수 있는' 관객들의 해석의 장은 무한히 확장된다. 때문에 <불한당>의 명확한 연출 의도를 바탕으로 미장센에 대한 불한당원들의 해석이 넘쳐흐르는 것은 어찌 보면 당연한 일이다.

<불한당>을 통한 무수한 해석들은 베드신이나 키스신이 등장해야만 사랑으로 규정할 수 있을 것이라는 단순한 생각들에 실소를 보냈고, 작은 행동이나 숨소리, 누군가를 끊임없이 쫓는 눈길, 자신의 죽음을 알면서도 차마 해치지 못하는 망설임의 순간 등이 얼마나 절절한 것인지를 확인시켜 주었다. 관객들의 해석이 더해지면서 <불한당>의 새로운 감정 요소들은 끊임없이 발견되었고 인물에 대한 몰입과 연민은 높아져 갔다. 불한당원들의 적극적인 해석은 배우들의 생각이나 연기 당시의 감정들과 결합하여 또 다른 의미로 번져가기도 했고, 감독은 관객들의 해석을 통해 자신이 의도와 전혀 다른 해석 가능성에 대해 곱씹으며 고민하고 이를 긍정하거나 부정하면서 의견을 보태기도 했다. 이런 방식으로 <불한당>은 관객을 통해 영화의 중심에 놓인 감정에 대한 많은 이야깃거리를 낳을 수 있었다.

물론 <불한당>에 대한 다양한 해석과 의견들이 찬사만으로 이루어지는 않았다. 불한당원들은 사소한 실수들을 짚어내기도 했으며 영화에 등장하는 불편한 장면들, 가령 영화의 초반 현수의 출소

후 함께 차에 타 진한 키스를 하던 나타샤의 등장이나 오세안 무역 조직원들이 섹스 토이로 가득 찬 상자로 천 팀장을 성희롱하는 장면 등은 굳이 필요치 않았던 잉여로 꼽는다. <불한당>에 대한 해석들이 이 결점들을 분명히 인정한 후 이루어졌다는 것은 '그래서 어쩌라고' 가 아닌 '그럼에도 불구하고'라는 전제를 바탕으로 영화에 대한 무조 건적인 옹호와는 거리를 두고 있다는 것을 보여준다. 그러나 이 같은 불한당원들의 예민함과 영화에 대한 치밀한 해석들은 늘 정당하게 인정받지 못했다.

　<불한당>에 대한 수많은 해석과 실천들은 불한당원이 분명히 '영화' <불한당>을 사무치게 사랑하는 이들이라는 점을 증명한다. 새삼 스레 이 이야기를 다시 하는 것은 불한당원들의 1년이 그리 녹록지 만은 않았기 때문이다. 당원들은 한 영화에 열정을 쏟으며 (사실 매우 소수였을) 같은 생각을 공유하는 이들과 흥겨운 시간을 보냈으면 서도, 한편으로 배우만 쫓는 '천박한 빠순이'로 '후려치기' 당하는 상 황을 감내해야 했고, 전에 없는 현상을 전시·활용하려는 순간들을 견 뎌야 했다. 영화를 향한 불한당원들의 호응은 늘 곡해되기에 십상이 었다. 불한당원들의 꼼꼼한 해석과 판단에 기반 하여 수상에 의문을 표했을지라도 그 의견은 '우리 오빠'가 상을 못 받아 징징대는 빠순 이들의 무의미한 투정으로 전락했고, 이는 익히 보아왔던 여성 팬덤 에 징글징글하게 덮어씌우는 거대한 프레임이 이번에도 어김없이 작 동한다는 것을 보여주었다.

　열렬한 팬심을 숨기는 '일코(일반인 코스프레)'의 태도가 굳이 필 요한 것에서도 드러나듯 여성들의 팬덤은 늘 자중할 것을 요구받았

다. 어떤 현상을 판단할 때, 그리고 상대를 대할 때, 이(들)의 상황에 대한 기본적인 파악은 예의임에도 불구하고 팬덤은 늘 (그 양상이 어떻든 간에) '구경거리' '빠순이'로 간주되었다. 이는 설사 배우만 쫓는 빠순이라 할지라도 무시당해야 할 아무런 이유가 없다는 것을 모르는, 즉 자신들이 알지 못하는 것이 있을 수 있다는 사실을 완벽히 차단하면서도 그것을 전혀 이상하게 여기지 않는 이들이 오만하게 으스댄 결과였다. 자신이 모른다는 것을 알지 못하는, 아니 알려고도 하지 않는 이들에게 불한당원이 쌓아놓은 1년의 의미를 구구절절 설명해야 할 필요는 지금도 앞으로도 없다.

5. '지난 1년'과 '앞으로의 n년'을 '현재'로

이 글을 쓰고 있는 지금(2018년 5월 17일), <불한당>은 개봉 1주년을 맞아 극장에서 상영 중이다. 설경구, 전혜진, 김희원, 허준호는 2018년의 '한재호', '천인숙', '고병갑', '김성한'으로 변성현 감독과 함께 다시 관객 앞에 섰다. <불한당>이 개봉했던 2017년 5월 17일로부터 정확히 1년이 지난 이 순간을 당연히 기억해야 한다는 믿음은 이 글을 쓸 수 있는, 써야 한다는 생각을 피어오르게 했다. 불한당원의 활동은 <불한당>의 '지난 1년'을 '현재'로 만들었고, 이 글도 불한당원들이 <불한당>을 기념하는 순간마다 앞으로의 '현재'로 옮아가는 데에 기여하고픈 소망에 기대고 있다. 아마도 내년, 그리고 2027년이라는 아직 상상할 수 없는 개봉 10주년의 그때에도 <불한당>은 여전히 기억해야 한다는 믿음 아래에서 현재일 수 있지 않을까.

길게 늘어놓았지만 불한당원의 화력은 '잘된 영화 <불한당>'을 알아보고, 알리려 했고, 즐긴 것 자체가 뿜어낸 엄청난 에너지로 정리할 수 있을 것이다. 최근까지도 이어지는 당원들의 유희는 관객이 영화를 즐기는 다양한 방법 중 가장 최상위의 방식을 취했다고 할 수 있다. 영화적 상상력의 재생산, 그것은 오롯이 관객의 몫이며 관객의 특권이다. 이를 보여준 불한당원들의 활동은 곧 영화가 어떻게 나아가야 하느냐는 꽤 묵직하지만, 근본적인 질문과 마주하게 했다. 영화의 중심인 관객의 자리를 분명히 확인시킨 이 팬덤은 결국 매우 단순한 것에서부터 시작되었을 것이다. 지겹게 보아왔던 영화들은 넘어서고, 솔직하게 표현하고, 이를 영화의 언어로 유려하게 그려내는 것. 여러 가지 이유로 이 단순함이 어렵다지만, 글쎄. 관객들은 분명 즐길 준비를 하고 있다.

12장
발레를 수용한 기록영화
— <댄싱 베토벤>

장석용

* 영화 〈댄싱 베토벤〉 스틸컷 제공: 마노엔터테인먼트

공연의 결과물인 영화에서 추출한 환희는

세상에서 인간이 행동하고 존재하는 방식, 내재된 본질,

삶을 향한 태도이자 자연의 선물이다.

1. 사숙의 대상 뤼미에르 형제

영화는 종합예술이다. 무용, 문학, 미술, 연극, 영화, 음악 분야 중 막내인 영화는 공동작업의 집중성이 가장 두드러진다. 영화를 통한 관계 설정에서 공동 작업을 하며 종합예술인 발레 대상 기록영화는 영화의 원조 장르인 기록영화의 느낌과 영화 발전의 현재적 의미를 되새기는 좋은 텍스트로 기능한다. 종합예술은 분야별 최상의 기교와

영화 〈댄싱 베토벤〉 포스터

구성으로 철학적 상부구조에 도달하고자 하는 창의적 어울림을 지향한다. 영화 분야처럼 국경과 흐름을 떠나 다양한 분야에서 어울리며 발전해온 발레, 발레 영화를 통해 국경과 장르를 허무는 어울림의 관계를 주목한다.

1895년 12월 28일, 파리의 그랑 카페에서 형 오귀스트 뤼미에르 (Auguste Marie Louis Nicholas Lumiere, 1862~1954), 동생 루이 뤼미에르(Louis Jean Lumiere, 1864~1948) 형제가 17미터 정도의 기록영화 〈열차의 도착〉(L'Arrivée d'un train en gare de La Ciotat, 50초), 〈리옹의 뤼미에르 공장의 출구〉(Sortie des Usines Lumiére à Lyon, 50초)를 영화사 고몽을 통해 발표했다. 영사, 촬영 동시 기능의 시네마토그래프(Cinématographe)로 촬영된 이 영화들은 영화의 효시로써 전 세계에 영상 혁명을 촉발했다.

1896년, 일본에서도 영사기와 작품이 수입되었다. 초창기에는

거리 풍경, 가부키(歌舞伎), 노(能) 공연을 담은 기록영화가 제작되었다. 1898년에는 <춤추는 게이샤>가 촬영 공개되었다. 1904년부터 도쿄와 교토에 세워진 촬영소들이 1912년에 합병되어 일본 메이저 영화사의 효시인 니카츠(日活)가 탄생한다. <나의 죄>(乙の罪, 1908)는 첫 일본 극영화가 된다. 일본에서 영화의 존재를 알게 된 조선 선각자들은 1919년 10월 27일 단성사에서 개봉된 연쇄극 <의리적 구토>(義理的 仇討) 속에 김도산 감독, 미야가와 소우노스케(宮川早之助) 촬영의 35mm 흑백 기록영화 <경성 전시의 경>(京城全市の景)이 삽입되어 조선 영화의 효시가 된다.

기록영화, 극영화, 전위영화, 만화영화는 영화의 4대 장르이다. 그중 기록영화는 대부분 국가에서 영화사의 효시를 장식하고 있다. 기록영화는 나라별로 목적에 따라 다양하게 진화해 왔다. 소재별로 기록영화는 정치, 경제, 사회, 문화, 종교, 역사, 예술, 스포츠 등을 다루고 있다. 예술을 다루는 기록영화는 예술 분야에 따라 다양한 모습을 하고 있다. 도도한 기록영화의 전통을 이어오고 있는 프랑스는 발레 장르에 이르면 빛나는 성취를 보이는 작품들이 많다. 아란차 아기레(Arantxa Aguirre) 감독은 베토벤 교향곡 '합창'의 기록을 도전 과제로 삼는다.

1824년 2월경에 완성하여 5월 7일 오스트리아 빈의 케른트너토르 극장에서 초연된 '합창' 교향곡은 실러의 시가 합창에 들어가 있어서 새로운 형식의 교향곡이 되어 있었다. 기존 클래식 음악의 전통을 뛰어넘는 변화무쌍한 교향곡은 모든 예술가들에게 무한한 영감의 원천이자 자신의 예술과의 접점을 찾아가는 과제이기도 하였다. 자신에게 닥친 역경을 이겨내려고 하는 초인적 의지는 <댄싱 베토벤>(BEETHOVEN PAR BÉJART, 2016)이 후대 예술가들과 정신적 관계를 이루는 나침반이 되어주었다. 기록영화는 발레 공연 못지않게 출연자들의 동선과 심리적 흐름을 꿰뚫어야 한다.

2. 기록영화의 대상 발레

발레는 문예 부흥의 소산물로써 이탈리아에서 탄생했다. 그들의 도움으로 프랑스에서 궁정 발레와 서민발레로 발전한 발레는 러시아로 넘어가 오늘날의 발레의 모습을 갖추게 되었다. 프랑스 혁명으로 발레가 위축되었을 때 발레의 주도권은 다시 이탈리아로 넘어가게 되고, 19세기 초에 밀라노가 발레의 중심지가 되기도 한다. 예술 분야를 풍미했던 낭만주의는 발레에도 바람이 불어 '라 실피드'와 '지젤' 같은 낭만 발레는 구성과 기교, 의상에서 많은 변화를 보인다. 낭만 발레의 쇠퇴는 발레의 중심지를 러시아로 옮겨 놓는다.

러시아 발레는 안나 이바노브나 여제(재위, 1730~1740), 예카테리나 2세(재위 1762~1796)의 전폭적인 지원을 거치면서 비약적인 발전을 거듭하고 있었다. 프랑스에서 이론가나 안무가, 이탈리아에서 발레무용수를 초청하여 연마한 결과, 러시아에서 '백조의 호수'와 같은 고전 발레가 개화되고 완성되었다. 현대 발레는 이사도라 덩컨의 유럽 중심 발레 예술운동의 영향으로 변주되어, 디아길레프, 미셸 포킨과 쿠르트 요스, 니진스키, 지리 킬리안의 고뇌를 생각하게 만든다. 88서울올림픽 당시 방한했던 무용단들, 지리 킬리안의 네덜란드

댄스시어터, 윌리엄 포사이드의 프랑크푸르트 발레단, 베자르 발레단은 현대발레의 명무를 보인다.

한국에 소개된 많은 발레 소재의 영화들 가운데 아란차 아기레 감독의 <댄싱 베토벤>은 모리스 베자르 안무의 베토벤 교향곡 9번 '합창'을 재현한다. 예술가들에게 예술적 국경은 없으며 고도의 기량을 요구하는 데에 필요한 경쟁만 존재할 뿐이다. 그들의 관계는 통제와 제한이 없다면 한 가족이나 다름없으며 위대한 예술가들에게는 존경과 헌사, 존중의 예(禮)만 주어질 뿐이다. 예술가에게는 예술의 정치적 이용이라는 위험과 함정이 늘 도사리고 있으며, 예술가는 이 점을 평생 유념해야 한다.

스페인 문학 박사인 아기레 감독은 마리오 카뮈, 페드로 알모도바르, 카를로스 사우라, 바실리오 마틴 파티노, 루이스 가르시아 베를란가의 제작부 소속으로 <발레>(2008), <파리의 미국 백조>(2011), <극장의 여인 누리아 에스퍼트>(2012), <중국여행>(2013) 등을 제작했다. 그중 <마음과 용기로>(2009)는 다수 국제영화제에서 수상하며 프랑스, 스위스, 일본에서 상영되었다. 최신작은 <솔레르를 위한 한 송이 장미>(2014)와 <댄싱 베토벤>(2016)이다. 그녀는 『부뉴엘, 갈도스의 독자』와 『자신의 일에 관해 말하는 24명의 배우들』의 저자이기도 하다.

스위스의 발레단 '베자르 발레 로잔'(BÉjart Ballet Lausanne)의 예술 감독인 안무가 질 로망(Gil Roman)은 스승 모리스 베자르(Maurice BÉjart, 1927 2007)의 전설적 발레 안무작 '합창' 탄생 50년(2014)을 기념작으로 재현할 파트너를 찾게 된다. 재정적 지원이 가능하고, '베자르 발레 로잔'과 대등한 실력의 협업 무용단을 찾는 일은 쉽지 않았다. '베자르 발레 로잔'은 베자르가 설립자로서 연간 120여 회의 공연을 하는 '20세기 발레단'이 전신이다. 파격적이고 과감한 주제, 관능적이며 압도적인 피지컬, 모던하고 전위적인 작품들로 현대발레의 전형(典型)을 보여주는 발레단이다.

예술가들은 자신의 업적과 사상을 이어받을 훌륭한 제자를 찾는 작업도 필요하다. 제자인 질 로망은 19세에 '20세기 발레단'에 입단. 모리스 베자르의 주요 작품에서 주역으로 출연했다. 오랜 시간 베자르와 작업하며 그가 감독한 영화 연극 등에도 출연하여 배우로서의 훌륭한 자질도 보여주었다. 질 로망은 2007년 모리스 베자르가 세상을 떠난 후 베자르 발레 로잔을 이끌고 있다. 결국 질 로망은 위대한 예술가의 필생의 명작인 베토벤 교향곡 9번 '합창'을 보여줄 공동작업의 대상자로서 도쿄 발레단을 간택하게 된다.

도쿄발레단은 일본을 대표하는 발레단으로 파리 오페라극장, 모스크바 볼쇼이극장, 밀라노 라 스칼라극장, 베를린 국립가극장 등에 초청되며 700여 회에 달하는 해외 공연을 이어가고 있다. '합창'의 공동 춤 파트너가 선정되고, 스위스와 일본에서는 독립적으로 연습에 매진하게 된다. 스위스의 발레 연습 과정에 포커스를 맞춘 기록영화는 시간의 흐름에 따라 촬영을 감행한다. 연습의 시간과 강도가 깊어질수록 촬영진도 바빠지고 힘들기는 마찬가지였다. 마이클 무어의 영상 작법과는 차별되는 아란차 아기레 감독의 작업은 발레 작업과 유사성을 띠고 있었다.

이 시대의 최고의 지휘자 중의 한 명인 주빈 메타(Zubin Mehta)

지휘의 이스라엘 필하모닉 오케스트라가 섬세함과 웅장함을 보태면서, 새 밀레니엄에 발레 '합창'은 화려하게 만개하였다. 스물다섯에 세계 최고의 오케스트라 베를린 필하모닉을 지휘한 주빈 메타는 1981년부터 이스라엘 필하모닉 오케스트라의 종신 음악감독으로서 유수의 오케스트라를 순회 지휘하며 특유의 카리스마로 생기 있고 건강한 음악을 들려주고 있다. 그가 <댄싱 베토벤>에 참여하게 됨으로써 인류의 화합을 전하고자 했던 베토벤의 뜻을 다시 한번 숭고하게 만들게 된다.

베토벤도 듣지 못했다는 '합창' 교향곡을 완벽하게 해석한 주빈 메타는 빈, 베를린, 이스라엘 필하모닉을 모두 지휘한 현존하는 최고의 지휘자다. 어릴 적 지휘자였던 아버지로부터 처음 음악을 접한 후 음악 공부에 전념하게 된 그는 1958년 영국 리버풀 국제 지휘자 대회에서 우승하였고, 아시아인 최초로 빈 필하모닉 오케스트라를 지휘했다. 1961년 몬트리올 오케스트라의 상임 지휘자, 이후 27세라는 어린 나이에 LA 필하모닉 관현악단의 상임 지휘자가 되어 1978년 뉴욕 필하모닉 오케스트라에 진출하기까지 LA 필이 최고의 전성기를 누리게 했다.

1968년부터 이스라엘 필하모닉의 음악 고문, 지휘자로서 50여 년간 긴밀한 관계를 유지해온 주빈 메타의 연주는 역동성과 섬세함을 동시에 갖춘 정교하면서도 부드러운 울림을 가지고 있어 낭만적인 감성과 함께 조화를 이루고 있다. 그가 지휘하고 있는 이스라엘 필하모닉 오케스트라는 솔로들의 오케스트라로 불릴 만큼 단원 개개인의 연주력이 뛰어나다. 레너드 번스타인, 브루노 발터, 카를로 마리아

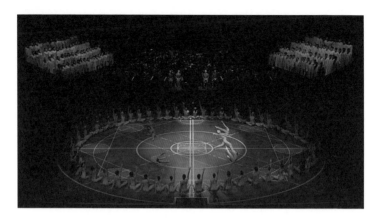

줄리니 등이 이스라엘 필하모닉을 지휘하였으며, 세계 정상급 오케
스트라와 당당하게 어깨를 맞추고 있다.

　<댄싱 베토벤>이 포착한 화려함 이면에 자신들의 일상적인 문제
들로 가볍게 내려앉는 예술가들이 우울을 극복하고 인상적인 작품
을 만들어가는 과정의 비료화(Fertilization) 작업은 냉정하며, 종교
의식 같은 인류애를 부각한 '합창'의 4악장 가을 시퀀스의 '환희의 송
가'는 웅장하고 다채로운 멜로디로 관객들과 감동적인 느낌을 공유
한다. "모든 인간은 형제이다"라는 환희와 인류애의 메시지를 담은
프리드리히 실러의 시 '환희의 송가'로 된 '합창'의 가사는 자체만으
로도 흥분이 일게 한다. 영화는 이 부분에서 감동의 절정을 이룬다.

　『오 벗들이여, 이 선율이 아니오!/ 좀 더 기쁨에 찬 노래를 부르
지 않겠는가!/ 환희! 환희!//환희여, 아름다운 주님의 광채여/ 낙원의
딸들이여,/ 우리 모두 정열에 취해/ 빛이 가득한 성소로 들어가자!/
가혹한 현실에 분열되었던 자들을/ 신비로운 그대의 힘으로 다시 결
합시키도다./ 그리고 모든 인간은 형제가 되노라,/ 그대의 부드러운

날개가 머무르는 곳에서.//위대한 하늘의 선물을 받은 자여,/ 진실된 우정을 얻은 자여,/ 아내의 따뜻한 사랑을 얻은 자여,/ 다 함께 모여 환희의 노래를 부르자!/ 그렇다, 비록 하나의 영혼이라도 이 지상에서/ 자기 것이라 할 수 있는 사람은 모두 환호하라!/ 그러나 그 조차 가지지 못한 자는/ 눈물 흘리며 조용히 떠나갈지라! //이 세상의 모든 존재는/ 자연의 가슴에서 환희를 마시고,/ 모든 착한 사람이나 악한 사람이나/ 그녀의 장미 핀 오솔길을 환희 속에서 걷는다./ 환희는 우리들의 입맞춤과 포도주, 죽음조차/ 빼앗아 갈 수 없는 친구를 준다./ 쾌락은 벌레에게 주어지고,/ 아기천사는 주님 앞에 선다!//환희여, 수많은 태양들이/ 천국의 영광스런 계획을 따라/ 빛나는 창공을 가로지르듯/ 형제여, 그대들의 길을 달려라./ 영웅이 환희에 찬 채로 승리의 길을 달리듯이.// 포옹하라! 만민들이여!/ 온 세상에 입맞춤하라!/ 형제들이여, 별의 저편에는/ 사랑하는 아버지 주님께서 꼭 계신다./ 만인이여, 서로 포옹하라!/ 전 세계의 입맞춤을 받으라!/ 환희여, 신의 찬란한 아름다움이여!/ 낙원의 딸들이여!/ 환희여, 아름다운 주님의 광채여!』

3. 현대발레 <댄싱 베토벤>을 기록한 영화

<댄싱 베토벤>은 스위스 로잔과 일본 도쿄를 오가며 '합창' 공연 준비 전 과정을 담아낸다. 이름만 들어도 숨이 멎을 듯한 전설이 된 예술계 거장들의 작업을 오마주(獻) 하는 작업 자체도 장엄한 역사(力事)이다. 겨울 발레 교실에서 가을 공연으로 결실을 거두는 영화

는 발레 장르를 대상으로 영화 작업을 하는 기록영화의 정석을 밟고 있다. 감독에게는 장시간 베토벤 교향곡 9번과 같이 하는 것은 일종의 정신적 마음 수양 같은 풍요로움의 원천이었고, 거장들의 분위기와 자신의 소리가 만나는 접점에서 자신의 소리를 듣고 작품을 창조해내는 작업이었다.

파리국립오페라발레단의 모든 것을 담은 프레드릭 와이즈먼 감독의 <라 당스>(La Danse: The Paris Opera Ballet, 2009)를 보면 발레 영화의 기본 공식을 발견할 수 있다. 누구나 쉽게 들어갈 수 없는 공간들을 담으면서 발레단 운영의 어려움과 의전을 준비하는 모습은 인상적이다. 발레 기법의 기초가 되는 것은 다리나 그 밖의 인체의 포지션(위치)이며, 운동으로서는 파(움직임)와 포즈(정지 상태)로 분류할 수 있다. 공연 못지않게 과정의 소중함을 묘사하고 있는 영화는 일상의 고민에서부터 발레의 향방을 조심스럽게 진단하고 있다.

최절정의 몸이 좋은 음악을 만나 예술이 된다면 그것보다 더 좋은 일은 없다. 베토벤을 사숙하며, 파격과 금기를 넘나드는 기발한 상상력으로 소수 향유의 실내 발레를 대중 친화적 대형 공간으로 이동시킨 발레 혁명가, 현대무용의 전설이 된 마르세유 출신의 안무가 베자르는 이 세상의 모든 작곡가 가운데 베토벤을 경외의 대상으로 삼았다. 그는 청소년기에 연극과 오페라에 관심을 가졌다가 무용을 접한 뒤 발레에 집중했다. 철학적 주제와 사회적 이슈들을 담은 대규모 발레 공연은 후학 질 로망의 재안무의 장엄한 스펙터클을 보여주었다.

<댄싱 베토벤>은 주재료가 발레 공연이기 때문에 베자르에 대한 언급이 우선시됨은 불가피한 일이다. 베자르는 열여덟에 마르세유

발레단에 입단했고, 스웨덴 왕립발레단 활동을 그만두면서 고전 발레와 결별하였으며 현대무용이나 다름없는 현대발레의 초석을 깔았다. 고전적 정형미를 간직한 현대발레는 기본과 규칙을 바탕으로 새로운 동작을 창조하는 컨템퍼러리 발레로써 현대인들의 감성을 자극할 수 있어야 한다. 느낌의 공유를 위해 베자르의 현대발레는 재즈, 아방가르드 음악, 팝 등 비전통적 표현기법을 발레와 섞기도 한다.

비범한 재능과 느낌으로 베토벤의 '합창'을 몸에 걸친 베자르는 지휘자 주빈 메타와 발레 무용수들, 참여한 모든 예술가들에게 빛나는

전설이 되도록 주문했다. 그는 자신의 모든 안무작에 삶, 사랑, 죽음의 주제성을 삽입시켰다. 1964년, 브뤼셀에서 베자르는 베토벤의 교향곡 9번 '합창'을 주조 음악으로 한 동명의 안무작을 발표했다. 기하학적 조형의 발레리나, 발레리노의 군무 구성은 세계 평화를 염원하며 관능미 넘치는 현대성을 부여하였고, 졸도에 가까운 '파격'을 거듭하는 강렬한 인상을 남겼다. 질 로망은 그 감동을 완벽하게 재현했다.

한국에서 발레 속에 숨겨진 심오한 현대철학의 주제별 상층부를 탐구하고, 그 상징적 의미를 찾아내어 분석, 비평하는 작업은 시간과 고통을 수반한다. 이즈음의 '발레블랑'이 보여주는 작업들의 상당수는 철학적 함의와 상징성에서 파생된 난해함으로 가득 차 있다. 고전 발레나 낭만 발레의 향수를 기대한 관객들을 당황하게 만드는 현대발레의 진풍경이다. 베자르-질 로망-베자르 발레 로잔의 고리는 이같은 현대발레를 거부한다. 자의적 해석으로 관객을 난처하게 만드는 행위는 충분한 당위성과 이론적 근거를 동반해야 하기 때문이다.

<댄싱 베토벤>은 형식적 난해함을 극복하고, 인간 존엄과 공감을 중시하는 무용수를 부각시킨다. 남성 무용수를 무대 중심에 세워 획기적인 안무로 대중에 다가가는 장면을 포착한다. 아기레 감독은 첫 장편 다큐멘터리인 <마음과 용기로>로 이 발레단과 연을 맺은 뒤 로망이 준비하는 새로운 무대를 이해하기 위해 큰 노력을 기울였다. 그녀는 베자르가 주창했던 '전통적 틀에서 벗어나 모든 종류와 조건의 사람들에게 와 닿을 수 있는 안무 구성'에 집중했다. 베자르는 '합창'의 초연 작품으로 전후 유럽에 잔존했던 참혹한 상태의 인간주의를 회복했었다.

4. 아기레 아란차의 영상적 각선미(角線美)

아기레 감독의 탐미적 연출력을 보여준 <댄싱 베토벤>은 최고의 예술집단이 전설의 무대를 재현하여 깊은 감동을 주는 다큐멘터리이다. 와이드 앵글로 잡힌 동 부동(動 不動)의 피사체들은 현실에서 환상까지의 장면들을 자연스럽게 연기해내고 있다. 이 점에서 영화는 극성을 띈다. 베자르는 '한 남자를 위한 교향곡'(1955)을 시작으로 '봄의 제전'(1959), '볼레로'(1960), '현재를 위한 미사'(1967) 등 무용 사전에 오른 작품만 50여 편이며 전체 안무작은 250편이 넘는다. <댄싱 베토벤>은 베자르의 안무작 '합창'의 질 로망 버전을 영화화한 작품이다.

드라마적 형태로의 쏠림, 감정 유입의 임계점을 경계한 감독은 다음 장면에 대한 호기심을 불러일으키며 팽팽한 긴장감을 견지한다. 관능미, 역동성, 화려한 안무 등 초연의 감흥을 그대로 분출시키고 있는 안무작에 대한 영화적 연출은 연습에 방해가 되지 않기 위해 극도로 신경을 써야 했다. 기록영화의 핵심인 감독의 관점과 주장은 경탄을 자아낸다. 프랑스의 배우인 내레이터 말리야 로망(Malya Roman)은 안무가와 무용수들, 지휘자의 인터뷰이로서 베토벤 교향곡 9번 공연 준비과정을 따라가면서 감독의 의중과 자기 생각을 전달한다.

<댄싱 베토벤>의 리듬과 구조는 베토벤 교향곡 9번처럼 4개 악장이 영화의 4개의 시퀀스와 일치된다. 아기레 감독은 베자르가 추구한

춤의 아름다움, 예술, 삶, 사랑, 죽음이란 주제를 골고루 영화에 포진시키면서 '고뇌에서 기쁨으로, 어둠에서 빛으로'라는 베자르의 이상을 실현한다. 허구와 사실의 경계가 적절히 조화되도록 불필요한 허구적 요소들은 자연스럽게 처리한다. 아기레 감독과 라파엘 레파라즈 촬영감독은 허구적 요소를 처리하는 방법에 신중했고, 허구와 사실의 경계가 적절히 조화되도록 영화적으로 자연스럽게 처리했다.

카메라가 담아내야 하는 서사적인 분위기가 존재하는 공연, '베토벤 교향곡 9번' 4악장처럼 영화에서도 마지막 시퀀스는 타 악장보다 다소 길게 구성되며 이전의 내용과 구성을 해결한다. 리듬은 군집 무용수와 엑스트라 등 등장인물들의 다양한 성격과 주제별 시퀀스를 반영하고 있지만 '무제감'(無題感)을 살린다. 예술가들의 역량이 응집된 전설적 공연의 완벽한 조화는 참여 예술가들에게 환희의 승리감을 선사했다. 레니 리펜슈탈의 올림픽 기록영화의 시각적 비주얼에서 영감을 얻은 촬영감독은 그들의 오랜 시간에 걸친 땀의 결과물을 소중하게 담았다.

<댄싱 베토벤>은 하나의 작품을 완성하기 위한 예술가들의 예술에 대한 열정과 고뇌, 현실과의 갈등, 꿈에 대한 열망을 보여준다. 베자르 안무의 정점을 찍은 현대발레 연기자들의 격정 연기를 찾아가는 여정에서 발레와 음악에 대한 친밀감을 느끼게 한 영화는 예술의 각 장르가 유기적으로 연결되어 개별적 아름다움을 넘어서는 일체된 통일감의 절대미를 생산한다. 팔십여 명의 무용수, 합창단, 교향악단까지 삼백 오십여 명이 참여한 무대는 주제와 색의 조화로운 어울림, 베토벤 음악에 헌무(獻舞)하는 무용수들의 격정적 춤으로 인류는 하

나임을 밝힌다.

환희와 인류애의 메시지를 담은 베토벤 교향곡 9번 4악장 '환희의 송가, Ode to Joy'가 울려 퍼진다. '하나 됨'으로 전쟁 없는 '환희의 송가'를 듣고자 했던 성현들의 소망, 현자 베토벤의 꿈은 사숙한 모리스 베자르에 의해서도 영원히 이루어질 수 없었기에 더욱 간절하다. 전후의 피폐함을 목격했고, 베자르 생존 시까지 진행되고 있었던 지구촌의 학살과 분쟁은 아직도 진행 중이다. 베자르는 관객들이 자신의 안무작을 마음으로 느끼고 통찰하도록 긍정과 희망을 아름답고 강인하게, 인간에 대한 존엄성을 가진 무용수를 통해 몸으로 표현했다. 모리스 베자르는 베토벤 교향곡 9번, 4개의 악장에 각각 주제를 부여한다. 악장, 주제, 주조색은 계절, 장소, 춤과 조우한다. 1악장 브라운 의상은 대지를 상징한다. 지구 또는 이상에 도달하기 위한 전투이다. 2악장의 붉은색은 불과 기쁨, 더불어 그 안에서 피어나는 꽃과 생명을 나타낸다. 3악장의 흰색은 겨울과 시련, 그리고 조화와 사랑으로 태어난 물을 그려낸다. 마지막 4악장에서 선보이는 노란색은 자유의 상

징이자 빛과 환희이다. 압도적인 무대 규모와 악장마다 펼쳐지는 무용수들의 강렬하고 화려한 퍼포먼스는 눈과 귀를 황홀하게 한다.

　아기레 감독은 말리야 로망을 영화의 안내자로서 설정하고, 그녀를 통해 감독의 '또 다른 자아', '말리야의 자아'가 되도록 자신의 의견을 전한다. 공연을 준비하는 과정을 담으면서 "거울을 연상시키는 순간들이 많은 영감을 주기도 했다.", "모리스 베자르와 함께, 무용수들은 도구적인 존재가 아닌 지성과 용기로 가득 찬 인간을 발견하게 된다"라고 하면서 베자르의 작업 방식은 삶의 방식 혹은 직업적으로 도움이 되었다는 감동의 소회를 밝힌다. 그녀의 영화 작업은 소통을 위해 관용과 자신의 역량을 모두 소진해야 했음을 시인한다.

5. 시퀀스의 유동

　겨울 시퀀스(로잔), 1악장은 대지에서 솟아나는 생명력을 묘사한다. 하얗게 쌓인 눈을 곁에 두고 발레 연습은 진행된다. 갈색 의상은 대지를 상징한다. 수행에 버금가는 기념 공연의 연습 과정에 베토벤과 베자르의 초월적 의지와 사랑이 담긴다. 베토벤의 '합창' 교향곡이 다양한 국적의 여든 명에 이르는 발레 연기자들과 어우러진다. 화합의 손을 마주 잡고 걸어 나오는 광경은 베자르가 평생에 걸쳐 추구한 이상을 실현한다. 하나의 작품을 위해 베토벤과 모리스 베자르 사이의 연결고리가 생긴다. 연(緣)은 가슴으로 이어진다는 것을 알린다.

봄 시퀀스(도쿄), 2악장 스케르초 속의 완전한 승리, 열정과 기쁨을 표현한다. 빨갛게 피어나는 꽃, 겨울을 이겨낸 끈질긴 생명, 에너지, 불굴의 힘이 강조된다. 블루, 화이트, 레드 중에서 프랑스가 간과한 레드(박애, 협동)가 강조되며 설원을 넘어 봄꽃의 아름다움을 넘어서는 베자르의 인간 존중의 이야기가 담긴다. 아기레 감독의 거울처럼 영화를 안내한다. 내레이터 말리야 로망은 예술평론가 미우라 마사시에게 모리스 베자르가 추구한 것이 무엇이었냐고 묻는다. 고민을 거듭하던 미우라는 "그는 우리가 인간을 사랑해야 한다고 주장했다"고 말한다.

여름 시퀀스(로잔), 3악장의 흰색은 겨울과 시련을 상징한다. 조화와 사랑을 이루는 물이 주제이다. 무용수들은 이질적 요소와 난관을 극복하고 힘든 상황들을 접하면서도 열정과 헌신으로 조화로운 무대를 완성한다. 문화적 배경이 각기 다른 팔십 명의 무용수들을 포함한 전 세계 삼백오십 명의 예술가들은 공연을 준비하면서 미친 듯이 연습에 몰입하였으며, 자신의 꿈을 향해 돌진하는 아티스트들도 부상과 고통 등 뜻하지 않은 상황들을 마주치지만 그 다양성 안에서 화합을 이루어 내며 그들의 꿈과 열정, 헌신이 모여 무대를 완성해낸다.

가을 시퀀스(도쿄), 노랑은 자유의 상징이며 빛과 환희를 나타낸다. 베자르는 무용수가 가장 아름다운 건 성악가의 노래에 맞춰 춤출 때라고 생각했다. 성악이 들어간 베토벤 9번 '합창' 교향곡, 성악가의 노래에 맞추어 춤추는 베자르 발레 로잔의 수석 무용수 오스카 차콘은 몸으로 노래하는 것처럼 아름답다. 환희와 인류애를 시각적으로 표현한 '합창'은 '모든 인류는 형제이다'임을 밝힌다. 춤은 지휘자의 느린 진행을 따라 고뇌에서 기쁨으로, 어둠에서 빛으로 이동한다. 실러의 시는 인류애를 시각화하는 춤에 쓰인다. 예술가들은 신의 선물임이 입증된다.

6. 예술가들의 영원한 주제 삶·사랑·죽음·우주적 화평

아란차 아기레 감독이 듣게 된 내면의 소리, 베토벤의 '합창'은 마음속 풍요로움을 일구었고, 영감의 원천으로 기능한다. 무용수들은 도구적인 존재가 아닌 지성과 용기로 가득 찬 인간이었다. 영화는 다양한 인터뷰를 통해, 도전을 통해 긍정과 희망을 표현한 베자르와 베토벤의 공통점을 찾아간다. 감독은 객관적 관점으로 허구를 첨가하여 새로운 해석을 만들었다. 공연의 결과물인 영화에서 추출한 환희는 세상에서 인간이 행동하고 존재하는 방식, 내재된 본질, 삶을 향한 태도이자 자연의 선물이다. 행복 성취의 감정 표현은 모두에게 좋은 일이다.

<댄싱 베토벤>은 선·악 사이의 평행선에 있는 딜레마를 반영한

다. 인간은 희망이 없다면 악에 대항할 수 없다. 이기심, 어리석음, 욕심과 공감의 부족은 악의 축이다. 악은 현실이며 매우 가까이에 있다. 더 나은 세상을 기대하고 이를 실현하는 방법은 존재하지만 모든 것은 선·악의 양극단에서 움직일 수 있는 위험한 상상의 영역에 있기 때문이다. 상상력은 잠재력이 있고 이것이 불러일으킬 수 있는 영향은 크다. 그래서 인간은 베토벤 교향곡 9번과 같은 긍정적인 본보기의 대상이 필요하며, 희망을 잃는다면 경쟁에서 패배할 것이다.

감독은 영화 속에서 자신이 하고 싶은 이야기 방법을 고민하고 발견하는 데에 집중한다. 그녀는 베토벤에 관한 다양한 해석들을 바탕으로 객관적 관점에 허구를 첨가하여 또 하나의 새로운 해석을 만들었다. 인간의 가슴속에 존재하는 기쁨의 표현으로 "모든 사람은 형제다"라는 말이 유행하고 전 세계적으로 널리 퍼지기를 기원한다. 프랑스 혁명의 세 가지 이상 중에서 프랑스 정권은 협동을 무시하고 자유와 평등을 선택했다. 아직 지구촌 사람들은 협동을 갈망한다. 베토벤과 베자르는 협동의 가치를 이끌어낸 위대한 예술가였다.

강렬한 관능미, 역동적이고 화려한 안무, 대담하고 거침없는 작품들을 직조한 모리스 베자르, 그의 안무작 '불새', '볼레로', '봄의 제전'은 현대무용의 고전이었고 현대발레의 르네상스를 실현한 작품이었다. 현대인들의 불안과 기계화된 현실을 다룬 '불새', 선술집에서 소통의 원시적 해석인 '볼레로', 성적 본능을 주제로 한 '봄의 제전', 자연과 인간이 환희 속에서 화해한다는 '디오니소스' 등은 발레계에 커다란 충격을 던진 작품이었다. 운동장, 경기장, 서커스장 등 대형 공간에서의 공연으로 발레 스펙터클을 선보이면서 발레적 상상을 확장시켰다.

감독의 눈에 비친 모리스 베자르의 안무작들은 서사적인 분위기를 창출시키면서 삶, 사랑, 죽음이라는 세 가지 주제에 귀착되고, 무용수로 하여금 본연의 지성과 용기를 마주하면서 인간으로서 자신을 발견하게끔 만든 안무였다. '봄의 제전'으로 소수 엘리트의 전유물로 취급받던 현대무용에 호응을 이끌어내며 비평가와 대중의 뜨거운 지지를 받은 베자르는 곧 베토벤 교향곡 9번의 안무를 완성했다. 전곡을 완전히 외우고 있을 정도로 작품에 몰입했던 베자르는 자서전을 통해 "베토벤의 음악을 안무하는 것은 기쁨의 표현, 그 자체"라 밝히기도 했다.

모리스 베자르의 원안무, 질 로망 재안무의 베토벤 교향곡 9번의 발레 공연을 기록한 영화 <댄싱 베토벤>은 전 세계 350명 아티스트들의 '합창' 공연의 준비과정을 담은 작품이다. 베자르의 안무작들 중 '합창'은 무용수들에게 인류평화를 위한 무용수와 대중의 진실한 소통이 무엇인지에 관한 질문을 던졌고, 감독은 예술가 개개인의 이야기는 각자의 방식으로 풀어나가도록 하였으며, 리듬은 각 캐릭터의 다른 성격과 다른 주제를 반영하였다. <댄싱 베토벤>은 기록영화 부문에서의 완벽한 성취뿐만 아니라 자연스럽게 과거와 현재의 위대한 예술가들의 삶과 예술을 깊이 성찰하게 하는 훌륭한 교본이었다.

13장
영화와 현실의 새로운 관계를 위한 몇 가지 비평
— <엣지 오브 투모로우>와 <인터스텔라> 사이

지승학

결국 영화는 우리 사회를 향할 수밖에 없다.

내가 모든 영화에 집중하는 이유는 바로 그 역할 때문이다.

1. 들어가기:
영화가 현실을 향해 할 수 있는 일

현실과 영화의 관계를 언급하기 위해, 우선 나는 톰 크루즈의 두 영화에 집중하려는데, 그는 현실과 영화의 관계를 설정해 놓고 보면 매우 흥미로운 배우이기 때문이다. 특히 그의 현실을 그가 신봉하는 종교적 테마와 맞물려 생각해 본다면 더욱 그러하다. 언제부턴가 톰 크루즈는 자기의 종교적 신념에 부합하는 시나리오를 선택하고 있다는 인상을 풍겨왔다. 그러다 보니 그는 교리에 부합하는 캐릭터에 집중하기 시작한 것으로 보인다. 그의 수많은 영화가 있지만 여기에서 우선 그의 두 영화, <엣지 오브 투모로우>(Edge of Tomorrow, 2014)와 <오블리비언>(Oblivion, 2013)부터 주목하려는 이유는 바로 거기에 있다.

2. 자기 생존만을 긍정하는 영화 <엣지 오브 투모로우>

먼저 영화 <엣지 오브 투모로우>에서 케이지(톰 크루즈)는 우연히 영생의 기운을 누리게 되는 인물로 등장한다. 영화 속 내용을 '차이와 반복'이라는 들뢰즈의 무거운 용어를 굳이 들먹이지 않더라도, 이 영화 구조는 비교적 짧게 반복되는 시간의 변주가 어떤 식으로 차이를 일으킬 수 있는지 잘 보여준다. 이것은 마치 바흐의 '푸가'나 '카논'과 같은 반복된 연주의 패턴 음악처럼 영화를 이용한다는 인상을 주기에 충분하다. 게다가 이런 영화의 서사구조는 주인공 케이지

영화 〈엣지 오브 투모로우〉 포스터

에게 전지전능함을 일부 선사한다. 이를테면 자기 죽음이 반복되는 경험 때문에 죽기 전 상황에 대해서는 무엇이든 알 수밖에 없게 되면서 그의 말은 마치 신의 예언처럼 (영화 속에서만큼은) 모두 진리가 된다. 게다가 케이지의 시간이 도대체 얼마나 반복되었는지 명확히 알 길이 없는 관객들로서도 오로지 케이지의 입에서 나오는 대사로만 영화의 서사 진행 과정을 이해하게 되는 장면도 적잖이 등장한다. 그렇게 영화 속 시간의 반복은 온전히 그의 입에서 시작되고 그의 입에서 확정된다.

시간, 엄밀히 말해, 사건의 반복이 지속하는 상황을 영화 구조 속에 세련되게 집어넣은 더그 라이만 감독의 연출력은 톰 크루즈의 죽음을 희생이라 할 수 있을 정도로 오차 없이 배합하는 데 성공한다. 해피엔딩도 나쁘지 않다. 그런데 여기에서 이 영화는 한 가지 이상한 의문점을 선사한다. 그것은 케이지의 죽음이 '자기희생'이냐는 문제이다.

자기희생에 대한 의문은 영화 속 케이지가 과연 자기를 희생하여 죽음을 반복하는가에서 시작한다. 찬찬히 살펴보면 케이지가 죽음을 반복하는 행위는 이상하게도 다른 등장인물의 입장에서는 생명 경시의 기류로 이해되기도 한다. 이를테면 자기 죽음으로 원상 복구되는 시간은 분명 케이지의 죽음이라는 희생 이후 뒤따르는 문제이긴 하지만 이것이 무한히 반복될 경우, 자연스럽게 타인의 생명에 무감각해진다. 그 반대라 하더라도, 예컨대 리타(에밀리 블런트)를 살리기 위한 고군분투는 그녀 대신 죽는 '대속죄'의 숭고한 가치를 상승시키는 것처럼 보이지만 이러한 상황이 케이지에게 수렴되면 어떠한 가치든 또다시 무딘 상태가 된다. 그러다 보니 우리는 <엣지 오브 투모로우> 속 케이지의 죽음을 케이지의 시선으로만 경험하게 되는 통에 케이지 자신의 생존만 긍정하는 메시지로 받아들이기 시작한다. 그렇게 케이지의 자기희생의 메타포는 자기의 생존만 인정하는 극단적 이기심이라는 메시지로 돌변한다. 삐딱하게 본다면 그것은 자신의 생존만을 긍정하는 종교의 이기적 본능이 튀어나온 것이다. '오늘의 끝'과 '내일의 시작' 사이에서 우리가 지금 경험하고 있는 것은 종교에 의해 구원된 세계가 아니라 종교에 의해 타락한 바로 이런 생존본능의 이기심이다. 톰 크루즈가 등장하는 바로 이 영화에 주목한 이유는 지금 현실의 위기와 갈등이 이러한 이기심에서 비롯된 것일지 모른다는 일종의 실마리를 발견했기 때문이다.

3. '나'는 '그'일 수 있는가? <오블리비언>

그런 면에서 또다시 주목해볼 만한 영화는 톰 크루즈 주연의 <오

블리비언>이다. 이 영화는 <엣지 오브 투모로우>와 다른 듯 같은 궤를 그린다. 그 시작점은 다음의 명제 "나는 생각한다. 고로 존재한다"가 "나는 기억한다. 고로 존재한다"라는 '교리'로 그 방향을 선회하면서부터다. 이것은 마치 원형의 절대정신이 그 곁을 SF 영화에 내어줌으로써 '기억'의 위대함을 찬양하고 그 중심에 '잭'(톰 크루즈)을 모셔 둔 것처럼 보인다. 이 영화의 성향은 과거와 현재의 대립이나 디지털과 아날로그의 간극을 자극하는 노스탤지어로 심각하게 점

영화 <오블리비언> (UPI 제공)

철되는 방식에서 벗어나, 그 둘을 절제 있게 중재하는데 일단, 표면적으로는 성공한다.

그런데 (영화 후반에 이르러서야 알게 되지만) 그 현실 속 인간, 잭은 '복제인간'이다. 사실 복제인간에 대한 클리셰는 인간 존엄성에 위협을 가하는 요소이거나 인간을 위해 희생되어야 할 부차적인 존재로 등장하는 것이 영화의 일반화된 공식이었다. 그런데 '잭'이 영

화 마지막에 읊조린 "I'm him"이라는 언표는 그러한 기존 관점에서 급진적으로 궤도가 수정되었음을 표명한다. 먼저 이 영화 속에서 '잭'은 마치 무한한 신체를 부여받은 상태에서 정신은 고유한, 다시 말해 유일한 기억과 의식을 영원히 보존한 채 살아가는 복제인간으로서 등장한다(물론 이것 역시 영화 중반에나 가야 밝혀지는 것이다). 그런데 사실, 바로 이 지점에서 약간의 의구심이 생긴다. 기존에 없던 복제인간의 급진적 담론. 어떻게 보면 딱히 부정적으로만 볼 수도 없는 바로 그 지점에 뭔가 빈틈이 발생하기 때문이다. 그 빈틈은 또다시 톰 크루즈와 연루된 종교적 성향 같은 것이 포착됨으로써 바로 그의 말, "I'm him"으로부터 증폭된다.

그 내막을 들여다보면 이렇다. 우선, 기존에 복제 인간이 인간의 존엄성을 해하는 위험인자였다면 <오블리비언>에서 '잭의 클론'끼리는 인간의 존엄성을 서로 지시해주는 동시에 강화해주는 요소로 등장한다(I'm him: I→Him, Him→I). 누가 진짜 인간이고 누가 복제 인간인지를 구별하기보다 서로 같은 본성이 보존된 존재여서 사실상 그 둘은 모두 '잭'일 수 있다. 게다가 'him'을 'the one'으로 해석한다면 그 의미는 더욱 강화될 뿐이다. 이를 반증하듯 처음 등장하는 잭의 모습에서 우리는 그가 복제 인간이리라는 단초를 사실 거의 찾아볼수 없다. 그러나 이 의심받지 않는 '유일한 잭'은 영화 중후반에 반전이라는 이름 아래 클론인 것이 처참하게 밝혀진다. 하지만 복제 인간이 가진 클리셰, 즉 클론의 위협 요소, 혹은 혼돈의 인자로 몰아세우던 기존 영화의 문법으로부터는 상당히 동떨어진다. 번호로 구분되는 '49번 잭'과 '52번 잭'의 중요성은 어느 모로 보나 동등하게 다뤄지고 있다는 말이다. 이는 자신의 아내인 '줄리아'(올가 쿠릴렌코)를 떠올리는 기억의 상기가 '49번 잭'과 '52번 잭'에게서 동등하게 일어나는 장면에서 의도적으로 가장 잘 드러난다. 그렇다면 과연 '나(잭: I'm)는, 그(잭: him)일 수 있는가?' 이 질문에 앞서 두 명의 '잭' 중에서 누가 진정한 '잭'인지 결정 불가능한 상황에서 방사능에 오염된 '금기'의 영역은 영화적 장치로서 매우 중요한 암시를 준다. 왜냐하면 동등한 가치를 가진 '49번 잭'과 '52번 잭'(물론 더 많은 수의 잭이 있으며 이들 역시 동등한 가치를 지닐 것이다)을 구분하는데 적절한 장치는 바로 금기 영역의 설정이기 때문이다. 금기의 영역 설정이라는 뚜렷한 이분법적 논리는 '테트'라는 외계 생명체의 소위 논리적 구조에도 적절히 부합된다. '부부 관계'로 설정된 남녀 사이(잭과 빅토리아)를 끊임없이 '팀-웍'으로만 확인하려 드는 '테트'의 질문 구조에 이르러서는 너무 물린다는 느낌마저 들 정도다. 결과적으로 이러한 과정은 '테트'로 불리는 외계 존재의 수장이 '드론'이라는 감시 로봇의 기계적 성격을 '잭'과 '빅토리아'(안드레아 라이즈보로)와의 관계 속에 투영시킴으로써 이들을 묘하게 감시, 통제하려는 의도로 파악되면서 더욱 명확해진다. 이로써 안정된 시스템과 그(녀)들(그들: 복제된 잭, 그녀들: 복제된 빅토리아)에 대한 통제를 효율적으로 실행할 수 있었던 '시스템'은 그러나 바로 '49번 잭'의 자기 인식과 갑작스럽게 돌출되는 한 여인에 대한 기억 상기 때문에 극단적인 위기를 맞는다. 왜냐하면 '49번 잭'의 알 수 없는 기억의 끊임없는 상기로 인해 '금기'의 영역을 넘어서려는 의지가 투사되기 때문에 일련의 모든 사건은 발생하게 되었고 이것은 '테트'에게 저항할 수 있는 인간 고유의 어떤 잠재 영역을 강력하게 추동하는 것이기도 하기 때문이다. 특히 '말콤 비치'(모건 프리먼)는 '49번 잭'이 자기 스스로 본인의 정체성을 깨달을 때까지 기다려준다. 이러한 서사의 연쇄는 결국 자신이 복제된 공간으로 되돌아가 자기의 기원을 폭살하는 것으로 영화를 마무리함으로써 고대 그리스 로마 신화의 영웅적 서사극의 전형을 보여주기도 한다. 이렇듯, '잭'의 존재는 영웅의 길을 오차 없이 뒤따르는 것처럼 포장된다. 그러나 '잭'의 신체는 무한히 복제될 수 있는 대상이고 그 신체 속에 빙의될 영혼의 본질은 늘 변하지 않는 상태로 존재할 수 있는 것이 된다. 신체는 껍데기에 불과하고 오로지 절대정신만이 중요하다는 다분히 헤겔적인 이 서구 사상의 중요한 담론의 표출은 <오블리비언>에서 등장하는 토마스 매콜리의 『고대 로마의 시』라는 책 속에서 발견되는 '죽음에 대한 찬미'와 뉴욕 도서관의 재현을 통한 인간 지식의 기록적 위대함의 표현(책은 지식의 '기억'이 아니던가), 그리고 그리스 로마의 역사 혹은 신화 속 이름들의 차용 등 역사적 가치(역사 역시 기억을 통해서 완성된다)를 통하여 '죽음'이 '기억'으로써 극복될 수 있다는 메시지를 보다 견고하게 다져 나간다. 다시 말해, 오로지 '기억'에 대한 가치, 그것이 역사든 지식이든 상관없이 그 대상에 대한 절대적 정신(그것이 곧 기억)만 유지될 수 있다면 '죽음'은 곧 '영생'으로 거듭날 수 있음을 강조하고 있다는 말이다.

그렇다면 '줄리아'가 '49번 잭'을 진짜 '잭'으로 받아들일 수 있게 되는 결정적인 이유는 명확해진다. 그것은 사실상 호숫가에 집을 짓고 살겠노라 말했던 잭의 변치 않는 기억에 대한 표현(오두막 짓기)이 있었기 때문에 가능한 일이다. '줄리아'가 실제 남편으로 '49번 잭'을 받아들이게 되는 계기는 결정적으로 '기억'의 가치가 변치 않는 절대정신이기 때문이라고 생각할 수 있다. 더군다나, '49번 잭'이 마지막에 펼쳐 보인 '자기희생'에 대한 결실이 결국 '52번 잭'에게로 전이되는 과정은 절대정신을 영생의 가치로 돌려세운 가장 강력한 메시지이다. 다시 말해 "I'm him"이라는 말 한마디로 '52번 잭'은 '49번 잭'이 희생하여 얻은 결실을 '잭'의 오리진으로 만들어 놓는다. 바로 이것이야말로, 기억의 우위를 통해 완성하게 될 가장 강력한 '영생'의 메타포가 아니고 무엇이란 말인가.

그러므로 "I'm him"이란 선언은, 순수기억, 절대정신이 '나'에게서 '그'로 전이할 수만 있다면 육체 복제의 이율배반적 논리를 영생의 룰로 뒤바꿔 버릴 수 있는 그런 것이 된다. 그렇다면 변하지 않는 유일한 영혼, 혹은 절대정신의 주체는 '무엇인가?' 그것이 미국적 이데올로기의 완성체인가? 아니면 고대 그리스 로마의 신화적 원형인가? 만약, 그 과정에서 변하지 않는 절대정신의 주체가 '49번 잭'도

영화 〈오블리비언〉 (UPI 제공)

'52번 잭'도 '미국적 이데올로기'도 '신화적 원형'도 아닌, 실존적 존재자로서의 그. 바로 '톰 크루즈', 그 자체라면 어쩔 것인가? 이 말이 오독의 여지가 농후하더라도 어쨌든, 이 영화 <오블리비언>에서는, '신체는 복제되고 영혼은 유일하다.'

이 영화에 대한 의구심은 바로 이렇게 '톰 크루즈'로 향하는 이상하고 절대적인 힘의 흐름 때문에 발생한다. <오블리비언>에 나타나는 진보된 모든 기술의 표상(인간 복제 기술에서부터 세련된 디자인에 이르기까지)은 그렇게 테크놀로지의 발달과 절대적인 기억을 연결하면서 그 가치가 상승한다. 바로 여기에서 어떤 종교적 교리의 의중을 포착해 낼 수 있다. 이 영화와 그 교리는 변치 않는 '기억'이 '테크놀로지'로 인하여 '영생의 가치'를 얻을 수 있으리란 생각에서 서로 닮았다. 그렇게 절대적 가치를 지닌 기억은 진보된 기술과 만나, 영화적인 디제시스(digesis)의 시간을 넘어 '현실'이라는 영역으로 슬며시 침투한다. 바로 말하자면, 상상력의 차원과 믿음과 신념의 차이가 교묘하게 얽혀 있는 <오블리비언>은 '톰 크루즈' 본인 스스로가 절대적인 '영생의 존재'로서 종교적 메시지를 묵시(默示)하고 있다는 얘기다.

이는 과거 성당 벽화 이미지를 통해 종교적 교리를 설파하고자 했던 중세시대의 의도가, 발전된 테크놀로지로 점철된 현대 사회에 이르러서도 (종교적 메시지는) 영화라는 이미지를 통하여 여전히 설파되고 있다. 다시 말해 이 모든 것이 시대를 초월하여 매우 곤란한 반복을 계속하고 있음을 증명해 주는 것이기도 하다. 그래서일까? 그렇게 진보된 근 미래의 계시록적 성격을 반영하는 이 영화는, 오히려

'이 시대는 결코 발전하고 있는 것이 아니다'라는 퇴락하는 종교의 메시지를 중세 암흑기의 담론을 빌어 발버둥 치며 공표하는 것처럼 보이기도 한다.

그렇게 <오블리비언>에 대한 의구심은 '핵-전쟁'에 의한 폐해를 전해주는 메시지로써, 작금의 우리 사회 속에 흘러들고 있는 희미한 어떤 사회적 공포를 대변하거나 비판해 주는 메신저의 역할을 포기하고, 기술적 필연성에 종속된 영생을 전도하고자 하는, '사도-톰(크루즈)'의 영화로 돌연, '변이'를 일으키고 있다는 데서 확인된다. 바로 이러한 복제 기술에 대한 신화적 맹신과 영생. 그로 인한 신념 과잉의 종교적 누설은 그렇게 <오블리비언> 속에서 자신의 실체를 정교하고 은밀하게 가다듬어 나간다. 이로써 일종의 자아 성찰에 대한 시도를 감지할 수 있다. 톰 크루즈 영화에 대한 선입견이 발동한 탓도 있지만, 어쩌면 SF 영화의 궁극적인 사회적 의미는 '자기성찰'에 대한 논의를 발전시키려는 의도에서 비롯된 창의적 오독일지 모른다. 그런 의미에서 주목해봐야 할 또 한 편의 영화가 있는데 그것은 영화 <루퍼>(Looper, 2012)이다. 왜냐하면 영화 <루퍼>에는 흥미로운 지점과 시간여행의 공식을 빗겨나가는 의도가 흥미롭게 펼쳐져 있기 때문인데 그중에 주목할 만한 것은 조셉 고든 레빗이 브루스 윌리스와 닮았다는 점이다.

4. '나'를 '나'라고 할 수 있는 이유: <루퍼>

자연스러워 보이는 이 영화적 장치는, 그런데, 시간 여행의 당위성으로만 보기에는 석연치 않은 점이 있다. 왜냐하면 닮음의 목적이 시각여행의 당위성을 보여주기보다 세월의 흐름을 통해 변화된 자아의 차이를 닮음을 가장하여 강력히 드러내려는 정교한 장치로 보이기 때문이다. 그 강조점은 '나와 또 다른 나'의 모습이다. 사실 시간 여행의 공식은 엄밀히 말해 물리적으로 불가능한 이야기를 끌어와 논리적인 추론의 완벽함으로 맞세우는 연출력 측정의 장치 같은 것이다. 감독들은 이 불가능한 미션을 통해 자신의 연출력을 과시할 수 있다. 그래서인지 시간 여행은 항상 초현실적 요소를 현실화시키고자 하는 노력의 산물로 그려지고, 그 속에 가상의 요소는 현실 속에 안착한다. 그러나 <루퍼>란 영화는 기본적으로 타당함이 주어진 시간 여행을 보여주려는 것이 아니라 무한히 확장할 수 있는 정신적 이미지의 표현을 강조하는 것처럼 보여서 흥미롭다. <루퍼>는 시간 여행의 개념을 현실적 이론에 투영하고자 했던 기존의 공식을 세련되게 넘겨버리고는 이를 정신적 이미지로서의 가치를 더욱더 높여 자아의 문제에 접근하고자 하는 시간 여행의 공식을 조금은 벗어난 그런 영화로 보이기 때문이다.

그런 면에서 <루퍼>는 시간이 얽히고설킨 사건에 어떤 당위성을 부여하려는 시간 여행의 상투성에서 벗어나 현실의 형틀을 심적 갈등으로 일그러트림으로써 자아의 문제로 회귀하도록 노골적으로 유도한다. 우연인지 필연인지, 이는 조셉 고든 레빗이 출연한 또 다른 영화 <인셉션>과 정확히 대치되는 지점이기도 하다. <인셉션>이야말로 꿈이 아닌 미시적 시간에 대한 여행이며, 이를 철저하게 현실적이고 논리적인 추론 과정을 통해 엄밀하게 담아내고자 하는 영화이

기 때문이다.

반면 <루퍼> 속 명제는 이렇다. "자신을 극복하라." 그런데 여기에서 극복은 대부분 다른 자아 즉 타자의 의존을 통해 이루어졌고 역사적으로, 학문적으로 늘 그렇게 여겨져 왔다. 타자의 목적은 자아를 위해 나타난 보충 물에 불과했다. 그런데 <루퍼>는 여기에 의문을 던진다. "'자아'의 문제는 타자의 문제가 아닌 바로 나 자신의 문제다." 어쩌면 당연해 보이는 이 말은 자신의 가슴에 장총을 겨누어 도래해선 안 될 미래를 바꾸고자 했던 젊은 조(조셉 고든 레빗)의 마지막 태도에서 보면 전혀 다른 방향으로 나아가는데, 그것은 희생이란 '나'의 극복 과정이지, (혹은 나의 죽음이지) 어떤 식으로든 타인에게 의존해서는 안 된다는 그 자체에 방점을 둔다는 점이다. 젊은 조와 늙은 조의 '닮음'은 바로 이 장면을 위해 마련된 복선이라면 꽤 쓸 만하다. 그렇게 막아야 할 미래는 젊은 조(조셉 고든 레빗)의 자기 극복으로 인해 허상에 불과해진다. 이런 이해를 바탕에 두고 보면 시간 여행은 그저 늙은 조(브루스 윌리스)가 폐쇄 공간으로 기어들어 간 것을 통해 전제된 미약한 암시에 불과함을 알게 된다. 시간여행을 실현할만한 그럴싸한 기술적 재현에 온 힘을 쏟기보다 이 영화는 오히려 몸의 상흔, 절단을 통해 전달되는 몸체의 직접적인 메시지로써 더욱 강렬하게 묘사한다. 그러나 그것마저도 소통의 전혀 다른 방식이지 시간 여행의 개념이라고 볼 수 있는 것은 아니다. "나의 몸을 통해 전달되는 나를 향한 메시지." 몸속으로 체화된 과거 사건의 끔찍한 반영. 바로 비현실적인 이 사건의 연결 때문에 우리는 오히려 시간 여행의 낡은 공식을 극복하고 현재화된 과거를 돌아볼 수 있게 된다.

이 영화에서 나와 또 다른 나의 구분법은 오로지 젊었냐 늙었냐의 문제로만 규정된다. 사실 그 둘(젊은 조/늙은 조)은 본질적으로 타인이다. 분장이 아무리 브루스 윌리스를 고려했다고 해도, 조셉 고든 레빗이 미묘한 인상의 변화마저 천재적으로 카피했다 하더라도 그 유사성은 두 캐릭터의 충돌로 그려질 뿐이다. 그 충돌을 강조하기 위해서 <루퍼>는 궁극적으로 개인의 추억(황혼의 조가 누렸던 행복한 가정사)과 대의적 합목적성(루퍼 살인자의 개과천선 혹은 살인의 방지)을 맞세운다. 그렇게 늙은 조(브루스 윌리스)가 그토록 유지하고 보호하고자 했던 자신의 과거, 사랑하는 이와의 추억은, 이를 알 리 없는 젊은 조(조셉 고든 레빗)에게 옳지 않은 '살상의 파국'을 막으려는 대의를 깨닫게 하는데 극적인 촉매제 역할을 하게 된다.

그렇다면 과연 두 자아 중 누구의 판단이 옳은 것인가? 이 영화는 그 고뇌의 과정에 개입함으로써 판단을 관객들에게 맡기고는 있지만, 여기에 암묵적인 답은 이미 설정되어 있어 보인다. 한 인간의 고뇌로 귀결되고 있다는 것이 그 증거다. 그렇게 <루퍼>의 진짜 의미는 서사 구조 속에 마련된 어떤 결론보다도 두 자아가 대립 과정과 그 속에 놓인 개인의 추억과 대의적 과업의 충돌 그 자체, 다시 말해 거기서 파생되는 자아 갈등의 세계 속에서 필연적으로 발생한다. 그것이 이 영화의 실질적인 의미의 발현지점이고 조셉 고든 레빗의 연기가 빛을 발하는 표현의 생성지점이다. 기술력에 의한 시간 여행. 이는 이 영화를 보는 데에서만큼은 별 도움이 되지 않는 개념이다. 연출이 허술하단 얘기가 아니다. 우리가 시간 여행이라는 틀로 섣부른 판단을 내린 만큼 잃을 것이 많은 영화란 얘기다. <루퍼> 만큼은 시간 여행이라는 공식에서 살짝 벗어나, 나의 정신세계 속에서 싸우고 있는 또 다른 자아는 무엇이며, 그것과 충돌하면서 발견하게 되는 나의 대의, 그리고 고뇌의 주제는 무엇인가를 어렴풋이나마 엿볼 수 있게 한다는데 더 큰 의미가 있다. 어쩌면 <루퍼>는 돌아오지 않을 과거의 나를 생각해 보고, 미래의 또 다른 나를 한 번쯤 곱씹어 보게 된다면 그 일이야말로 진정으로 시간 여행을 떠나게 되는 것이라고 말하고 싶었는지 모른다. 서로가 서로에 대해 극적으로 닮아가는(혹은 가까워져 가는) 서사 구조 속에서 그들은 누구도 아닌 '나'를 표현한다. 이 영화를 시간 여행의 공식으로만 보기 아까운 이유는 바로 거기에 있다.

5. '나'의 공포, '집'의 공포: <인터스텔라>

그런 맥락에서 보면 시간여행의 공식을 또 다른 방식으로 표현하는 영화도 있다. 이것은 사실 현재와 과거, 혹은 현재와 미래의 관계성을 포착한다는 점에서 시간여행의 공식을 따르고 있지만 표현은 너무도 판이하다. 이를테면 '자아'의 문제가 환경과 밀접한 관계를 맺고 있다면 가장 쉽게 떠올릴 수 있는 것이 바로 가족인데, 바로 그 가족의 문제를 물리적 공간으로 환원하면 이 모두를 함축하는 주제는 '집'이 될 것이다. 그런데 이 '집'이 시간을 초월한 어떤 개념과 만나게 되면 또 다른 자아 성찰의 장소로 기능할 수 있다는 점에서 시간여행의 공식은 다시 무력화될 수 있다. 이러한 관점으로써 이미 시작부터 다른 영화가 있는데 그것은 바로 영화 <인터스텔라>(Interstellar, 2014)이다.

크리스토퍼 놀란 감독의 영화 <인터스텔라>에서의 집은 기괴하다. 하지만 그 '집'은 이상적인 가족을 염원하는 공간이라는 점에서는 애틋할 정도로 감성적이다. 특히 딸 '머피'(멕켄지 포이)의 작은 방은 아빠(쿠퍼, 매튜 메커너히)와 딸의 상징적이자 이상적인 대화 장소이다. 이런 분위기는 먼지 쌓인 책장의 모습과 인간의 '집'인 '지구'를 회상하는 TV 속 노인들의 인터뷰와 맞물리면서 비정상적인 뭔가를 바로잡고 싶어 하는 기운을 강조하는 태도로 이어지기도 한다. 그런데 바로 이러한 점을 강조하기 위해서 영화 <인터스텔라>는 현실 속에서 연구되어 치밀하게 묘사된 양자역학, 상대성 이론 등을 이용하여 변질하기 시작한 '집'에서 일어나는 비정상성을 좀 더 정상적으로 바로잡기 위해 '영화적으로' 노력한다. 이런 점에서 <인터스텔라>에서의 '집'은 제임스 완 감독의 폴터가이스트 현상이 일어나는 <컨저링>, 혹은 <인시디어스>의 집처럼 보이기도 한다. 그 집은 우리가 전통적으로 '집'이라고 생각하는 관습적 코드 속 고정 함수를 비판하는 집이기도 하다(실제로 머피 역의 '멕켄지 포이'는 제임스 완 감독의 <컨저링>에서 막내딸로 등장하기도 했다).

아마도 <인터스텔라>가 제임스 완이 감독한 영화였다면 머피의 방에서 일어난 일은 엑소시즘의 전조 현상쯤으로 환원되어 우리의 심리적 압박감을 극단으로 밀고 나갔을 것이다. 하지만 크리스토퍼 놀란 감독은 결국 폴터가이스트 현상을 블랙홀과 중력장의 관계 탓으로 묘사한다. 이때 관계하는 것이 바로 '특이점'이라는 개념인데 사실 이것은 블랙홀이라는 거대한 존재와 만났을 때는 영원한 미지의 영역으로 남게 될 수밖에 없다는 개념어로서 놀란 감독이 파고든 영역이기도 하다. 추론하건대, 결국 밝혀질 수 없는 블랙홀 속 특이점과 결코 밝혀낼 수 없는 '사랑'과 '느낌'의 상관관계는 '알 수 없다'라는 사실에서 정확히 일치하기 때문이 아닐까 생각해 본다. 어쨌든 크리스토퍼 놀란 감독은 설명할 수 없는 '사랑의 감정'을 블랙홀의 '특이점'과 일치시킴으로써 상투적 해석의 면죄부를 세련되게 이용한다.

그렇게 놀란 감독은 이러한 엄청난 비약의 틈을 메우기 위해서 인간의 지적 수준 극단에 다가서 있는 양자 물리학, 상대성 이론 그리고 M이론, 혹은 초끈 이론 등을 얼기설기 갖다 버무려 놓았다. 그런 시도로 점철된 영화 <인터스텔라>의 귀결점은 바로 '집'이다. 그래서 <인터스텔라> 속 쿠퍼는 가족들에게 되돌아갈 것을 열망하고 그의 열망을 '만 박사'(맷 데이먼)로부터 확인받기도 하는 등 '집'에 대한 열망을 집착적으로 보여주지만, 쿠퍼에게 돌아갈 '집'은 사실 이미 사라지고 없다. 집의 사라짐. 어떤 면에서 보면 집의 죽음은 긴 동면에서 깨어난 로밀리 박사(데이빗 기아시)의 고해성사와 같은 넋두리 속에서 발견되는데, 그는 얇은 알루미늄으로 보호되는 공간에 대한 공포감을 호소하면서 폐쇄공포라는 집 공간의 양면적 가치를 은연중에 누설한다. 어떻게 보면 동면장치는 '관'이라는 죽음의 상징을 가지고 있고, 우주선은 카타콤의 집단 무덤을 연상할 수도 있으며, 언급되는 '나사로'라는 인물 역시 그러한 양면적 요소(삶과 죽음/ 행복과 공포)에 대한 복선이라 볼 때 그의 넋두리는 의미심장하다.

<인터스텔라>는 그렇게 '집'과 '가족', '가정'에 대한 전통 관념을 관통하면서 파열한다. 노인으로 변해버린 딸을 바라보는 쿠퍼의 모

습과 쿠퍼의 늙어 버린 딸의 후손들이 그를 대하는 태도가 건조하고 소외적으로 보이는 이유는 바로 그 때문이 아닐까. 이것은 '집'이라는 공간을 보금자리라는 정서적 불변항으로 삼고자 하는 사회적 합의에 정면으로 반박하는 것일지 모른다. 이를테면 이런 식이다. 떠나야 할 지구는 버려야 할 '집'의 은유라는 것. 실제로 우리는 가정이라는 집을 버리고 싶거나 탈출하고 싶을 정도로 참혹한 현실에 늘 맞대고 산다. 입양된 아이는 맞아 죽고, 생활고에 시달린 가족은 동반 자살한다. 그것은 모두 '집'에서 일어나고, 지금도 일어나고 있다. 게다가 이러한 우리의 '집'은 담보라는 경제적 볼모 혹은 자본주의적 족쇄가 된다. 영화 <인터스텔라>는 아마도 어마어마한 이론을 장착한 영화와 이상적 가족 관계를 도발적으로 표현한다는 점에서 또다시 이러한 우리의 현실, 특히 집에 대한 전 지구적 문제와 그 현실의 아픈 곳을 하나하나씩 짚어주고 있는 건지 모른다.

그런 맥락에서 보면 집의 그로테스크한 면을 표현한 엑소시즘이나 악령이 깃든 폴터가이스트 현상의 집은 우리의 두려운 현실을 반영한 침전물이다. 만약에 그렇다면 지금 우리는 그런 초자연적 현상을 상대성이론, 양자역학으로는 해석할 수 있을지언정 현실의 공포와 두려움의 침전물은 조금도 해석하지 못한 채 어렵사리 버티고 있는 것인지 모른다. 바로 말하자면, 때아닌 상대성 이론에 대한 관심은 크리스토퍼 놀란 감독을 통하여 집이라는 이상적 관념의 해체 도구로서 기능하게 된 것이다. 그렇게 집에 대한 모든 해석은 살기 힘든 우리의 두려운 삶에 대한 해석으로 이어진다.

6. 나가는 말:
영화가 현실을 향해 하고 있는 일

이것은 테크놀로지의 위상을 종교적 신념으로 연결하고자 하는 <엣지 오브 투머로우>나 <오블리비언>과는 또 다른 맥락을 갖는다. 어찌 보면 영화 <루퍼>의 자아 성찰적 의미와도 그 의미의 차이를 발견할 수 있다. 하지만, 연결성이 견고하진 않지만, 언급한 영화들은 종교와 테크놀로지, 시간여행, 자아의 극복이라는 키워드 속에서 결국 우리의 이야기, 우리의 장소로 귀결된다는 점에서 공통점을 보인다. 그렇다고 나의 문제, 일상의 문제를 말하려는 것이 아니다. 결국 영화는 우리 사회를 향할 수밖에 없다는 것을 강조하고 싶을 뿐이다. 우리 사회에는 영화 속 다른 이름의 맥락으로 그 가치를 증폭하여 등장하는 여러 문제와 캐릭터들이 존재한다. 이것이 곧 영화는 영화일 뿐이라는 말을 무색하도록 하는 이유다. 영화 속에서 등장하는 여러 담론과 캐릭터, 그리고 서사가 현실로 전이된다면 그것은 바로 우리의 문제일 수밖에 없기 때문이다.

이것은 또 다른 '사실주의'를 보장한다. 이를테면 크리스토퍼 놀란 감독은 블랙홀을 영화적 상상력에서 멈추려 하지 않고 양자역학이라는 학문적 접근 이를테면 실제 관련 연구 권위자들을 시나리오 작업에 참여시킴으로써 새로운 사실주의의 선봉에 서게 된다. 이런 사실주의는 어쩌면 양자역학의 세계 등, 실험세계와 영화 세계와의 새로운 혼용의 시작이라고도 말할 수 있다. 이러한 진단은 영화에서의 현상이 사실상 현실의 문제를 진단하고 적어도 지향점이 명확한 메시지를 제시할 수 있다는 점에서 그야말로 초학제적 성향을 증명하는 것이라고 말할 수 있다. 그런 측면에서 보면 영화는 어떤 식으로든 현실을 투영한다. 영화는 단순히 하나의 현상에 머무는 것이 아니라 현실 세계의 문제를 짚어내고, 더 나아가 그러한 특성을 우리에게, 종교에, 정치에, 현실에 부여한다. 이것이 우리가 영화의 메시지를 간과해서는 안 되는 이유다. 오히려 케이지(<엣지 오브 투모로우>), 잭(<오블리비언>), 조(<루퍼>), 쿠퍼(<인터스텔라>)는 영화를 통해 현실 문제를 재단하고 그 문맥을 짚어 내줄 수 있는 지침으로서의 인물들이다. 일련의 이 영화들은 그렇게 현실의 문제를 첨예하게 대립시켜 우리의 문제로 선회한다. 테크놀로지의 과잉된 기만성, 영생의 왜곡된 종교성, 자아의 새로운 본질성, 집의 고착된 외설성의 폭로는 한 영화의 비평에 의해 걸러진 메시지일 뿐만 아니라 결국 현실의 문제를 이어주는 통로의 역할이기도 한 것이다. 내가 모든 영화에 집중하는 이유는 바로 그 역할 때문이다.

| 참고문헌 |

제1부 사람과 사람 관계

1장 인생은 짧아 사랑을 해라 아가씨야 — <밤은 짧아 걸어 아가씨야>

서명수, 「영화 콘텐츠에서 등장인물에 관한 연구 - 등장인물의 행동을 중심으로」,
다문화콘텐츠학회, 『다문화콘텐츠연구』, 제15집, 2013년 10월.

2장 모녀 관계: 엄마와 딸에 관한 영화 보고서 — <레이디 버드>를 시작으로

사이토 다마키, 김재원(역), 『엄마는 딸의 인생을 지배한다』, 꿈꾼문고, 2017.

사이토 다마키 외, 전경아(역), 『나는 엄마가 힘들다』, 책세상, 2017.

아사쿠라 마유미 외, 김도경(역), 『나는 착한 딸을 그만두기로 했다』, 북라이프,
2017.

엘리자베트 바댕테르, 심성은(역), 『만들어진 모성』, 동녘, 2009.

최명기, 「영혼 말살하는 근친상간-죽음보다 더한 고통」, 《신동아》, 2016년 4월호.

제2부 관계 맺기

5장 모종의 가족들 — <45년 후>와 <도쿄 소나타>

임수연, 「공포영화 <유전>의 매혹」, 『씨네21』, 1160호, 2018.

하스미 시게히코, 「'선악의 피안'에서 - 구로사와 기요시 <밝은 미래>」, 『영화의 맨
살 - 하스미 시게히코 영화비평선』, 이모션 북스, 2015.

김도훈, 「<도쿄 소나타> 따뜻한 가족영화라니 당치 않소」, 『씨네21』, 694호, 2009.

6장 정동의 현상학, '관계 맺음'의 형이상학 – <우리는 같은 꿈을 꾼다>론

Emmanuel Levinas, 강영안(역), 『시간과 타자』, 문예출판사, 2004.

Bela Balazs, 이형식(역), 『영화의 이론』, 동문선, 2003.

Sara Ahmed, 「행복한 대상」, 최성희 김지영 박혜정(역), 『정동이론』, 갈무리, 2016.

Alain Badiou, 박성훈(역), 『행복의 형이상학』, 민음사, 2016.

제3부 관계와 환경

8장 관계의 본질, 개인의 욕망과 정치적인 것의 사이 공간을 떠돌다
– <더 랍스터>론

노엘 버치, 이윤영(역), 『영화의 실천』, 아카넷, 2013.

데이비드 보드웰, 김숙 외(역), 『영화스타일의 역사』, 한울, 2002.

루시앙 골드만, 송기형 정과리(역), 『숨은 신』, 연구사, 1986.

루이 알튀세르, 김동수(역), 『아미엥에서의 주장』, 솔, 1994.

미셸 푸코, 김상운(역), 『사회를 보호해야 한다』, 난장, 2015.

바루흐 스피노자, 황태연(역), 『에티카』, 비홍출판사, 2014.

발터 벤야민, 반성완(역), 『발터 벤야민의 문예이론』, 민음사, 1983.

발터 벤야민, 조형준(역), 『아케이드 프로젝트 2』, 새물결, 2006.

발터 벤야민, 최성만(역), 『언어 일반과 인간의 언어에 대하여 | 번역자의 과제 외』,
      길, 2008.

브라이언 마수미 외, 멜리사 그레그 그레고리 J. 시그워스(편), 최성희 외(역), 『정동
      이론: 몸과 문화 윤리 정치의 마주침에서 생겨나는 것들에 대한 연구』, 갈
      무리, 2015.

세르쥬 다네, 정락길(역), 『영화가 보낸 그림엽서—어느 시네필의 초상』, 이모션 픽
      처스, 2012.

슬라보예 지젝, 김서영(역), 『시차적 관점』, 마티, 2009.

슬라보에 지젝 외, 정혁현(역),『이웃: 정치신학에 관한 세 가지 탐구』, 도서출판b, 2010.

안토니오 그람시, 이상훈(역),『그람시의 옥중수고1: 정치편』, 거름, 1999.

에티엔 발리바르 외, 연구공간L(편), 연구공간L(역),『자본의 코뮤니즘, 우리의 코뮤니즘—공통적인 것의 구성을 위한 에세이』, 난장, 2012.

자크 데리다, 남수인(역),『환대에 대하여』, 동문선, 2004.

자크 데리다, 문성원(역),『아듀 레비나스』, 문학과지성사, 2016.

자크 모노, 조현수(역),『우연과 필연』, 궁리, 2010.

주디스 버틀러, 양효실(역),『불확실한 삶』, 경성대학교출판부, 2008.

질 들뢰즈, 이정하(역),『시네마2』, 시각과 언어, 2005.

질 들뢰즈, 펠릭스 가타리, 김재인(역),『천개의 고원』, 새물결, 2001.

삐에르 부르디외, 최종철(역),『구별짓기 문화와 취향의 사회학 (상/하)』. 새물결, 2006.

삐에르 부르디외, 김웅권(역),『실천이성』, 동문선, 2005.

9장 그녀와 그녀가 만나는 시간 — <미씽: 사라진 여자>, <허스토리>

권보드래 외,『1970 박정희 모더니즘』, 천년의 상상, 2015.

김상구 외,『타자의 타자성과 그 담론적 전략들』, 부산대학교출판부, 2004.

리베카 솔닛, 김현우(역),『멀고도 가까운』, 반비, 2017.

이진경, 나병철(역),『서비스 이코노미』, 소명출판, 2015.

장 루이 뢰트라, 김경은 오일환(역),『영화의 환상성』, 동문선, 2002.

주디스 버틀러, 양효실(역),『윤리적 폭력비판』, 인간사랑, 2013.

지그문트 바우만 , 권태우•조형준(역),『리퀴드 러브』, 새물결, 2013.

제4부 메타 관계

12장 발레를 수용한 기록영화 — <댄싱 베토벤>

Press Kit, 「댄싱 베토벤」, 마노엔터테인먼트, 2018.

영화와 관계

나와 당신이 만나는 순간

초판 1쇄 발행   2018년 12월 10일

지은이	서곡숙, 서성희 외
펴낸이	성일권
펴낸곳	(주)르몽드코리아
편집인	서화열
디자인	조한아
인쇄·제작	조광프린팅

펴낸곳	(주)르몽드코리아
주소	서울특별시 마포구 양화대로 1길 83 석우 1층
출판등록	2009. 09. 제2014-000119
홈페이지	www.ilemonde.com
SNS	https://www.facebook.com/ilemondekorea
전자우편	info@ilemonde.com

ISBN   979-11-86596-08-1

이 책의 한국어판 판권은 (주)르몽드코리아에 있습니다.
저작권법에 따라 보호를 받는 저작물이므로 무단 전재와 무단 복제를 금합니다.

이 도서의 국립중앙도서관 출판예정도서목록(CIP)은
서지정보유통지원시스템 홈페이지(http://seoji.nl.go.kr)와
국가자료공동목록시스템(http://www.nl.go.kr/kolisnet)에서 이용하실 수 있습니다.